JN436932

지역사회복지론

이 상 미

청목출판사

머리말

이 책은 복지행정을 전공하는 학생들의 기본서로 집필하게 되었다.

지역사회복지와 지역사회복지실천에 대한 이해를 높이기 위하여 이론은 물론 현황도 함께 공부하도록 하였다. 지역사회복지는 복지의 실천분야 중에서도 가장 중요한 부분이라고 할 수 있다. 그래서 기본적인 지역사회복지 이론에 더하여 학생들이 사회복지사 1급 시험도 대비할 수 있도록 실용적으로 구성하였다.

이 책은 총 14장으로 구성되어 있다.

1장에서는 지역사회복지에 대한 이해로 구성되었다. 지역사회의 개념과 유형, 특징들에 대해서 알아보았다. 2장에서는 지역사회복지의 역사에 대해서 알아보았다. 영국, 미국, 일본과 우리나라 지역사회복지의 역사를 일제 이전과 이후를 모두 알아보았다.

3장은 지역사회복지의 이론들에 대해서 알아보았는데, 학생들이 기본이론을 충실히 알고 있기를 바라는 마음에서 집필하였다. 4장은 지역사회복지의 실천 모형에 대해서 알아보았다. 5장은 지역사회복지실천의 원칙과 과정에 대해서 알아보았는데 지역사회문제를 어떻게 해결해 나가는가에 대해서 정리하였다. 6장은 사회복지사의 역할에 대해서 알아보고, 7장은 사회복지관에 대해서 알아보았다. 8장은 지방자치제도와 지역복지의 체계에 대해서 알아보았고, 9장은 사회복지협의회와 지역보장협의체, 사회복지공동모금회에 대해서 알아보았다. 10장은 자원봉사에 대해서 알아보았고 11장은 지역사회복지계획에 대해서 알아보았다. 12장은 지역사회복지교육, 13장은 지역사회복지 운동, 마지막 14장은 지역사회복지실천과 과제에 대해서 알아보았다.

이 책은 복지행정을 전공하는 학생들에게는 필수과목의 교과서니 학생들이 정성을 가지고 공부하기를 바란다. 특히 사회복지사 1급 시험에 대비하고자 하는 학생들에게는 좋은 수험서의 역할도 할 것이다.

끝으로 이 책의 출판을 기꺼이 맡아주신 청목출판사의 유성열 사장님과 심재국 상무이사님, 그리고 출판사 모든 임직원 여러분께 감사함을 전하고, 늘 변함없는 지지와 사랑으로 굳건한 버팀목이 되어준 나의 가족, 그리고 학창시절 이끌어 주신 존경하는 스승님과 사랑하는 제자들 모두에게 이 자리를 빌려 깊은 감사의 마음을 전한다.

2019년 8월
남양주 경복대학교 연구실에서
저자 이상미 씀

차 례

제 1 장

지역사회복지에 대한 이해

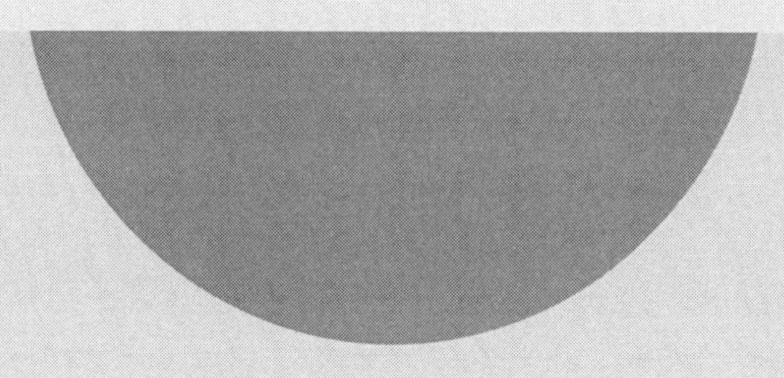

제 1 절 지역사회에 대한 이해

★ 핵심포인트

- 지역사회의 개념에 대해서 자세히 알아둘 필요가 있다.
- 지역사회의 지리적 의미와 기능적 의미를 구별해야 한다.
- 지역사회의 기능에 대한 내용을 알아두어야 한다.

1. 지역사회의 개념

1) 어의적 개념

지역사회란 영어의 community로서 '공통의(common)' 또는 '공공의(communal)'와 같은 어원을 가지고 있으며, '공동 소유', '공동체', '공동운명체' 등의 뜻을 지닌 사람과 지역 또는 지리적 집합체를 말한다.[1)]

지역사회의 개념은 사회변화와 함께 역사성을 갖고 변화하여 왔다. 윌리엄스(williams)에 의하면,'community' 라는 용어는 서구에서 14세기부터 영어권에서 사용되어 왔으며, 원래 의미는 지위가 높은 상류층의 사람들과 대비되는 개념으로 '평범한 사람들' 또는 '일반시민'을 의미하였다.[2)]

지역사회에 관한 개념적 논의는 1910년 이후부터 사회과학 문헌들에서 볼 수 있는데 여기에서 지역사회의 개념에는 두 가지 속성이 있음을 보여준다.[3)]

---

1) 최항순(2007) p. 15.
2) 오정수 · 류진석(2006) pp. 19-20.
3) 최일섭 · 이현주(2006) pp. 4-5.

① 특수성(uniqueness)과 분리성(separatedness), 물리적 지역성과 지역적인 경계를 가진다.

② 사회적 혹은 문화적인 동질성(homogeneity), 합의성(consensus), 자조성(self-help) 또는 다른 형태의 집단행위와 상호 작용을 가진다.

2) 학자들의 정의

① 힐러리

힐러리(Hillery, 1995: 119)는 공간 단위로서의 지역(area), 심리적·문화적으로 공통된 유대감(common tie), 지역사회 내에서의 사회적 상호작용(social interaction) 등 세 가지를 지역사회의 공통된 구성요소라고 하였다.

② 로스

로스(Ross, 1967: 41-45)는 지리적인 지역사회(geographic community) : 어떤 단일성 또는 분리성을 지적하는 물리적, 지리적, 지방적 경계선으로 형성된 지역집단(locality group)으로, 읍·면·동과 같은 행정구역의 집단과 마을, 학교권, 시장권 등과 같이 자연스럽게 형성된 사회적 지역집단이 포함된다.

기능적인 지역사회(functional community)는 사회적, 문화적 동질성, 합의 등의 공통된 이해와 관심으로 형성된 집단으로 교회, 회사, 조합, 정당 같은 이익집단을 말한다.

③ 파크와 버제스

파크와 버제스(Park & Burgess, 1921: 161)는 지역사회라는 용어는 한 지역을 구성하는 사람들과 조직들의 지리적 분포라는 견지에서 고려될 수 있는 사회와 사회집단에 적용되며, 모든 지역사회가 사회이지만 모든 사회가 지역사회는 아니다.

④ 필린

필린(Fellin, 1995 : 114)은 지역사회는 '공동의 장소, 이해, 정체감, 문화, 활동에 기반하고 있는 사람들이 구성한 사회 단일체로 정의한다.

[표 1-1] 학자들의 정의

학 자	정 의
힐러리 (Hillery, 1995: 119)	• 공간 단위로서의 지역(area) • 심리적, 문화적으로 공통된 유대감(common tie) • 지역사회 내에서의 사회적 상호작용(social interaction)
로스 (Ross, 1967: 41-45)	• 지리적인 지역사회(geographic community) : 행정구역의 집단과 사회적 지역집단이 포함된다. • 기능적인 지역사회(functional community) : 사회적, 문화적 동질성, 합의 등의 공통된 이해와 관심으로 형성된 집단으로 교회, 회사, 조합, 정당 같은 이익집단을 말한다.
파크와 버제스 (Park & Burgess, 1921: 161)	• 한 지역을 구성하는 사람들과 조직들의 지리적 분포라는 견지에서 고려될 수 있는 사회와 사회집단에 적용된다. • 모든 지역사회가 사회이지만 모든 사회가 지역사회는 아니다.
필린 (Fellin, 1995 : 114)	'공동의 장소, 이해, 정체감, 문화, 활동에 기반하고 있는 사람들이 구성한 사회 단일체로 정의한다.

지역사회의 개념은 여러 가지 형태로 구별될 수 있지만 사회복지이론에서 사용되는 지역사회의 개념은 주로 이익집단과 사회적 집단이다.

오늘날 구미의 지역사회 복지이론에서 지역사회의 개념은 지역성에 기초하기 보다는 이익성에 기초하는 경향을 보이고 있다. 이것은 선진산업사회에서 지역사회의 구조적 특성이 이익집단으로 변화하고 있다는 것을 의미한다. 따라서 예전에 사회조직의 통합 요인이었던 지연성과 혈연성보다는 현실적으로 개인주의와 이익성이 기초한 사회조직을 재조직함으로써 사회통합을 이룰 필요가 있다.[4)]

4) 표갑수(2003) pp. 24-25.

2. 지역사회의 유형과 기능

1) 지역사회의 유형

① 공간적 의미

장소를 기반으로 하는 지역사회는 특정한 공간을 중심으로 이루어진다.

생계욕구와 직면한 기능적, 공간적 단위, 정형화된 사회적 상호작용의 단위, 집합적인 동질성의 상징적 단위를 말한다.

장소에 기반을 둔 지역사회는 크기와 영역, 조밀도에 따라 변하며, 이러한 지역사회의 크기와 영역은 근접 지역사회로부터 대도시 지역사회로 가면서 확장된다.

② 기능적 의미

비장소적 지역사회는 동질성을 지닌 공동체나 이익공동체로 설명될 수 있다.

동질성 공동체는 어떤 특성이나 신앙, 민족, 종교, 생활방식, 이념, 사회계층, 직업유형, 성적 지향성, 취미활동 등을 중심으로 이루어진다.

이익 공동체는 전문직 집단, 직장노조집단 등 구성원들의 공동의 이익을 중심으로 한다.

③ 개인적 의미

개인적 지역사회(personal community)는 지리적 특성, 동질성을 지닌 특성, 이익중심 특성을 모두 포함할 수 있다.

개인적 지역사회 개념은 개인을 중심으로 한 사회적 상호작용의 형태와 비공식적 원조망을 포함한 사회적 자원의 범위를 이해하는 데 도움을 준다.

[그림 1-1] 지역사회의 유형

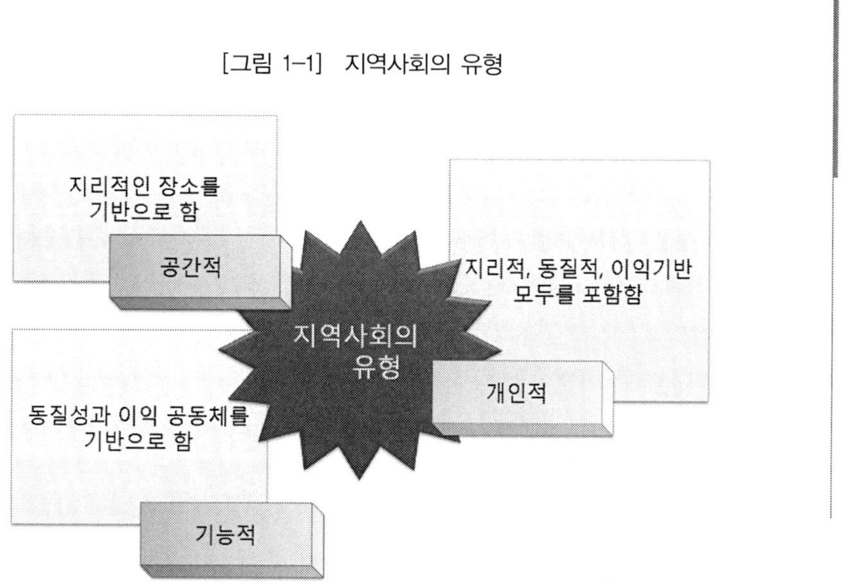

2) 지역사회의 기능

워렌(Warren, 1978 : 9-11)은 지역사회의 기능을 생산, 분배, 소비, 사회화, 사회통제, 사회참여, 상부상조 등으로 제시하였다.

판토자(Pantoja)와 페리(Parry,1992)는 워렌(Werren)의 연구를 토대로 다섯 가지 기능에 방어와 의사소통의 기능을 추가시켜 지역사회의 기능을 설명하고 있다.

① 생산, 분배, 소비

이것은 의식주와 같이 지역사회 주민들이 일상생활을 위해서 필요로 하는 기본적인 재화(good) 및 서비스를 생산, 분배, 소비하는 과정을 말한다.

지역사회의 다양한 개인 및 조직들은 이런 기능들을 수행하게 되고, 지역사회는 이런 활동이 이루어지는 환경이 된다.

② 사회화

사회화는 개인들이 사회와 이를 구성하는 사회적 단위들의 지식, 가치, 행동유형 등을 터득하는 과정을 말한다.

가족, 집단, 조직, 지역사회와 같은 모든 사회적 단위는 그 구성원에게 살아가는 데 필요한 정보를 직·간접적으로 전달해 주고 있다.

③ 사회통제

이 기능은 사회적으로 법률, 규칙 등을 제정하고 집행함으로써 지역사회의 질서를 지키고 사회해체를 막는 기능을 수행하게 된다.

이 기능은 정부만 아니라 교육, 종교 및 사회적 서비스 같은 다양한 부문을 대표하는 기관들도 이 기능을 수행한다.

④ 사회참여

사회참여는 지역사회 주민들이 그 지역사회의 다양한 사회적 집단 및 조직의 활동에 참여하는 과정을 말한다. 예를 들면, 지역의 교회, 시민단체, 또는 비공식적인 집단을 통하여 사회적 상호작용의 기회를 갖게 된다.

⑤ 상부상조

상부상조는 지역사회의 구성원들이 서로에게 도움을 주는 과정을 말한다.

사회가 보다 복잡해지고 다양화됨에 따라 이 기능은 정부, 민간 사회복지기관 및 조직, N해 등으로 옮겨지게 되었다.

⑥ 방어

이것은 지역사회가 그 구성원을 보호하고 지키는 방법이다.

이러한 기능은 특히 안전하지 못한 지역사회에서 주요한 기능이 된다. 예를 들어, 동성연애자 집단, 이민자들 집단 등이 있다.

⑦ 의사소통

의사소통은 생각을 표현하는 공통의 언어 및 상징을 활용하는 것을 의미한다.

의사소통은 그것이 언어나 문자이든지, 그림 또는 소리를 통한 표현이든지 간에 사람들을 결속시키는 접착제적인 역할을 하는 기능이다.

제 2 절 지역사회복지에 대한 이해

★ **핵심포인트**

- 지역사회복지의 개념에 대해서 정확하게 알아둔다.
- 지역사회복지의 속성과 특성에 대해서 이해하여야 한다.
- 지역사회복지의 이념에 대해서 잘 알아두어야 한다.

1. 지역사회 복지의 개념

지역사회복지는 지역사회와 사회복지를 합성한 것이다.

지역사회복지는 안전하고 행복한 지역사회를 지칭하는 동시에 지역사회의 복지 향상을 위한 포괄적인 제도적 개념으로써 전문 또는 비전문인력이 지역사회 수준에 개입하여 지역사회에 존재하는 각종 제도에 영향을 주고 지역사회의 문제를 해결하고자 하는 일체의 사회적 노력이다.[5]

요약하면 다음과 같다.

① 지역사회 구성원의 복지를 증진하기 위한 사회복지 또는 사회사업의 한 방법이라고 할 수 있다.[6]

② 지역사회의 주요 제도가 맡은 바 사회적 기능을 온전히 수행할 수 있도록 돕는 노력이다.

③ 전문 또는 비전문 인력이 지역사회 수준에 개입하여 지역사회에 존재하는 각종 제도에 영향을 주고, 지역사회의 문제를 예방하고 해결하고자 하는 일체의 사회적 노력을 의미한다.[7]

5) 오정수・류진석(2006) pp. 33-34.
6) 최일섭・이현주(2006) pp. 25-26.

2. 지역사회복지의 이념

이념이란 가치관, 경험, 신념을 말한다. 지역사회복지의 이념은 일반적으로 다음과 같다.

1) 정상화

지역사회에서 생활하는 장애인등을 사회와 격리시킨 상태에서 보호하는 것이 아니라, 재가 상태에서 보호하자는 것을 말한다.

정상화란 가능한 한 장애인의 생활도 비장애인들이 경험하는 생활과 가깝게 만들려고 노력하는 서비스 정신을 뜻한다고 볼 수 있다.

정상화 원리의 가장 중요한 목적은 사람들이 그 사회 안에서 사회적으로 가치 있는 역할을 수행할 수 있도록 하거나 지원해 주는데 있다.

2) 통합화

지역에서 보호를 필요로 하는 사람들을 그 지역에서 가능한 한 일반인들과 함께 거주하며 생활해야 한다는 것이다.

이것은 사회계층간의 격차를 줄이고, 불평등을 해소하고 지역간의 갈등을 줄여나가는 의미도 있다.

3) 탈시설화

탈시설화는 시설을 없애자는 말이 아니라 시설보호를 패쇄적 체제에서 지역사회가 참여하는 개방적 체제로 전환하자는 것을 말한다.

시설의 소규모화, 즉 그룹 홈이나 주간보호시설, 단기보호시설 등 소규모 다양한 형태로 시설을 바꾸는 것을 의미한다.

즉, 시설 운영을 시설장과 시설 직원을 중심으로 운영하며 외부인의

7) 표갑수(2003) pp. 36-37.

출입을 금지하기보다는 지역주민의 봉사활동과 후원자들을 참여시키는 개방적이고 적극적인 의미도 담고 있다.

4) 주민참여

지역사회복지에서 주민은 단순히 서비스를 받는 사람만이 아니다. 지역사회는 문제 발생의 장이기도 하지만, 해결의 장이고 나아가 예방의 장이므로 주민은 지역사회복지서비스의 이용자이면서 공급자이기도 하다. 주민참여는 이 양면성을 잘 실천하는 방법이기도 하다.

주민참여는 주민의 욕구파악을 위한 것뿐만 아니라 주민이 지역사회의 주인공으로서 주체성을 가질 수 있게 하는 것이고, 주민이 지방자치단체와 동등한 파트너십을 형성하는 방법이며 자원봉사와도 관계가 있다.

5) 네트워크화

사회복지의 가장 큰 흐름 가운데 하나가 공급자 중심의 서비스 제공에서 이용자 중심의 서비스 제공으로의 변화이다. 이용자 중심의 서비스 제공은 이용자의 욕구를 기초로 한 서비스 제공과 서비스의 선택권이 이용자에게 주어져 있는 것을 전제로 한다.

지역사회복지에서 네트워크의 이념은 궁극적으로 사회적 인간관계의 조직화를 의미하는 것을 뜻한다. 다양한 욕구를 지닌 클라이언트를 충족시키려면 서비스공급체계의 네트워크화와 관련 기관들의 연계가 필요하다는 것이다. 이는 당사자의 조직화, 자원봉사자나 주민 리더의 조직화, 보건, 의료, 복지의 연계, 사회복지기관과 제도의 연계까지 포함한다.

[그림 1-2] 지역사회복지의 이념

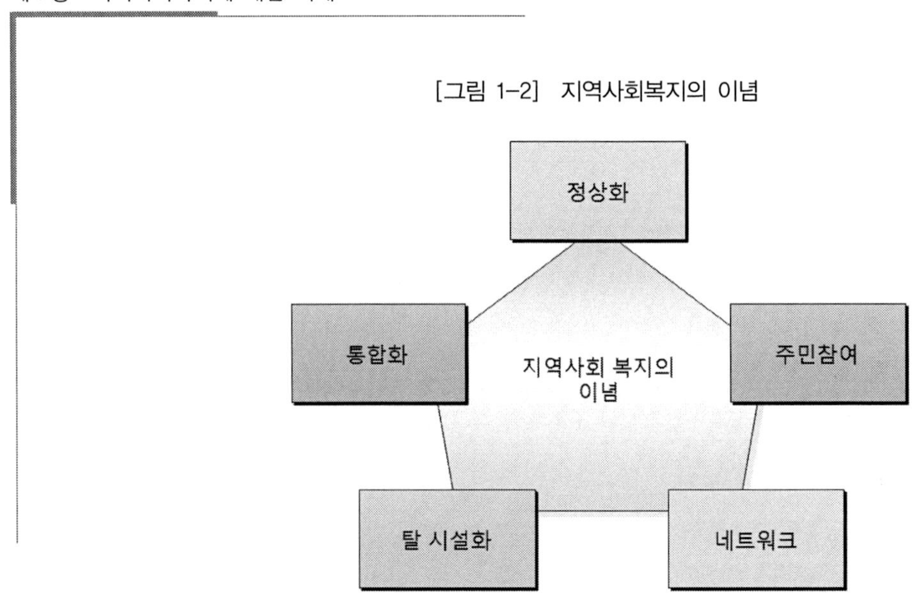

3. 지역사회복지의 속성

속성이란 사물의 특징이나 성질을 의미한다. 즉 실체의 본질적인 성질, 그것이 없다면 실체를 생각할 수 없는 것을 말한다.

본질적 속성이란 어떤 사물 또는 개념에 없어서는 안 될 징표의 전부이다. 이런 의미에서 지역사회복지는 다음과 같은 속성을 가지고 있다.

① 지역성과 기능성을 포함하는 일정한 지역사회 내에서 이루어진다.

② 지역주민의 삶의 질 향상이라는 목표를 가지고 있다.

③ 지역사회의 문제를 해결하고 주민의 복지욕구를 충족시키는 기능을 갖고 있다.

④ 정부와 민간기관이 공동주체가 되어 공공과 민간의 협력이 강화되는 추세로 발전하고 있다.

⑤ 조직적인 활동을 강조하는 전문적인 서비스와 방법을 사용한다.

4. 지역사회복지와 관련된 개념

1) 지역사회조직

지역사회조직은 전문사회사업의 한 실천방법으로서 지역사회를 구성하는 개인, 집단, 이웃이 사회적 복리를 향상시키기 위해서 지역사회 수준에서 전개되는 일련의 활동이다.[8)]

① 사회사업의 분류방법인 개별지도, 집단지도, 지역사회조직이라는 3대 방법에서 나온 것이다.

② 공공과 민간의 사회복지기관의 전문 사회복지사에 의해서 수행되며, 보다 조직적이고, 추구하는 변화에 대해 의도적이고 계획적이며, 과학적인 지식과 기술을 사용한다.

③ 전문사회사업의 실천방법으로서 지역사회개발, 사회계획, 사회운동이 포함된다.

2) 지역사회 만들기

지역사회 만들기는 지역사회 내에서 공동체의식을 형성하는 활동으로서 지역사회의 문제를 해결할 수 있는 지역공동체의 사회적 자본을 동원할 수 있도록 건전한 공동체를 구축하는 것을 목표로 삼는다.

이 개념은 다음과 같은 전제를 기초로 하며, 각각의 전제들은 지역의 네트워크를 강화하며 상호 의무감을 고취 시킨다[9)]

① 지역사회개발과 서비스 전략을 통합한다.

② 협력을 통한 파트너십을 고취한다.

③ 지역사회역량을 구축한다.

---

8) 오정수·류진석(2006) pp. 34-37.

9) Rubin & Rubin(2001) pp. 24-48.

④ 지역사회의 조건으로부터 시작한다.

⑤ 고아범위한 지역사회의 참여를 증진한다.

⑥ 평등의식을 고양한다.

⑦ 문화적인 역량의 가치를 인식한다.

⑧ 가족과 아동의 지원을 강화한다.

3) 지역사회보호

지역사회보호는 영국을 중심으로 1950년대 말 이후에 발전한 개념이며, 지역사회중심의 보호 형태가 확장되면서 전 세계적으로 개념이 확산되었다.

지역사회보호의 특징은 다음과 같다.

① 가정 또는 가정과 유사한 환경, 즉 통원치료기관, 그룹홈 등과 같은 것이 전제된다.

② 서비스 제공을 위해 상주하는 직원이 없으며, 외부로부터 방문을 받아 서비스가 제공된다.

③ 일상적인 생활의 결정은 개인에 의하여 자율적으로 이루어진다.

④ 가정에서의 보호 또는 가정 외부로부터 서비스를 받는다.

4) 시설보호와 재가보호

시설보호와 재가보호는 상반되는 개념으로 다음과 같다.

① 시설보호는 사회적 보호를 필요로 하는 사람들이 일정한 시설에서 보호서비스와 의식주를 제공받으면서 거주하는 것이다. 주거의 개념이 포함되며 훈련된 직원이 함께 거주하며, 패쇄성이 특징이고 엄격한 규율과 절차가 있어서 개인의 자유가 제한된다.

② 재가보호는 보호를 필요로 하는 사람들이 자신의 가정에서 보호를 받는 것을 말한다.

공공과 민간의 공식적 조직에 의한 보호와 가족, 친척, 이웃 등 비공식조직에 의한 보호가 모두 포함된다.

가정이라는 환경을 강조한다는 점에서 지역사회보호와 유사성을 가지고 있으며, 우리나라의 재가복지의 개념은 재가보호에 더 가까운 개념이다.

5. 지역사회복지의 특징

지역사회복지는 정상화, 탈시설화, 주민참여를 기본이념으로 하고 있다.[10)]

지역사회복지는 시설복지의 한계점과 국가재정 위기의 극복이라는 두 가지 목적이 결합된 것이다.

지역사회복지의 특징은 다음과 같다.

1) 예방성

① 지역사회 내의 사회복지 욕구나 해결되지 못한 생활문제를 주민참여라는 구조를 통하여 조기 발견하여 대응할 수 있다.

② 클라이언트의 인격 파탄이나 생활파탄의 방지라는 소극적 예방에서부터 삶의 질 향상이나 생활구조의 안정, 강화 등의 복지증진이라는 적극적 예방까지 포함된다.

③ 복지욕구나 생활문제의 조기발견과 대응에는 주민참여와 네트워크구축이 핵심이다.

2) 종합성과 전체성

① 지역사회복지에서는 서비스 공급자 측면에서는 종합성의 특성을, 서비스 이용자의 측면에서는 전체성의 특성을 가지고 있다.

② 공급자 측면의 종합성은 서비스 제공기관간의 연락, 조정, 협의 등의 네트워크 구축과 이의 실질적인 운용을 통한다.

10) 박태영(2003) pp. 37-39.

이런 것들을 one-stop service, 서비스의 패키지화 등으로 표현하고 있다.

③ 이용자 측면의 전체성은 주민생활에 밀접하게 관련을 맺고 있는 다양한 분야를 포괄적으로 다루어야 한다는 것이다.

협의의 사회복지서비스뿐만 아니라 보건, 의료, 고용, 교육, 문화, 교통, 안전, 환경 등 주민생활의 전반적인 영역을 포괄하여 접근함을 의미하는 것이다.

3) 연대성과 공동성

① 주민 개인의 사적 활동으로는 해결이 곤란한 생활상의 과제를 주민들이 연대를 형성하고 공동의 행동을 통하여 해결하려는 특성이 있다.

② 대외적으로는 주민운동으로 나타나고, 대내적으로는 상호부조활동으로 나타난다.

③ 주민운동은 지역사회의 생활상의 문제해결이나 예방을 위해 필요한 제도의 마련이나 시설의 설치 등으로 나타나게 된다.

④ 주민들의 상호부조활동은 인간미 있는 정겨운 공동체를 만드는 것이다.

4) 지역성

① 사회복지서비스의 이용이라는 측면으로만 한정해서 보면, 지역적 권역은 작을수록 좋다.

② 서비스 제공체제의 효율성을 고려해야 하므로 이용과 공급의 적절한 체제를 고려한 지역적 권역의 설정이 필요하다.

③ 지역적 특성이 살아날 때, 주민자치를 체험하게 되어 실질적인 주민주체를 형성하고 실천할 수 있게 되는 것이다.

[그림 1-3] 지역사회복지의 특성

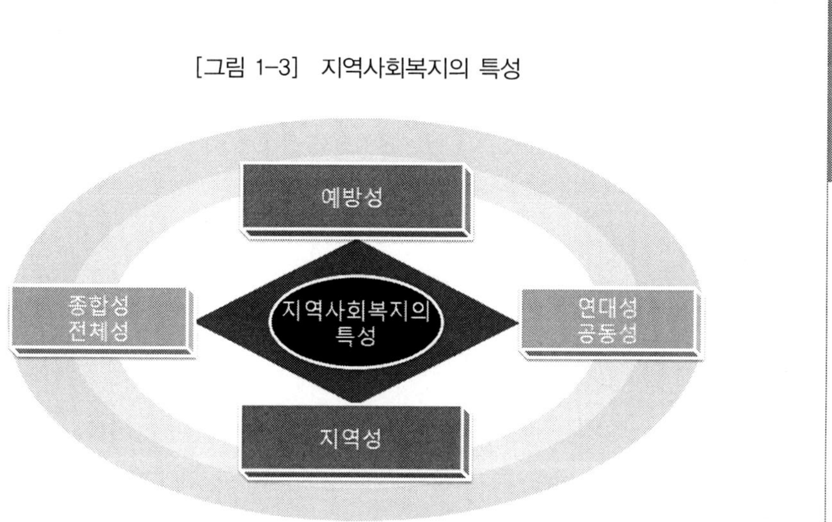

6. 지역사회복지의 내용

지역사회복지는 개념 규정에 따라 다양한 내용들로 구성될 수 있다.[11]

1) 재가복지서비스

① 방문서비스

방문요양보호사나 활동지원사의 파견 사업이나 결연사업, 이동목욕서비스등 가정을 직접 방문하여 서비스를 제공하는 것을 말한다.

② 통원서비스

대상자가 기관에 통원하는 것으로, 주간보호사업이나 단기보호 사업 등으로 구분된다.

2) 지역조직화 활동

① 지역조직화 활동

지역 주민이 자원봉사 등 복지활동에 참가할 수 있도록 촉진하고

11) 박태영(2003) pp. 39-40.

복지에 대한 의식 변화를 도모하여 복지공동체를 만들어 가는 일련의 활동이다.

② 복지조직화 활동

복지서비스의 조정, 연계, 서비스 공급체의 정비, 복지기관의 효과적이고 효율적인 운영 등의 활동을 의미하는 것이다.

3) 예방적 복지증진 서비스

① 주민이 클라이언트가 되지 않도록 하기 위한 여러 활동이다.

② 생활 관련 시책과의 연결, 복지교육, 개발활동, 종합상담, 정보제공 등이 있다.

4) 시설보호 서비스

① 통원형, 중간형, 생활형 시설로 구분된다.

② 이용자의 상태에 알맞은 공급체제를 갖추어야 한다.

③ 지역주민의 복지욕구를 충족하기 위한 서비스도 제공할 수 있어야 한다.

[그림 1-4] 지역사회복지의 내용

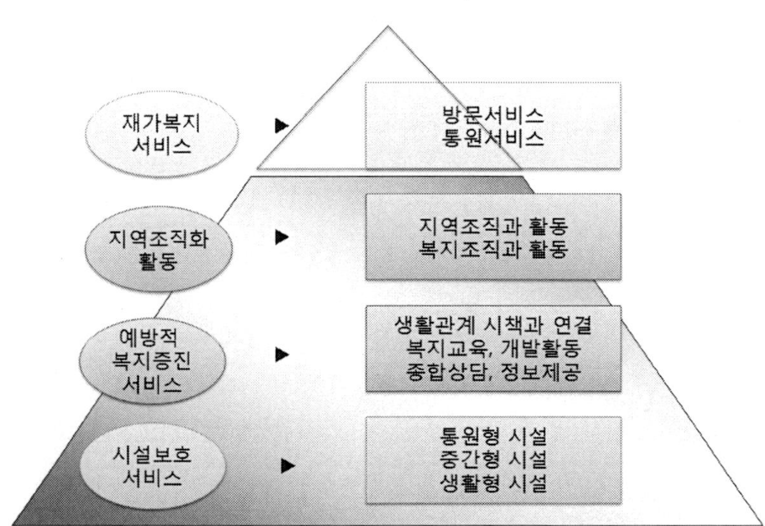

제 2 장

지역사회복지의 역사

제 1 절 외국의 지역사회복지의 역사

★ 핵심포인트

- 지역사회복지의 역사에 있어서 중요한 개념과 특징을 잘 알아둔다.
- 자선조직협회와 인보관운동에 대한 내용은 완전히 이해하고 있어야 한다.
- 지역사회복지의 전반적인 역사를 알아둘 필요가 있다.

1. 영국의 지역사회복지의 역사와 현황

근대 지역사회 복지의 효시로는 흔히 19세기 말엽에 시작된 자선조직협회운동(Charity Organization Society : COS) 과 인보관 운동(Settlement House Movement)를 들 수 있다. 이 두 가지 운동은 모두 영국에서 시작된 것으로, 영국은 지역사회 복지의 선도적 국가라고 할 수 있다.[1)]

당시에 영국은 산업화의 선두주자로서 국제적으로는 막강한 경쟁력을 가지고 있었지만, 국내적으로는 계급 갈등과 빈곤 및 주거환경 악화 등의 도시 문제, 급진주의적 노동운동과 사회주의 사상이 번지고 있었다. 이러한 사회적 동향에 대한 대응이 바로 자선조직협회와 인보관 운동이었는데 빈곤을 개인의 책임으로 보는 시각은 유지하고 있었다.

1) 지역사회복지의 대두

(1) 자선조직협회운동

영국에서는 1869년에 '자선구제빈궁방지조직협회'가 설립되었고, 다음 해인 1870년에 '자선조직협회'로 명칭이 변경되었다.

1) 최항순(2007) p. 49.

자선조직협회의 창설 동기는 빈곤자에 대한 무분별한 구제를 막고 긴밀한 상호협력하에 공정하게 서비스하기 위함 이었다.

사회복지의 전통에서 강조되던 '열등처우의 원칙'이 자본주의가 고도로 발달하기 시작한 19세기 후반에 의학의 발달에 따른 의학혁명과 구빈입법 및 행정체계의 측면에서의 새로운 돌파구가 열리면서 조직사업으로 실체화한 것이다[2]

물론 배경적으로 본다면 데니슨(E. Denison)이 런던의 빈민굴에 거주하면서 빈민문제를 연구하여 빈민구조의 이상을 자조에 두고, 구빈행정의 개혁을 부르짖으면서 생활을 강조하였던 것이 작용하였다.[3]

자선조직협회는 다음과 같은 원칙에 의해 활동이 수행되었다.[4]

① 협력과 조직화

중앙본부와 지구위원회의 조직에 의해서 단체나 개인의 자선활동의 수준 향상과 케이스 워크(case work)의 질적 향상을 목적으로 하였다. 각종 단체가 협력함으로써 낭비를 방지하고 질을 향상시키는 것을 목표로 하였다. 그리고 동시에 시혜자와 수혜자 사이에도 협력관계가 유지되어야 한다고 주장하였다.

② 원조의 대상

원조의 대상을 '가치 있는 자'[5]에 한정하였다. 사회사업의 목적은 그것이 치료적 효과를 가지고 있지 않으면 달성되지 않기 때문이다. 개인은 자신의 생활에 책임을 져야 하기 때문에 독립심을 헤치거나 자존심을 상하게 하는 원조를 해서는 안 된다.

2) 김상규 외(1992) pp. 48-49.
3) 이택룡·노무지(2001) pp. 29-30.
4) 류상열(2004) pp. 125-126.
5) 모든 노력을 기울였지만 여전히 불행하고 부족한 상태에 놓이게 되는 사람을 말한다.

③ 클라이언트의 한정적 선택

자선조직협회에서의 원조의 대상을 자조능력이 있는 자로 하였기 때문에 범위는 한정적이었다. 이 원칙에 따라 설립 이후 10년 동안 매년 신청자의 50% 이상을 원조하지 않았다. 만일 신청자가 원조를 거부당하면 다른 기관에 의뢰되기도 하였다.

④ 원조의 금액과 시기

원조의 금액과 시기는 적정해야 한다는 원칙이다. 이 원칙에 따라 모든 클라이언트는 선별되고, 또 자조의사가 없다고 인정된 자의 신청은 거부되거나 구빈법으로 의뢰되었다.

(2) 인보관운동

인보관운동은 실업자의 증가와 인구의 도시 집중으로 인해 도시 내에 슬럼(slum) 지역이 발생해 새로운 도시 문제로 시달리게 되자 이러한 문제의 해결을 위해 중·상류 계층의 사람들이 인도주의 정신에 입각해 빈민지구에 이주해 빈민들과 함께 살면서 그들의 생활 실태를 파악해 원조해 주는 활동을 말한다.[6)]

이 운동은 1867년 기독교 사회주의자인 데니슨이 런던의 빈민가에 이주해 살면서 빈민들을 가르친 데서 비롯되었다.

① 최초의 인보관 토인비홀(Toynbee Hall)

세계 최초의 지역사회복지관인 토인비 홀(Toynbee Hall)[7)]은 영국의 성공회 사제인 바넷(S. Barnett)에 의해 1884년 런던시 동부의 화이트 채플이라는 슬럼지역에 세워졌다.

바넷은 옥스퍼드 대학 학생들과 교회의 청년들에게 교회교육을 통하여 사회개혁운동에 참여할 것을 권유하였다.

---

6) 최항숭(2007) p. 50.

7) 아놀드 토인비가 대학교수직을 그만두고 바넷 목사의 뜻에 따라 인보운동을 추진하였으나 완성하지 못하고 사망하자, 바넷 목사가 토인비교수를 기념하고자 설립하였다. 토인비 홀은 옥스퍼드 대학의 교수와 학생중심으로 활동이 이루어졌다.

② 자본주의 모순에 대한 인식

인보관운동은 자본주의의 확대와 모순, 특히 노동자계급의 열악한 노동환경과 빈곤, 생활조건이 자선에 의해서는 개선되지 못한다는 인식을 바탕으로 시작되었다.

③ 빈곤자를 위한 사회계량운동

토인비 홀은 빈곤문제에 대한 지역사회수준의 개입을 확장시키는데 크게 기여하였다.

1910년까지 영국전역에 46개소가 건립되었고, 1889년 미국 시카고에 헐 하우스, 1897년 일본 동경에 킹스레이(Kingsley)관이라는 이름으로 세계 각 지역으로 확산 설립되어 나갔다.

우리나라는 1906년 원산에서 미국 감리교회의 여선교사인 노울즈(Knowles)에 의해 시작되었다. 그러나 영국의 인보관운동은 제2차 세계대전 이후 국가가 사회복지를 책임지게 되면서 그 영향력이 현저하게 줄어들게 된다.[8)]

2) 지역사회보호의 발달

지역사회보호가 시설보호중심에서 재가보호중심으로 전환되었다.

(1) 태동기

서구에서 사용되고 있는 지역사회보호(community care) 또는 재가복지의 개념은 수용보호에 대한 반성으로부터 출발하였다. 영국에서는 재가복지의 개념보다 지역사회보호의 개념이 보다 일반화되어 사용되고 있다.[9)]

지역사회보호라는 새로운 접근의 기원은 수용시설에 대한 부정적인 이미지 때문이었다.

지역사회가 수용된 개인을 분산하고 재배치하는 장소의 의미뿐 아

8) 김종일(2003) pp. 30-31.
9) 오정수·류진석(2006) p. 75.

니라 사회문제와 관련하여 개인이 속한 지역이라는 의미로 받아들이는 등 지역사회에 대한 새로운 인식을 하게 되었다. 주로 노인과 정신질환자를 대상으로 한 프로그램들이 개발되었다.

(2) 형성기

제2차 세계대전 직후 구빈법 체계가 종결되면서 종전의 구빈행정을 대신하고 지역사회의 사회적 의존인구의 다양한 욕구를 충족시키기 위해 여러 서비스가 개발되어 왔다.[10)]

① 시봄 보고서(Seebohm Report)

지방정부의 여러 부서가 주요 복지서비스를 제공하여 왔는데, 이들은 지역사회내의 한정된 자원의 분배를 둘러싸고 경쟁관계에 놓이게 된다. 이러한 문제들을 해결하기 위한 시봄 위원회(Seebohm Committee)가 구성된다.

시봄 위원회는 가족 지향적인 서비스를 제공하는 새로운 사회서비스 부서의 창설을 제안하는 시봄 보고서를 1968년에 제출하였다.

이에 따라 지역사회복지는 지방정부 사회서비스국의 서비스를 중심으로 고용, 교육, 주택, 가정원조, 경찰, 교회, 자원봉사조직, 친구, 이웃에 의한 서비스를 포괄하는 것으로 간주되었다.

② 하버트 보고서(Harbert Report)

'지역사회에 기초한 사회적 보호'라는 이름으로 출판되었다.

공공과 민간서비스와 함께 비공식 서비스의 역할을 인식하였다. 즉 가족체계와 지역사회의 근린에 초점을 둔 비공식 서비스의 중요성을 강조하였다.

③ 바클레이 보고서(Barclay Report)

지역사회사업의 전략이 카운슬링 지향으로부터 사회적 보호계획에로 전환되어야 함을 주장하였다.

10) 이양훈 외(2007) pp. 55-58.

지역사회를 '혈연, 공동이익, 지리적 근접성, 친구, 직업, 서비스의 주고받음 또는 이러한 요소들의 다양한 결합에 의하여 상호간에 유대를 가진 사람들 간의 비공식적 조직망'으로 정의하였다. 따라서 비공식적 보호망의 중요성과 함께 공식적 사회서비스가 비공식적 서비스와 긴밀한 관계를 유지하면서 활동해야 할 필요성을 크게 강조하였다.

(3) 발전기

1970년대 말까지 지역사회보호는 대인사회서비스의 바람직한 발전방향으로서 어느 정도 정치적 합의가 이루어져 있었다. 그러나 지역사회보호라는 개념 자체가 매우 포괄적이고 모호한 개념이었기 때문에 정권의 교체에 따른 정책이념의 변화는 지역사회보호에 관한 정책변화를 수반하였다.

1979년 보수당의 대처정권이 등장한 이래 신보수주의 이념으로 공공재정 지출의 축소라는 정책적 목표 하에 기존 지역사회보호정책에 강한 비판이 제기되었다.

① 그리피스 보고서(Griffiths report)

영국의 보수당은 보다 효과적인 지역사회보호를 위한 공공재정 활용방안을 모색하였다.

그 결과 그리피스 경을 위원장으로 하는 위원회를 구성하고 1988년 그리피스 보고서로 알려진 '지역사회보호: 행동지침'이란 제명의 보고서가 발표되었다.

핵심내용은 지역사회보호의 이행을 강조하고 지역사회보호를 위한 권한과 재정을 지방자치단체에 이양할 것을 제안하는 것이었다.

② 경쟁을 통한 서비스 입법

1990년에 '국민보건서비스 및 지역사회보호법'이 제정되었다.

이 법은 지역사회보호에서도 시장경쟁의 원리를 도입하고 케어매니지먼트(care management)의 도입을 통해 효율적이고 적절한 서비스 제공을 도모하였다. 이것은 민간부문의 역할을 상대적으로 강조하는 것이었다.

1980년을 전후한 신보수주의 이념이 나오면서 비로소 가족주의가 강조되고 있다.

③ 실업문제에 대한 지역사회수준의 개입

1997년 출범한 노동당 정부는 뉴딜(New Deal)이라는 대규모 근로연계복지정책을 시작하였다. 정책의 주된 핵심대상은 청년 실업자로, 복지급여를 받는 한 의무적으로 뉴딜 프로그램(4가지 옵션 : 취업, 환경근로, 자원봉사, 전일제 교육과 훈련)에 참여해야 한다. 또한 장기실업자들을 지역사회에 투입하여 지역사회의 시설과 환경을 개선하는 동시에, 이들에게 근로경험과 노동윤리를 심어 줄 수 있게 된 점도 긍정적인 의미를 갖는다.

2. 미국의 지역사회복지의 역사와 현황

미국은 비교적 짧은 역사 속에서도 많은 사회문제로 시달렸고 이에 대처하기 위해 엄청난 노력을 기울였다.[11]

미국의 지역사회복지는 도시집중화로 인한 지역사회문제로부터 출발한다.

19세기 말 미국의 지역사회복지 문헌들에는 남북전쟁이 종식된 이후에 지역사회복지가 출현했다고 보며, 자선조직협회운동과 인보관운동이 원동력이 되었다고 말한다.

1) 자선조직 운동 시기

자선조직화 운동 시기를 흔히 1865년에서 1914년까지라고 한다. 이 시기 동안 미국의 상황은 남북전쟁을 지나서 산업화(노동시간, 작업조건, 안전, 아동노동 등 광범위한 사회문제), 도시화(농촌인구의 도시이동), 흑인문제(흑인교육문제로 인한 린치, 흑인취업기회로 완화됨), 이

11) 최항순(2007) p. 53.

민문제(19세기 초반부터 세계각지에서 미국으로 이민 온 사람들의 문제) 등을 해결하기 위해 사회복지실천이 매우 절실했다.

(1) 자선조직협회운동

미국 최초의 자선조직협회는 1869년 영국에서 처음 설립된 자선조직협회를 본받아 1877년 뉴욕주 영국 성공회 소속인 거틴(H. Gurteen) 목사에 의해 창설되었다.

자선조직협회의 활동은 다음과 같다.

① 참여기관들로부터 구호를 받고 있는 것으로 알려진 개인이나 케이스들의 명단을 만든다.

② 케이스 분석회의를 통해 동일한 케이스나 같은 가정에 관심을 가진 수많은 기관들(인보관, 구빈기관, 아동수용기관, 아동학대예방 서비스기관, 방문간호사협회, 기타)이 모여 케이스에 대한 원조방안을 모색하였다.

③ 사회적, 경제적 문제에 관한 광범위 한 연구, 분석을 하여 특정 조치를 건의하기도 하였다.

④ 자선단체의 조정에 치중했던 영국의 자선조직협회와 달리 미국의 자선조직협회는 사회문제의 해결과정에도 개입하였다.

⑤ 빈곤을 개인의 도덕적 결함에서 생긴다고 보았기 때문에 한계를 지닌다.

(2) 인보관운동

① 미국에 설립된 최초의 인보관은 1889년 제인 아담스(Jane Adams)에 의해 시카고 빈민가 지역인 할스테드(Halsted)에 설립된 헐 하우스(Hull House)이다.

② 헐 하우스는 사회적, 교육적, 인도주의적, 시민생활 등 네 분야에 걸쳐 서비스를 제공했다.

③ 여기에는 대학 공개강좌, 문맹 퇴치 활동, 민속 축제, 공중목욕

탕, 여름 캠프, 유치원 등 오늘날의 지역사회복지관이 제공하는 서비스가 망라되어 있었으며, 헐 하우스 공간은 노동조합의 활동이나 각종 사회 문제에 대한 토론의 장으로도 이용되었다.

④ 이러한 인보관 활동은 현대 복지학의 집단 지도사업(group work)에서 이어받고 있다.[12)]

⑤ 인보관운동에서 가장 강조하고 있는 것은 지역 주민과 인보관 사업자들 간의 대화를 토대로 주민들의 욕구와 필요한 서비스를 찾아내는 것이라고 할 수 있다.

[표 2-1] 자선조직협회와 인보관운동 비교

구 분	자선조직협회	인보관 운동
최초기관	• 영국 : 1869년 런던	• 영국 : 1884년 바넷에 의해 '토인비 홀' 설립
	• 미국 : 1887년 뉴욕	• 미국 : 1889년 제인 아담스가 '헐 하우스' 설립
목적	• 자선 및 빈민구호 단체의 업무 조정 • 빈민들의 구호 의존 근절	• 계급갈등과 노사갈등을 조정하여 사회 통합 이룸 • 빈부 간 갈등 완화
초점	• 빈민들의 구호의존문제 관심 • 빈곤을 개인적 관점에서 접근 • 빈민은 수혜자이며 선도대상	• 빈곤 해결 자체에 관심 • 빈곤을 지역사회맥락서 접근 • 빈민과 개별적 관계 중시. 이웃 동료로 접근
방법	• 빈민개조와 처한 상황수정 • 도움 줄 사람 구분 • 개별적 방문을 통한 자립과 근면의 가치를 훈계	• 지역사회 내에 거주하며 기존사회질서에 비판 • 자조조직결성을 도움. 노사문제, 문맹퇴치, 대학 공개강좌, 민속축제, 캠프 등 • 환경과 제도개혁
주도자	• 상류층과 부유층	• 교육받은 중산층
참여형태	• 우애방문원	• 빈민들과 거주하는 자원봉사자
영향	• case work. 전문적 접근 • 지역사회조직의 모태 • 지역사회계획 전문기관 탄생 • 사회조사기술 반전	• group work • 지역사회운동에 영향 • 지역사회복지관 형성에 영향

12) 최항순(2007) p. 58.

구 분	자선조직협회	인보관 운동
한계	• 활동가들의 도덕적 우월감으로 개인적 관계형성 실패 • 빈민에 냉소적 태도 • 빈민과의 관계형성 퇴색	• 빈곤문제의 근본원인 지적하지 않음 • 초점은 사회문제였으며 정치나 경제적 쟁점은 아님 • 서비스 제공에 초점을 둠
기타	• 영국은 국가복지가 발달하면서 지역사회복지 퇴조함	
	• 미국은 자선조직협회와 인보관운동이 사회복지대학, 학과 창설의 촉진제 역할을 함 • 미국의 지역사회복지는 지속적으로 발전함	

자료 : 이양훈 외(2007) pp. 64-65 재구성.

3. 일본의 지역사회복지 역사와 현황

일본에서는 지역복지의 개념과 현상이 본격화된 것은 제2차 세계대전 이후부터이다.

일본 지역사회 복지의 발전과정은 종전을 전후한 지역복지의 태동, 1960년대 이후부터 1970년대까지의 지역복지의 성립, 그리고 1980년대 이후의 지역복지의 확대, 발전 등의 시기로 구분할 수 있다.

1) 지역복지의 태동

1940년대 초에 일본이 우리나라에 인보관을 설치한 것으로 보아서 일본의 지역복지는 1930년대-40년대까지 올라갈 수 있을 것이다. 그러나 실제적으로 근대적이고 민주적인 의미에서의 지역복지의 지향은 제2차 세계대전 이후부터라고 할 수 있을 것이다.

① 종전 후 일본은 미국으로부터 지역사회 조직(community organization) 개념이 도입됨으로써 지역복지가 시작되었다.

② 1947년 공동모금(community chest) 운동이 개시되었다.

③ 1950년 신생활보호법의 실시에 따라 자주적인 활동의 장으로 지역복지 지향을 모색하게 되었다.

④ 1951년에는 사회복지협의회가 창설되었다. 1951년 복지지구와 복지사무소가 설치되었으나 생활보호를 중심으로 하는 개인급부 서비스 기관 이상의 전개는 아니었다.

⑤ 1962년 '사회복지협의회 기본 요강'을 제정하고, 1968년에는 '자원봉사 요강'을 제정하였다.

⑥ 1964년 성립된 사토 내각의 공약으로 경제개발과 함께 지역복지론이 더욱 활성화되기 시작하였다. 고도성장으로 빚어진 생활환경이나 자연의 파괴 등이 진행되면서 여러 지역에서 주민운동과 시민운동이 전개되어 지역복지가 지역의 관점에서 논의되었다.[13]

2) 지역복지의 성립

① 1960년대 후반에 들어서면서 지역복지의 새로운 구성 요소가 더해져 갔다.

② 1971년부터 지역복지 정책이 본격적으로 등장하였다.

③ 1973년은 '복지 원년'으로서 국가의 노인의료 무료화 제도가 시작되었다.

④ 1977년 자원봉사활동센터를 설치했으며, 1978년 중앙공동모금회는 공동모금운동의 개선책을 주장하기도 했다.

⑤ 이 시기의 복지는 시설보호의 반성으로 재가 복지의 중요성이 강조되어, 요구호자에 대한 방문파견사업이 확대되었으며, 참여복지의 지향과 지역을 중시하는 특징을 지니게 되었다.

3) 지역복지의 발전

① 일본의 사회복지는 1980년대에 들어서서 국가 주도에서 지방자치단체가 지역 실정에 맞게 추진하는 방향으로 이행하게 되었다.

② 1983년에 재가복지를 기본으로 한 지역사회복지의 기초 설정이 제시되었으며, 1989년에는 노인, 장애인 등의 복지를 지역 주민의 욕

13) 감정기 외(2005) p. 49.

구로 파악해 주민들에게 가까운 지방자치단체가 재택 서비스를 실시할 수 있도록 하였다.

③ 1990년대에 들어오면서 광역 단위의 도나 지정도시, 시 · 정 · 촌 단위를 중심으로 지역복지 계획을 수립하는 것이 법제화되었다.

미시적 차원에서 지역복지 계획에는 지역 주민들의 보건과 복지를 연계하는 건강 네트워크를 확립하고 주택과 환경의 개선, 고령자와 장애인들을 위한 재가복지 시스템 구축, 그리고 지역 주민들의 사회 참여를 위한 인력 양성사업 등을 전개하게 되었다.[14]

④ 오늘날 일본의 지역복지론은 사회복지개혁론의 성격을 지니며 이 개념을 통해 오늘날 사회복지 개혁의 방향성을 제시하고 있다.

제 2 절 한국의 지역사회복지의 역사와 현황

★ 핵심포인트

- 한국의 전통적인 지역사회복지의 사례에 대한 내용을 잘 살펴본다.
- 한국의 지역사회복지의 특징을 잘 이해해 두어야 한다.
- 최근의 지역사회복지의 흐름까지 잘 알아두어야 한다.

우리나라의 현대적 의미의 지역사회 복지는 1940년경 일제가 서울에 설치한 인보관이나 외국인 선교사들의 사회복지 서비스기관들에 의해서 시작된 것으로 알려져 있다.[15]

14) 김수진 외(2006) p. 82.
15) 최항순(2007) p. 33.

1. 일제시대 이전의 지역사회복지

1) 국가단위와 민속적인 부락 협동관행

우리나라의 전통적인 지역사회복지활동은 국가나 군, 현 단위의 행정적인 복지사업과 부락 단위를 협동관행으로 나누어 볼 수 있다.

① 국가 단위의 지역복지사업

국가 단위의 지역복지 사업으로 상설 복지기구는 의창, 상평창, 진휼청, 동서대비원, 활인서, 혜민서 등이 있다.

대표적으로 의창은 고려와 조선시대에 시행된 빈민 구제 제도이자 국립 구호기관으로, 평상시 곡식을 저장에 두었다가 흉년에 이것으로 빈민을 구제하였다. 빈민에 대한 대해 무상의 구제를 하였다는 점에서 생활보호제도, 국민기초생활보장제도와 그 기본성격이 같다.

상평창은 고려시대에 흉년이 들었을 때 빈민에 대해 곡물을 저렴하게 대여하게 하는 제도였다. 그러나 조선시대에 들어와서 백성에게 봄에 곡식을 대여하고 가을에 거두는 환곡과 세곡을 관장하는 직사로 탈색되었다.

동서대비원(무의탁자 수용), 활인서(빈민구제와 치료 및 매장까지 담당), 혜민서(한양의 서민백성에게 혜택)는 의료기관으로 국가에서 운영하는 지역 의료복지사업이라 할 수 있다.

② 부락 단위의 복지사업

전통적인 농경사회와 유교문화로 인해 촌락을 중심으로 당면문제에 대한 공동의 노력과 상호부조를 위한 공동체를 형성하게 되었는데 이러한 대표적인 조직체들은 두레, 계, 품앗이, 향약 등으로 오늘날까지 그 형태가 남아 있다.

두레는 농촌에서 농사일을 공동으로 하기 위한 상호협동 생산방식의 협동체였다. 계는 한국 사회 특유의 조합적 성질을 지닌 것으로 공익, 생산, 영리, 친목 등 다양하게 실생활에 접목되어 운영되어 왔다.

품앗이는 농민들이 노동력을 서로 교환하는 형태이며, 향약은 지역사회의 발전과 지역 주민들의 순화, 덕화, 교화를 목적으로 한 지식인들 간의 자치적인 협동조직이다.

향약의 4대 항목은 덕업상권, 과실상규, 예속상교, 환난상휼이 있는데, 그중 환난상휼은 지역사회복지 정책과 가장 연관이 많다. 향약은 오늘날 지방자치단체의 조례와 유사한 성격을 띤다.

2) 정부에 의한 인보제도

정부는 애민육조로 표현되고 있는 6가지 복지시책을 목민심서에 기록해 놓고 있다.

6가지는 양로(養老 : 어른공경), 자유(慈幼 : 어린이사랑), 진궁(賑窮 : 가난한이 구제), 애상(哀喪 : 상을 애도), 관질(寬疾 : 환자 구호),구재(救災 : 재난 구제)이다.

다른 하나는 오가통(오가작통법)제도가 있다.

이것은 정부에 의해 강제성을 지닌 제도로서 각 하급지방 행정구획을 일정 수의 호수 또는 지역을 표준으로 다수의 지구로 세분하여 그 구역 내에 거주하는 모든 성원이 인보상조와 연대책임의 관념으로 자기 지역 내의 치안을 유지하고 복리를 증진하여 지방행정의 운영을 돕게 하는 지방자치제도이다. 다섯 가구를 1통으로 편성하고 다섯 가구 중에서 나이가 많거나 지위가 높은 사람이 대표를 담당하였다.

2. 일제 강점기의 지역사회복지

일제 강점기의 구호사업은 식민정책의 일부로서 시혜 또는 자선으로서 우리 민족이 그들 일제에 충성을 하게끔 하려는 정치적인 의미가 크다.

1) 저소작농 파괴의 목적

1차적으로 저소작농을 파괴할 목적으로 한국 농업을 식민지적 구조로 변경하기 위해서 토지조사사업이란 명목으로 한국 농업의 식민지적 재편성작업이 이루어졌다.

2) 매판지주들과 결탁

한국 농업의 구조적 재편성과정에서 그 주역을 담당한 것이 일부 매판지주들과 결탁된 관제협동조합인 금융조합, 농회, 산업조합 등이 있었으며, 재래적 민간협동단체는 자연 붕괴되었다.

3) 협동조합운동과 인보관, 사회복지협의체

① 일제하 우리나라의 지역사회복지는 농촌지역을 중심으로 한 협동조합운동과 인보관운동 및 사회복지협의체로 크게 나눌 수 있다.

② 인보관운동은 우리나라에서 근대적 의미의 지역사회복지의 시작이라고 할 수 있다.

③ 일제의 식민정책의 전개는 민간협동체에 커다란 타격을 주었다. 민간주도 협동조합운동은 주창자에 따라 유학계, 천도계, 기독계로 나뉘었다. 1962년 '협동조합운동사'가 결성되었으며 '농민사' 'YMCA'를 중심으로 전개되었다.

④ 민간주도의 협동조합은 일제에 의하여 강제 해산당하는 등 정치적인 외적 이유와 운영 자금난과 사업경영의 기술 부족이라는 내적 이유로 인해서 크게 발전할 수가 없었다.

3. 일제하의 사회복지사업

1) 사회복지 지도기관

한·일합방 당시 사회복지사업의 업무는 총독부 내무부 지방국 지방과에서 구휼 및 자선사업에 관한 사항으로 맡게 되었다.

① 1912년에는 내무부 지방국 제1과, 제2과를 두고 제2과에서 사회복지사업을 관장했다.

② 1921년에는 내무국 제2과에서 사회복지사업의 지도와 통제를 담당했다.

③ 1924년에는 내무부 지방과로 사회복지사업이 귀속되었다.

2) 구호법

구호법의 실시는 1944년 조선구호령으로 공포, 실시되었으며 우리나라의 공적부조를 맡아온 기본법이 되었다.

3) 사회복지시설과 사업

① 사회복지시설은 육아시설, 임산부상담소, 탁아시설, 영아건강상담소, 빈궁아 교육기관, 불량아 감화시설, 맹아 보호시설, 육아협회 등 각종 어린이 보호시설이 전국적으로 설립, 경영되었다.

② 사업은 공설일용품시장, 인사상담소, 경성 부입 도서관, 방면사업, 공익 전당포 등을 설치하여 구빈뿐 아니라 방빈사업을 하였다.

③ 1937년 중일전쟁이 시작되면서 상부상조와 국민 자각을 향상시킨다는 명목으로 서부 인보관, 용강 인보관, 성동 인보관, 영등포 인보관이 개설되었다.

④ 1941년 방면위원회 제도를 전면적으로 개편하여 경성부내에 8개의 방면에 총 250명의 위원을 위촉하여 요보호자들에 대한 보호, 구

제, 직업알선 등의 '케이스 워크'의 업무를 담당케 하였다.

4. 해방 이후의 지역사회복지

1945년 해방과 제2차 세계대전의 혼란, 남북분단과 한국전쟁 등 정치, 사회, 경제적 불안정은 1960년대까지 지속되었으며 사회사업에도 혼란과 불안이 야기되었다.

1) 사회복지공동모금

① 공동모금회는 시민과 사회복지기관의 협동조직으로서 두 가지 기능으로 구분된다.

② 지역사회 전체를 주 대상으로 하여 가맹기관을 위한 자금을 수집하고 체계적인 예산을 편성한 후 가맹기관을 위한 자금을 수집한다.

③ 지역사회복지와 보건 및 오락사업의 협동적인 계획, 조정 및 관리를 추진했다.

④ 1997년 사회복지공동모금법이 제정이 되었고, 1999년 사회복지공동모금회법 으로 개정되었다.

2) 외국원조기관과 지역사회복지

① 외국 민간원조단체인 한국연합회(korea association of voluntary agencies : KAVA)가 조직되었다.

② KAVA는 각 기관들이 한국인에 대한 기여와 봉사를 증대, 강화하기 위하여 회원 간의 상호협의에 의한 보건, 교육, 사회복지, 구호 및 지역사회개발 등의 분야에서 정부기관과 유대를 갖고 효과적으로 협조, 통합된 단체로서의 사회복지활동에 대한 교량적 역할을 했다.

③ 외원단체들은 지역사회조직사업을 가능한 한 실천으로서 보여주고 있으며 상호 정보교환을 함으로써 원조의 중복을 피하도록 함과 동시에 상호간의 전문지식을 얻을 수 있는 기회를 제공하였다.

④ 외원단체들은 우리나라의 민간사회복지사업의 주축을 이루었으며, 우리나라에 사회사업이라는 새로운 학문을 도입하도록 자극하였으며, 도입 후에는 그것을 익힐 수 있도록 모든 지도와 후원을 행하였고 그것을 다시 전문화시킨 데에 많은 공헌을 하였다.

3) 지역사회개발사업

① 우리나라는 1958년에 지역사회개발위원회를 개정하여 공포하였다.

이때부터 본격적인 체제를 갖추고 지역사회개발사업이 시작되었다.

② 지역사회개발사업은 1958년 7월에 지역사회개발요강이 채택되었으며 시범적으로 15개군 12개 부락을 대상으로 하였다.

③ 1962년 농촌진흥법이 제정되었으며 농촌진흥청 지도국 사회지도과로 이관되었다.

4) 지역사회개발사업으로서 새마을운동

① 1970년 박정희 대통령에 의해 새마을운동이 공식적으로 시작되었다.

1970년 10월부터 전국 33,000여 개의 자연부락에서 '새마을 가꾸기 운동'을 전개해 나갔다.

② 새마을 가꾸기 운동을 통해 주민의 소득증대와 정신개발을 강조하였으며 '근면, 자조, 협동'을 새마을 정신으로 규정하였다.

③ 1971년 농촌을 중심으로 전개된 새마을운동의 프로그램 내용은 소득증대, 생활환경개선, 정신계발로 볼 수 있다.

④ 새마을 운동은 많은 성과에도 불구하고 지배이데올로기의 재생산, 정치권력의 통치수단으로 기능하여 지역사회복지의 일환으로 전개된 새마을 운동의 한계를 지니고 있었다. ⑤ 새마을운동은 지역사회개발모델의 대표적인 형태라고 볼 수 있으나 1980년대 중반 이후 우리나라의 정치, 경제, 사회적인 변화는 새마을운동의 퇴조를 불러왔고

지역사회조직사업의 유형도 지역사회개발모델에서 지역사회행동모델(지역사회복지운동)으로 점차 확대되는 경향을 띠기 시작했다.

5) 1990년대 이후의 지역사회복지

① 1980년대 후반부터 지역사회 복지 분야는 정부정책, 사회복지실천, 그리고 사회복지 교육면에서 괄목할 만한 변화와 발전이 있었다.

② 1988년 서울올림픽을 계기로 자원봉사활동이 널리 확산되고, 1994년부터 공공행정 체계에 본격적으로 장려되기 시작했다.

③ 2005년 6월에는 1990년대 자원봉사의 붐이 결실을 맺어 자원봉사활동기본법이 통과되었다.

④ 지역사회 복지의 대표적인 모델 지역사회개발사업이 1980년대 이후 다소 퇴조되고, 지역사회행동모형이 점차 확대되는 경향을 보였다.

1998년 '더불어 살아라는 공동체 사회 만들기'이념으로 특이한 성공은 거두지 못했고, 2000년대 들어 지역사회 행동은 쟁점(issue)를 중심으로 다양하게 전개되었다.

대표적인 이슈중심의 사회운동단체로는 YMCA(바른 삶 실천운동), 경실련(경제정의실천운동), 참여연대(복지인권실천운동) 등이 있다.

제 3 장

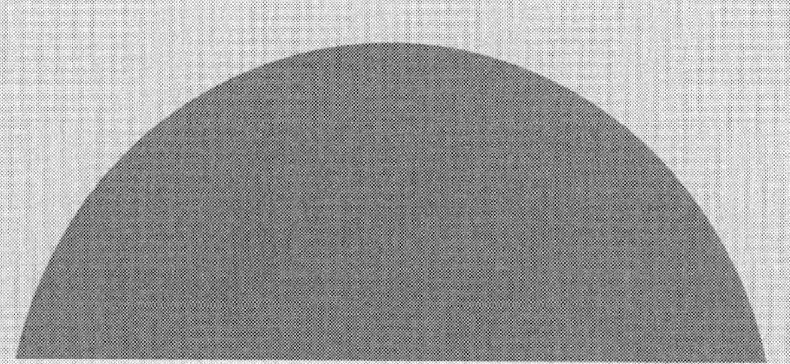

지역사회복지의 이론

제 1 절 사회체계이론

제 2 절 생태학적 이론

제 3 절 기능주의 이론

제 4 절 갈등주의 이론

제 5 절 지역사회 권력구조이론

제 6 절 자원동원이론과 교환이론

제 7 절 사회자본 이론

제 1 절 사회체계이론

★ 핵심포인트

• 체계이론의 의의를 잘 알아둔다.
• 체계이론의 적용에 대해서 잘 알아둔다.

1. 사회체계이론의 내용

1) 체계이론(system theory)의 개념과 의의

① 체계 이론은 1950년-60년에 등장한 이론으로 핵심관점은 연구대상을 하나의 개방체로 인식하고 생물학적 관점으로 보는 것이다.

즉 우리 신체의 전체가 각 부분으로 나누어져 유기적으로 관계를 맺고 있는 것처럼 상호연관관계를 맺음으로써 전체의 안정을 유지한다는 이론이다.

② 체계란 생존이 가능한 독립된 유기체를 말한다.

인간이라는 유기체가 투입물을 받아 소화기, 심장, 골격, 근육 등의 유기적 상호작용으로 항상성(homeostasis)과 균형(equilibrium)을 유지하기 위해 에너지와 힘을 만든다는 것이 체계이론의 기본이다.[1] 체계이론은 사회복지조직도 하나의 유기체로서 안정을 유지하기 위하여 투입-전환-산출의 체제를 가진다는 것이다.

2) 체계의 종류

① 체계는 폐쇄체계와 개방체계가 있는데 폐쇄체계(closed sys-

1) 황윤원(2006) pp. 139-140.

tems)는 환경과 전혀 교류가 없는 체계다. 폐쇄체제관적 이론은 조직을 진공 속에 존재하는 어떤 실체로 가정하는 이론으로서 조직과 환경과의 관계는 고려하지 않고 조직 내부만 연구대상으로 삼는 이론이다.

② 개방체계(open system)는 환경과 끊임없이 교류를 하면서 생존을 유지하는 체계를 말한다. 이것은 체계를 살아있는 생명체, 즉 유기체로 간주하는 입장이다. 개방체계는 조직을 하나의 유기체로 간주하고 조직과 환경 사이의 상호 역학관계를 분석하는 연구경향이다.

2. 지역사회복지 실천에 체계이론의 적용

① 지역사회가 구조화되고 조직화되는 방식을 가르쳐 준다.

② 지역사회의 능력을 높이기 위해서는 여러 사회제도들을 연결시켜야 한다.

③ 지역사회주민의 이익을 위해서 다른 조직들이 서로 연결되어 작동해야 한다.

④ 지역사회는 생산, 분배, 소비, 사회화, 사회통제, 사회참여, 상호지지 등의 역할을 한다.

⑤ 지역사회를 조직화 하는 것은 지역주민들의 참여로 안정적인 지역사회를 만들기 위해서이다.

1) Pincus와 Minahan의 체계이론의 적용과 문제해결과정

이들의 접근방식은 인간들은 만족한 삶을 위해 그들의 주변 환경 속에 있는 체계에 의존하기 때문에 사회사업은 그런 체계에 초점을 맞추어야 된다고 한다. 그들은 다음에 세 가지 체계가 사람들을 도울 수 있다고 한다.[2)]

---

2) 윤찬중(2005) pp. 235-237.

① 가족이나 친구, 동료 같은 비공식적 또는 자연적 자원체계
② 회원제로 구성되는 지역사회집단이나 협회 같은 공식적 자원체계
③ 병원이나 학교 같은 사회적 자원체계

[표 3-1] 사회사업의 과제

사회사업의 과제
• 개인들로 하여금 문제를 해결할 능력을 사용하고 향상시키도록 도움 • 개인과 자원 간의 상호작용 패턴을 수정하도록 도움 • 자원체계 내의 개인들 사이에서 상호작용을 향상시킴 • 사회정책을 변경하거나 개발하는 데 기여하는 것 등을 포함함

사회복지사는 아래의 표를 통하여 자신이 다루어야 할 개인들이 어느 시점에서 어떤 체계에 속하게 되는가를 분석하고 체계 간 관계의 속성을 분석함으로써 이득을 얻게 된다.

[표 3-2] Pincus와 Minahan의 사회사업의 기본체계

구 분	대 상	비 고
변화주도체계 (change agent system)	사회복지사와 이들이 소속되어 일하는 조직이나 기관	
클라이언트 체계 (client system)	도움을 찾으면서 변화주도체계와 협력하는 개인, 집단, 가족 및 지역사회	실제적 클라이언트와 잠재적 클라이언트를 구분
목표체계 (target system)	변화주도체계가 목적을 성취하기 위해 변화시키고자 하는 개인이나 집단 및 조직	때때로 클라이언트와 목표체계가 같을 수도 있고 다를 수도 있다.
행동체계 (action system)	변화주도체계가 목적을 위해 함께 일하는 개인, 집단 및 조직	클라이언트, 목표, 체계, 행동체계가 서로 같을 수도 있고 다를 수도 있다.

2) Pincus와 Minahan의 사회사업 실천기술 요약

① 문제측정

문제서술 → 체계분석 → 목표설정 → 전략설정 → 변화노력의 안정화

② 자료수집

질문과 관찰 또는 기록을 토대로 자료를 수집한다.

③ 초기접촉

클라이언트체계에 속해 있는 사람들에게 활용 가능한 사람들을 찾아본다.

체계에 속한 각각의 사람들을 만나고, 도움을 받는 데 대한 양가감정을 극복하도록 하여 저항을 제거한다.

④ 계약 협상

먼저 워커와 클라이언트체계 사이에 계약을 협상하고, 워커와 기타 다른 체계 사이에 2차 협상을 진행한다. 각각의 목표와 수행과제, 그리고 변화과정을 묘사한다.

⑤ 행동체계의 형성

행동체계의 규모와 구성을 결정한다.

단지 클라이언트와 워커인지, 클라이언트와 가족과 워커인지, 다른 기관도 포함되는지를 결정한다. 접촉의 길이와 미팅 시간, 빈도, 장소, 행동지침 같은 절차를 정한다.

⑥ 행동체계의 유지와 조정

체계의 엔트로피(자기 에너지 소비)를 피해야 한다.

관계형성을 잘해야 하고, 역할분배, 의사소통, 권한분배, 태도, 가치와 목적을 일관되게 한다.

⑦ 행동체계에 영향을 줌

체계의 한 부분에 영향을 주면 모든 다른 체계에 영향을 준다는 원리를 활용한다.

어떤 상황에 영향을 주기 위하여 워커가 활용할 수 있는 영향력의 기반으로는 지식과 전문성, 물질적 보상과 서비스, 법적 권위, 관계형성의 정도, 지위와 평판, 워커의 카리스마와 개인적 매력, 정보의 수집 및 통제 능력 등이 있다.

⑧ 계획된 변화 노력의 종결

평가를 시행하고 관계형성을 분리한다.

제 2 절 생태학적 이론

★ 핵심포인트

- 생태학적 이론의 특성을 잘 알아둔다.
- 생태학적 이론의 적용에 대해서 알아둔다.

1. 생태학적 이론의 특성

생태학적 이론은 통합적이고 전체적이며 역동적인 인간-환경 관계에 대한 시각에서 사회를 분석한다. 지역사회의 변화과정을 역동적으로 설명하기 위해 경쟁, 중심화, 분산, 분리 등의 다양한 개념들을 사용한다. 그리고 환경의 제 요소들과 끊임없이 상호 교류하는 인간의 적응적이고 진화적 모습을 통해서 인간과 환경 간의 상호관계를 설명한다.

주요개념은 다음과 같다.

① 경쟁은 보다 나은 지위를 차지하기 위한 적응과정을 말한다.

② 협동적 경쟁은 파괴적 경쟁과정을 통해 다양한 그룹을 제거하기 보다는 다양한 그룹에 이해관계에 적응해 나가는 것을 말한다.

③ 중심화는 지역사회의 기능과 사회시설 및 서비스가 지역의 중심으로 몰리는 것을 말한다.

④ 분산은 구성원이 중심으로부터 밀도가 더 낮은 지역사회 외곽으

로 빠져나가는 것을 말한다.

⑤ 집결은 개인들이 도시 등으로 이주하여 유입되는 것을 말한다.

⑥ 분리는 개인이나 집단 등이 배경적 특징에 따라 물리적 지역 내에서 서로 떨어져 유사배경 및 기능을 중심으로 한데 모이는 것을 말한다.

⑦ 우세는 기능적으로 우위에 있는 것이 다른 단위에 대해 영향력을 행사하는 것을 말한다.

⑧ 침입은 지역사회의 한 집단이 완전히 분리된 다른 집단의 거주지역으로 들어가는 것을 말한다.

⑨ 계승은 침입이 완결된 지역의 상태를 말한다.

2. 생태학적 이론의 적용

1) 유용성

① 새로운 형태의 사회복지조직이 생성되는 환경과, 유사한 조직들이 제한된 자원의 확보를 위해 경쟁하는 환경의 변화양태를 잘 설명할 수 있다.[3)]

② 1980년대와 90년대 초는 사회복지기관의 신설과 발전을 위한 호의적인 환경이었다.

③ 공공 복지서비스에 대한 중앙정부와 지방정부의 지원이 줄어들과 평가 결과에 의해 자원의 할당이 이루어지자 사회복지기관들이 이러한 환경적 변화에 적응적인 태도를 보이고 있다는 사실에서 이 이론이 적용된다 할 수 있다.

3) 김형식 외(2002) pp. 54-55.

2) 비판적 시각

① 사회복지관의 행정책임자는 단순히 조직의 생존과 성장을 위해서만 급급하지 않는다.

② 생태론자들은 환경을 하나의 통합된 체제로 구체화하려는 경향이 있다.

③ 생태론자들은 다소 결정론적인 입장이 강하기 때문에 조직의 재정능력, 또는 환경을 극복할 수 있는 가능성 등을 소홀히 한다는 비난을 받기도 한다.

④ 생태학 이론에서 환경의 개념은 매우 모호하고 환경에서의 조직간의 권력관계, 갈등, 마찰 등 중요한 사항을 도외시하고 있다는 지적도 있다.[4)]

3) 적용

① 생태학적 이론은 사회복지실천의 사회환경을 개념화하는 데 광범위하게 활용되고 있다.

② 사람들이 해당 지역사회 환경과의 상호 의존성, 그 지역사회와 다른 지역사회와의 상호작용에 초점을 두고 있다.

③ 인구집단의 이동, 이민과 이주, 성장의 역동성 등 변화하는 지역사회의 특성을 이해하는 데 도움을 준다.

④ 생태학적 이론의 관점에 따라 실천을 하면, 사람과 환경간에 질서 있고 건설적인 방식으로 변화가 일어날 때 지역사회의 역량이 커지고 지역 주민들을 위한 필요한 자원을 원활히 제공할 수 있게 된다.

---

4) 박차상 외(2008) p. 69.

제3절 기능주의 이론

★ **핵심포인트**

- 기능이론의 내용을 알아둔다.
- 기능이론의 적용에 대해서 알아둔다.

1. 기능주의 이론의 내용

기능주의이론은 구조기능주의 이론이라고도 한다.

기능주의자들은 사회가 유지되기 위해서는 기본적인 체제들이 각자의 기능을 수행해야 하는데 그렇지 못할 경우 사회는 혼란 상태에 빠진다고 생각한다.

① 지역사회를 하나의 사회체계(social system)로 간주하고 있으며 사회가 여러 부분으로 구성되어 있고, 각 부분은 합의된 가치와 규범에 따라 변화되며, 균형 또는 안정을 강조하는 것이다.

② 지역사회의 기능을 생산, 분배, 소비의 기능, 사회화의 기능, 사회통제의 기능, 사회통합의 기능, 상부상조의 기능을 구분하고 있다.

[그림 3-2] 지역사회의 기능

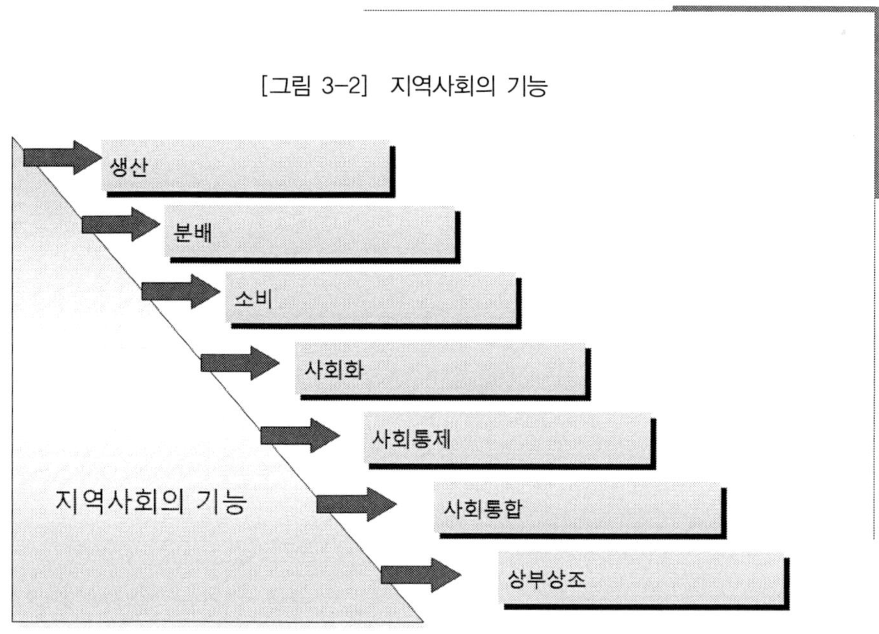

2. 지역사회에 적용되는 기능주의적 관점

① 지역사회는 다양한 사회적 제도로 구성되어 있는 하나의 체계로 파악할 수 있다.

지역사회 수준에서 발견되는 독특한 제도적 체계의 수는 사회에 따라 달라지지만, 중요한 제도적 체계들은 정부, 경제, 사회, 종교, 가족 등과 같은 하위체계들이다.

② 하위체계 내의 성원들 간에 그리고 하위체계들 간에 상호관련성이 있으며, 또한 각각의 하위체계들은 다양한 사회적 또는 결사체적 집단으로 구성되어 있다.

③ 지역사회를 포함한 모든 사회체계들은 균형 상태를 향해서 움직이는 경향이 있다.

이는 체계 내의 한 구성요소의 변동은 다른 구성요소의 변동을 자극한다는 것을 의미한다.

그 결과 한 사회체계의 다양한 부분들 간에는 조정, 통합이 이루어지면서 균형상태를 유지한다는 것이다.

④ 하위체계들 간의 상호관련성이 있지만 하위체계들은 각각의 하나의 분리된 실체를 이루고 있고 모든 사회체계의 구성원들은 다양한 경계유지활동에 종사하게 된다. 그 결과 사회체계는 심리적, 사회적 또는 지리적 경계를 가진다.

3. 기능주의적 이론의 문제점

① 지역사회의 유지와 균형만 관심을 가진다.

② 지역사회의 질서와 안정을 유지하는 것만 강조한다.

③ 지역사회의 변화나 자원, 권력을 둘러싼 집단간 갈등을 설명하는 데에는 취약하다.

제 4 절 갈등주의 이론

★ **핵심포인트**

- 갈등이론의 내용에 대해서 잘 알아둔다.
- 지역사회에 적용되는 갈등이론에 대해서 잘 알아둔다.

1. 갈등주의 이론의 내용

갈등주의 이론을 최초로 제시한 마르크스(K. Marx)는 사회구조는 근본적으로 경제적 하부구조의 토대위에 상부구조가 형성되는 것이라고 보았다. 즉 경제적 이해관계에 의하여 사회조직이 결정된다는 것이다.

① '갈등'이라는 현상을 사회적 과정의 본질로 간주한다.

② 지역사회 내의 구성원들이 경제적 자원, 권력, 권위 등이 불평등한 배분관계에 의해 갈등이 발생하고 이러한 갈등관계를 통해 지역사회의 변동을 초래한다고 주장한다.

지역사회의 갈등에 대해 콜맨(Coleman)은 다음과 같이 설명하고 있다.

① 지역사회 갈등은 경제적 문제로 인한 갈등, 권력이나 권위로 인한 갈등, 문화적 가치 및 신념이 차이로 인한 갈등에 연유한다.

② 지역사회 갈등의 역동성 측면에서 보면, 예컨대 쓰레기수거문제와 같은 주민과 정부 간의 특정 쟁점에서 일반적인 쟁점으로 변화될 수 있다. 또한 지역사회 갈등이 지속되면 새로운 쟁점이 제기되거나, 특정 쟁점에 대한 반대에서부터 반대자에 대한 직접적인 적대감으로 비화되는 경향이 있다.

③ 지역사회구조에 대한 갈등의 영향은 지역사회에 존재하는 사회조직간의 변동이 일어난다는 것이다.

④ 영향력 있는 지도사회지도자들 및 지역사회조직들은 갈등에 많은 영향을 미칠 수 있다고 주장한다.

2. 지역사회에 적용되는 갈등주의 이론의 관점

① 갈등주의 이론은 여러 가지의 이론적 분파들이 있지만 기본적으로 갈등이라는 현상을 사회적 과정의 본질로 간주한다.

② 갈등과 투쟁의 역학에 의해 다양한 사회적 현상 등이 표면화된다는 가정을 공유하고 있다.

③ 지역사회와 관련하여 갈등주의적 관점에 입각할 경우에, 지역사회에 존재하는 갈등현상에 주목을 한다.

④ 지역사회 내의 사회구성원들이 경제적 자원, 권력, 권위 등이 불평등한 배분관계에 의해 갈등이 발생하고, 이러한 갈등관계를 통해 지

역사회의 변동을 초래한다고 주장한다.

제 5 절 지역사회 권력구조이론

★ 핵심포인트

- 엘리트론에 대해서 잘 알아둔다.
- 다원론의 적용에 대해서 잘 알아둔다.

1. 엘리트이론(elitism)

1) 엘리트이론의 내용

엘리트론은 사회가 권력을 가진 엘리트와 이를 가지지 못한 대중으로 분류되며, 소수의 지배엘리트집단이 국가의 정책을 좌우하는 권력을 장악하고 있다고 본다.

① 엘리트론은 정책과정에 있어서 엘리트의 주도적 역할을 중시하는 이론이다.

② 엘리트의 주도에 의한 결정과 대중의 추종이라는 형태로 정책이 나타난다.

③ 엘리트론은 밀스(Mills)나 모스카(Mosca) 등의 영향을 받아서 전개되었다.

[그림 3-4] 엘리트모형

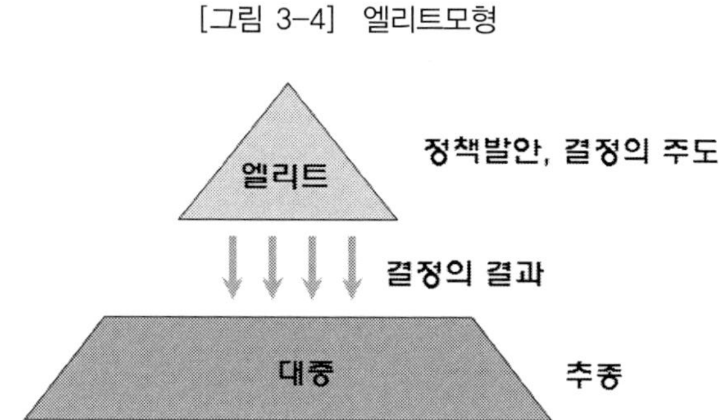

- 정책과정에 있어서 엘리트의 주도적 역할을 중시하는 이론
- 정책의 성격 : '엘리트의 주도에 의한 결정과 대중의 추종'
  - 집단모형의 가정 : 정책은 대중의 요구에 대한 엘리트의 반응
- 밀스(C.W.Mills), 모스카(Mosca) 등의 엘리트주의의 영향을 받아 전개
- 엘리트는 종종 우리말로 '선량(選良)'으로 번역
  - 엘리트모형 : '선량주의'(選良主義)

2) 엘리트 이론의 함의

① 정책은 대중의 요구를 반영하는 것이 아니라 엘리트의 이익과 가치관을 반영한다.

② 정책의 변동과 개혁은 엘리트 가치관을 수정한 결과로서 나타난다.

③ 에리트의 일반적인 보수성으로 인하여 정책변동은 점진적으로 일어난다.

④ 정책은 수정되기는 하지만 대체되는 일은 없다.

3) 지역사회에 적용되는 엘리트이론의 관점

① 지역사회에서 서로 권력을 결탁하여서 소수의 기업인, 관료, 정치가들이 독점적으로 지배하는 경향이 있다.

② 엘리트집단의 지향에 따라 지역사회복지 시스템의 방향과 내용이 결정되기도 한다.

2. 다원주의 이론(pluralism)

1) 다원주의 이론의 내용

다원주의 이론은 소수의 엘리트 집단이 아니라 다양한 다수의 이익집단이 사회를 이끈다고 보고 있다. 이익집단이란 '공통의 목적을 가지고 공공정책에 영향을 미치기 위해 노력하는 개인들의 조직체'를 말한다.

① 모든 이익집단들이 정책결정과정에서 유사한 수준의 자원과 권력을 보유하고 있으며, 정책결정과정에서의 정치적 상호작용이란 결국 이익집단들간의 연합형성과정을 의미한다고 본다.

② 어떤 특정집단이 정책결정과정을 독점하는 것이 아니라 분권화되어 있으며 정책결정과정은 유동적이며 정치적 균형은 갈등과 타협의 결과로서 상황논리적 산물로 본다.

2) 신다원주의 이론

① 자본주의 국가의 정책결정과정에서 기업 집단에 특권이 부여되어 있다는 점을 주목한다.

② 신다원주의는 정부가 중립적인 조정자가 아닐 수 있음을 인정한다. 정부는 기업의 이익에 더욱 반응적이며 불평등구조를 심화시켜 왔다.

③ 신다원주의는 국가-정부의 역할에 대해 다시 재정립한다. 고전적 다원주의론과는 달리 전문화된 체제를 갖추고 능동적으로 기능하는 정부관을 보인다.

④ 그리고 이들이 불평등구조의 심화를 방지하기 위해 구조적 개혁 등 적극적 역할이 필요함을 인정한다.

3) 다원주의 이론의 적용

다원주의 이론은 '사회가 국가의 중심'이라는 전제하에 시민사회(이익집단)의 내부구조나 변동을 강조한다.

① 사회복지정책은 지역사회에 권력이 집중되는 경향보다는 전문성에 기반을 둔 사람들이 참여함으로써 이루어진다.

② 지역사회에서는 이해관계와 영향력에 따라 시민단체등이 권력을 가지고 정책결정에 참여할 수 있다. 따라서 지역사회 문제에 대해 시민집단과 전문가집단이 갖는 이해관계와 영향력을 이해해야 지역사회의 현실을 보다 정확히 이해하고 지역사회복지 실천과정을 보다 효과적이고 효율적으로 발전시킬 수 있다.

3. 집단 과정 이론

① 정책이란 다양한 이익집단들 간의 경쟁과 타협의 산물이다.

② 정치권력은 분산되어 있고 이해관계세력은 정책결정과정의 영향력 행사에 접근가능성을 가지고 있다.

③ 경쟁과 타협은 정치체제의 균형을 찾아가는 과정이다.

[그림 3-5] 집단이론의 가정

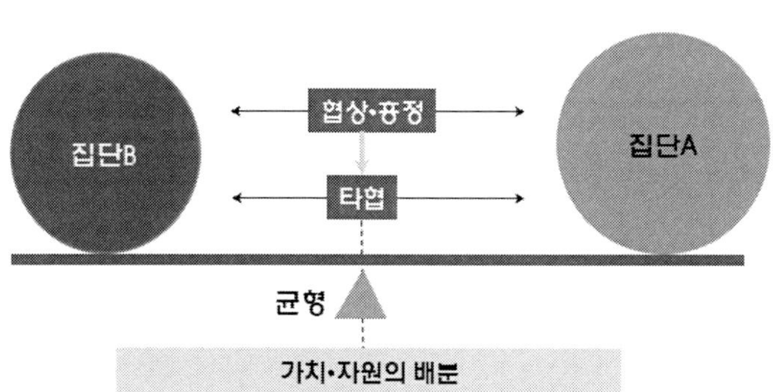

4. 다원적 권력이론

① 서구 민주정치체제에서는 권력이 다양한 세력에 분산되어 있다.

② 권력의 원천인 경제적 부, 사회적 명성, 정부의 공식적 지위 등 등이 특정 세력에 집중되어 있는 것이 아니고 각기 분산된 불공평의 형태를 띠고 있다.

③ 이익집단들간의 영향력의 차이가 있음을 인정한다. 그러나 이것이 정부에 의한 차별적 접근은 아니다.

④ 집단들간의 경쟁은 민주 정치체제의 유지에 순기능적이다.

⑤ 정책과정의 주도자는 이익집단들이며, 정부의 역할은 갈등적 이익을 조정하고 심판하는 심판자의 역할을 수행한다.

5. 무의사결정론

1) 신엘리트론

① 신엘리트론(무의사결정이론 : 다알에 주장에 대한 재반격(1962))

② 정책결정에 영향을 미치는 정치권력의 두가지 얼굴을 고려하지 못했다고 한다.

③ 밝은 측면의 얼굴은 정책문제를 해결하기 위한 정책결정에서 영향력을 행사하고, 어두운 측면의 얼굴은 정책결정과정에 선행하는 정책문제의 채택과정에서 영향력을 행사하는데, 다알은 명시적으로 드러나는 밝은면만 분석했다고 지적했다.

2) 바흐라흐와 바라츠의 무의사결정이론(1962)

① 기존 세력에 도전하는 요구의 정책문제화하지 않고 아예 정책문제로 채택하지 않는다.

② 정책결정과 정책집행과정에서도 무의사결정은 일어난다.

③ 정책문제 채택과정에서 개혁 요구세력이 주장하는 논리를 기존세력이 저지하지 못했을 경우에 정책결정과정에서 고려되는 정책대안의 범위나 내용을 한정 수정시키려고 노력하며, 여기에서도 실패한 경우에는 정책집행과정에서 집행을 저지하기 위해 배정되는 예산이나 인력을 최소화하려고 노력한다.

[그림 3-6] 무의사결정의 메카니즘

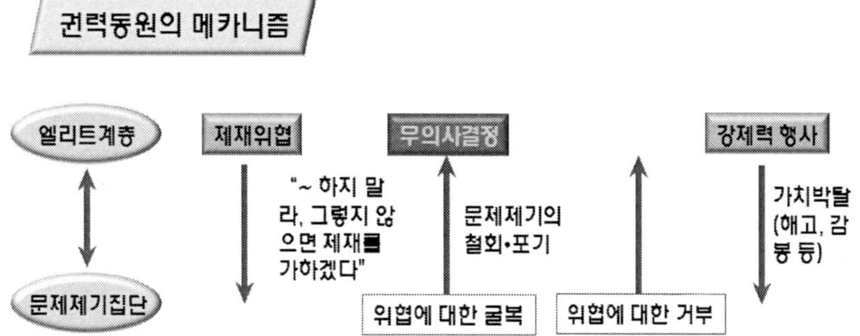

제 6 절 자원동원이론과 교환이론

★ 핵심포인트

- 자원동원이론과 교환이론은 비교하여 공부한다.
- 자원동원이론과 사회운동과의 관계도 잘 알아둔다.

1. 자원동원이론

1) 자원동원이론의 내용

자원동원이론은 자원동원이 조직의 발전에 영향을 미칠 수 있다고 보는 이론이다.

① 사회운동 조직의 성패는 조직원의 충원과 자금 조달과 적절한 조직구조를 개발할 수 있는 능력에 달려있다.

② 지역사회에서 인적·물적 자원들을 이끌어 낼 수 있는 환경은 매우 중요하다.

③ 조직은 구성원들을 모집하고, 자금을 확충하고, 자격 있는 직원을 고용함으로써 발전한다.

④ 조직은 사회운동을 발전시키기 위하여 회원들을 적극적으로 참여하도록 독려하며 외부체계와의 종속관계를 약화시키기 위하여 회원의 수를 늘려 나간다.

2) 지역사회에 적용되는 자원동원 이론의 관점

① 자원동원이론은 지역사회의 인적·물적 자원동원이 지역사회 발전에 가장 중요한 요인이라고 본다.

② 지역사회가 발전하기 위해서는 적합한 지역사회의 자원이 동원

되어야 함을 강조한다.

③ 지역사회에서 자원동원은 지역사회복지 조직의 성장 및 생존과 직결되고, 클라이언트를 위한 서비스 제공과 관련된다.

④ 지역사회에 활용 가능한 자원을 확인하고 자원을 이용할 수 있도록 노력해야 하며, 다른 자원들과의 연결도 시도해야 한다.

⑤ 기존 자원이 부족한 경우에는 조직형성이나 자원봉사자 등을 활용해 지역사회의 새로운 자원을 개발해야 한다.

2. 교환이론

1) 교환이론의 내용

교환이론은 자원의 균형 있는 교환을 통해 지역사회가 발전함을 강조하며 구체적인 자원배분의 방법들을 제시하는 이론이다.

지역사회내 자원의 균형 있는 교환을 통해서 개인이나 집단, 조직, 나아가 지역사회 전체가 발전할 수 있음을 강조한다.

2) 주요 학자별 교환이론

① 호만스의 교환행동주의

모든 사회적 상호작용에는 반드시 교환관계가 선행된다고 보며, 사람들은 교환과정에서 최소의 비용으로 최대의 보상을 얻을 수 있는 길을 선택한다는 것이다. 이때 보상이나 이익은 심리적 안정, 사회적 지위, 만족감, 사람에게서 받는 인정이나 동정과 같은 심리결과물을 비롯하여 경제적, 물질적 이득까지 포함된다.

② 블라우의 교환구조주의

교환이론에 권력분석을 추가함으로써 거시적 차원에서 사회조직 간의 교환관계를 강조한다. 교환이라는 사회적 행동이 어떠한 경로를 통해 사회적 유대 혹은 차별적 지위구조를 만들어 내는데 관심을 가진다. 교환이 평등한 관계로 이어질지, 불평등한 관계로 이어질지는 교환에서 얻는 호혜성 여부에 달려 잇는데, 호혜성은 사람 사이의 신뢰와 유대를 강화시키게 된다. 그리고 교환의 어느 단계에서 성원들이 불충분한 보상을 받고 있다고 느끼거나, 권력이 성원들이 인정한 것 이상으로 행사될 때에는 갈등과 불만이 폭발해서 조직은 불균형상태에 빠지게 되고 구조적 변화를 일으킬 수 있다고 본다.

③ 하드캐슬의 권력균형전략

하드캐슬은 교환관계에서 권력은 교환 상대방이 필요로 하는 자원을 통제할 수 있는 능력이 어느 정도 있는지를 의미한다고 본다.

교환에서 발생하는 교환상의 불균형을 수정하기 위해 경쟁, 재평가, 상호호혜, 연합, 강제와 같은 권력균형전략을 활용할 수 있다.

④ 조직은 사회운동을 발전시키기 위하여 회원들을 적극적으로 참여하도록 독려하며 외부체계와의 종속관계를 약화시키기 위하여 회원의 수를 늘려 나간다.

3) 지역사회에 적용되는 교환이론의 관점

① 지역사회복지실천 현장은 지역사회 차원에서 중요한 교환자원인 상담, 기부금, 재정지원, 정보, 정치권력 등의 교환이 이루어지는 장이다.

② 교환이 발생되면, 거래관계에 있는 양자는 비용에 대한 이익이나 보상이 극대화될 수 있는 교환을 선택하려고 할 것이다.

③ 교환관계의 단절이나 불균형이 발생할 때 사회문제가 발생할 수 있다고 본다.

제 7 절 사회자본 이론

★ 핵심포인트

- 가장 현대의 이론이니 개념을 정확히 알아둔다.
- 신뢰, 호혜성, 네트워크, 공유된 인지를 강조한다는 것을 알아둔다.

1. 사회자본이론의 개념

현대에 들어와서 사회학자들은 사회적 자본이라는 새로운 자본 개념을 내놓았다.

돈이라는 물적인 자본이 생산설비 투자를 가능하게 하는 생산요소이고, 인적 자본이 지식이나 숙련의 형태로 인간의 두뇌에 내재되어 있는 생산요소라면, 사회적 자본은 사람들 간 관계에 내재된 제3의 생산요소라고 한다.

① 푸트남(Robert Putnam)은 사회적 자본을 공동체의 사회적 생산성에 영향을 주는 사람 간의 수평적 단체 내 관계로 보았다. 이 개념에는 자발적 시민참여와 네트워크, 규범이 중요한 경제·정치적 결과를 낳을 것이라는 가정이 내포되어 있다. 즉 사회적 자본이 사회구성원의 상호이익을 위해 조정과 협력을 가능케 함으로써 경제적·정치적 효율성을 높일 수 있다는 것이다.

② 콜만(James Coleman)은 사회적 자본의 구성요소 중 '사회구조'를 강조한다. 그에 의하면 사회적 자본은 단일한 실체가 아니라 일반적으로 두 요소 내의 다양한 실체이며 사회구조의 일련의 측면을 구성하고 있고 구조 내 행위자의 특정한 행위를 촉진시킨다고 한다.

즉 사회적 자본은 사회구조의 측면으로 구성되어 있고 그 구조 안에서 개인이나 기업, 그 누가 행위자이건 간에 행위자의 행동을 촉진시키는 것이다. 이러한 행동의 원천으로서 사회적 자본은 합리적 행동패러다임내에 있는 사회구조라 할 수 있다.

2. 사회적 자본의 특성

① 사회적 자본은 네트워크를 통해 형성되고 다른 자본으로 전환될 수 있으며 협력적 관계망을 통해 형성된 자본이 다른 자본의 형태로 변환될 수도 있다. 사회적 자본은 신뢰와 호혜성을 바탕으로 다양한 협력적 관계망을 구성하기 위해 노력해야 한다.

② 사회적 자본은 사회구조를 형성할 수 있는 사회적·정치적 환경을 필요로 한다. 즉 정부, 정권, 법의 지배, 사법체계 등을 포함하는 제도적 관계나 시민의 정치적 자유 등과 같은 공식화된 관계와 구조 등이 사회적 자본에 영향을 미친다.

③ 사회적 자본의 가장 핵심적인 개념은 관계적 차원에서 신뢰이다. 구조적 차원에서는 네트워크, 인지적 차원에서는 조직행동의 일관성을 유지시켜주고 규범, 가치, 문화 등을 보존·발전시켜주는 메커니즘이다.

3. 지역사회에 적용되는 사회자본이론의 관점

사회적 자본은 지역사회 내에 현존하는 관계망을 도구적으로 활용하여 지역사회 문제해결을 위해 관계망을 재구조화할 수 있다. 즉 사회적 자본은 지역사회 내의 사회관계에 내재된 자원이기 때문에 개인이나 조직 및 지역사회의 연결과 참여를 구축하는 행위를 통해 마련될 수 있다. 이러한 사회자본은 지역사회 문제 해결의 선행조건이며 지역사회 구성원의 상호책임성과 주체성, 그리고 자발적이면서 능동적인 관계망 간의 연결과 참여를 기초로 형성된다.

제 4 장

지역사회복지의 실천 모형

제 1 절 지역사회복지실천모형의 목적과 특징

★ **핵심포인트**

• 지역사회복지실천 모형의 목적과 특징을 잘 알아둔다.

지역사회복지실천(community practice)은 사회복지실천의 기초로서 사회복지사의 활동영역에서 필수적이다.[1]

지역사회복지실천의 모형은 지역사회복지실천에서 개입과정을 안내하는 지침서 역할을 한다. 또한 다양한 실천 모형은 사회복지사들에게 지역사회 문제해결을 위한 사정과 전략, 실행과 실천 개입에 대한 평가 등에서 유용하게 활용될 수 있다.[2]

1. 지역사회복지실천모형의 목적

1) 기본적인 목적

기본적인 목적으로 과정목적(process goal)과 과업목적(task goal)이 있다.

과정목적(process goal)은 지역사회의 개입활동을 수행하기 위해 사용되는 수단과 방법들에 초점을 맞춘 것이고, 과업목적(task goal)은 지역사회개입노력에 따른 목적과 성과에 초점을 맞춘 것이다.

이 목적들은 직원, 지도자, 구성원들에게 필요한 구체적인 역할, 이슈 선택 과정, 변화노력을 위한 표적(target)을 확인하는 것이다.

표적체계의 협조 여부에 대한 사정(assessment)과 변화전략, 변화

1) 오정수・류진석(2006) p. 85.
2) 이양훈 외(2007) p. 89.

를 위한 필요자원의 이해, 변화과정에서의 조직역할에 대한 이해가 필요하다.

2) 실천모형의 역할

지역사회복지의 실천모형의 역할은 다음과 같다.

① 사회복지사들에게 지역사회개입방법을 안내하는 역할을 한다.

② 사회복지사들에게 지역사회 문제해결을 위한 사정과 전략 선택, 실천개입에 대한 평가 등에서 유용하게 활용될 수 있다.

③ 각 실천모형은 지역사회복지실천의 영역에서 지역사회의 개입방법들을 비교하고 특정 상황에서 필요로 하는 적정 모형을 선택하는데 도움을 줄 수 있다.

2. 지역사회복지실천모형의 특징

지역사회복지실천은 조직화, 개발, 계획, 변화전략 등을 통해 지역사회의 다양한 문제 해결을 위한 노력이라 할 수 있다. 지역사회복지실천은 지역사회의 사회경제적 상황이나 문제 해결 방법, 이데올로기적 가치지향 등에 따라 다양한 방식으로 전개되어 왔으며, 그 결과 지역사회구성원의 욕구 충족과 삶의 질을 높이고 사회변화를 목적으로 하는 지역사회복지실천 모델은 다양한 유형으로 분류되고 있다.

1) 다양한 유형

① 시대적 상황 및 개별 국가의 경험을 반영하고 있어 다양한 유형으로 분류되고 있다.

② 미국의 경험에 기초한 모델은 조직화, 개발, 계획, 사회행동 등을 강조하고 있다.

③ 민간주도적인 지역사회복지실천을 중심으로 논의를 전개한다.

④ 영국은 공공부문 중심의 사회복지서비스의 제공 및 실천활동을

한다.

2) 사회경제적 배경, 이데올로기, 전문화 경향과 연관

① 지역사회복지실천모델에 많은 영향을 미친 이데올로기는 신자유주의의 확산과 경쟁원리의 강화이다.

② 이념적 공세 및 사회 환경의 변화는 지역사회복지의 실천활동에 많은 영향을 미친다.

③ 자조집단의 형성, 지역사회중심의 서비스 전달의 강조, 연합 및 협력모델의 모색 등 지역사회복지실천의 중요한 변화를 경험한다.

④ 신자유주의 이념 확산으로 지역사회복지서비스의 효율성 문제가 중요한 이슈로 부각되거나, 사회복지교육에서 지역사회조직이나 지역성에 기초한 활동보다는 기관행정, 계획, 조직 개발과 프로그램 평가 등을 강조하는 경향과 함께 지역사회복지실천모델에서도 프로그램 개발 및 연계모델 또는 협력 등이 중요한 실천활동의 초점으로 변화되는 경향이다.

3) 지역사회복지실천모형의 세분화 경향

① 전통적인 지역사회복지실천모형은 로스만의 지역개발, 사회개발, 사회행동으로 분류되었다.

② 웨일과 갬블은 1990년대 이전까지 지역사회복지 실천방법들에 대한 종합적인 검토를 통해 8가지 유형으로 세분화하고 있다.

③ 전통적인 지역사회복지실천모델로 언급되었던 유형들을 사회환경 변화에 대응할 수 있는 모델로 점차 세분화시키는 경향을 보여주고 있다.

4) 사회복지사 역할의 중요성

① 지역사회복지실천모형의 다양한 분류는 실천현장에 적합한 적용과 선택에 유용할 것이며 사회복지사의 역할이 중요하다.

② 지역사회의 조건이나 사회복지사의 실천이념 등 다양한 기준에

따라 달라질 수 있다.

③ 하디나(2002)는 지역사회문제, 지역사회의 욕구와 문화적 가치, 실천가로서 사회복지사의 이론적 관점과 성향, 전략과 전술상의 윤리적 기준 등이 지역사회복지실천모형을 선택하는 데 있어 중요한 고려요소라고 하였다.

④ 지역사회복지실천 과정에서 다양한 실천모형들이 개별 지역사회의 상황에 맞게 선택적으로 사용될 수 있으며, 이를 통해 지역사회와 지역주민들의 삶의 질이 개선될 수 있다.

제 2 절 지역사회복지실천모형의 유형

★ 핵심포인트

- 각 모형들의 내용에 대해서 잘 알아둔다.
- 그림과 표를 중심으로 공부한다.

1. 로스만의 모형

로스만(Rothman)은 지역사회복지실천을 위한 모형을 1990년대 이후에 제시한 세 가지 변용 모형으로 구분하고 있다. 즉 '지역사회개발 모형', '사회계획 모형', '사회행동 모형'으로 지역사회를 파악하고 있다.

1) 지역사회개발 모형

① 지역사회구성원의 자발적 참여와 역량개발을 통해 지역사회문제의 해결을 추구하는 형태이다.

② 지역사회구성원들이 그들의 문제를 스스로 해결할 수 있는 능력을 강화시키는데 중점을 둔다.

③ 지역사회구성원들의 의식개선과 역량강화를 증가시키며, 지역사회가 갖는 통합능력을 제고한다.

④ 지역사회개발 모형의 한계점은 지역사회의 변화를 위한 지역사회의 관련 집단들간의 합의와 협력을 이끌어 내기가 쉽지 않다는 것이다.

[그림 4-1] 로스만의 지역사회복지실천 모형

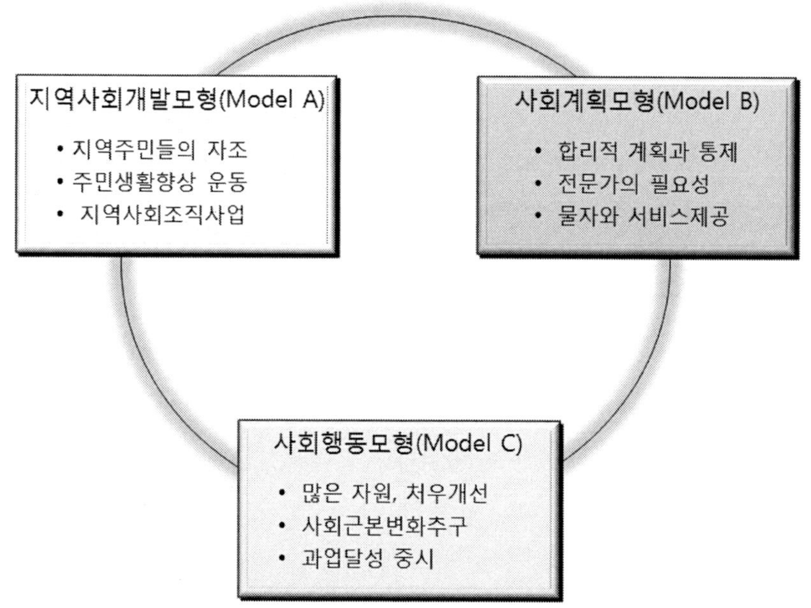

지역사회의 관련집단들이 성, 계급, 인종 등과 같은 경계를 초월하는 공통의 이해관계를 갖는다는 가정의 현실성이 문제가 된다. 실질적인 정책결정자가 사회변화를 지지할 수 없는 경우 지역사회개발을 위한 협상을 거부할 수 있는 권력구조가 부재하다.

2) 사회계획 모형

① 지역사회가 갖는 문제를 해결하는 데 있어서 합리적인 측면을 강조하는 형태이다.

② 비행, 주택, 정신건강과 같은 사회문제를 해결하고자 하는 기술적인 과정을 강조한다.

③ 복잡한 산업사회에 있어서 계획된 변화(planned change)는 거대한 관료적인 기관들을 움직일 수 있는 능력을 포함한 고도의 기술을 행사할 수 있는 전문가(expert)가 필요하다고 본다.

④ 사회사업가로서의 전문가가 필요로 하는 물자와 서비스를 제공하는 데 관심을 가진다.

⑤ 추진하는 기관으로는 정부, 도시계획국, 지역사회복지협의회와 수많은 민간복지, 보건관계기관을 들 수 있다.

⑥ 한계점으로는 계획가는 무제한적인 시간과 자원을 갖고 있지 않다는 것이다. 계획과정의 합리성을 전제하고 있기 때문에 문제해결과정에 미칠 수 있는 정치적 영향력을 고려하지 못하고 있다.

3) 사회행동 모형

① 지역사회의 소외계층에 속한 주민들이 사회 정의와 민주주의에 입각해서 사회경제적으로 보다 나는 대우를 받을 수 있도록 그 지역사회에 요구하는 행동을 말한다.

② 사회사업가는 지역사회의 기존 제도(교육, 취업, 복지, 보건, 가치관 등)와 현실에 대한 근본적인 변화를 추구한다.

③ 사회사업가들은 권력, 자원, 지역사회 정책결정에 있어서의 역할 등의 재분배를 추구하며, 공공기관의 기본정책에 대한 변화를 추구한다.

④ 이 모형을 이용하는 집단은, 소수민족집단, 학생운동, 여성해방 혹은 여권신장운동, 급진정당, 노동조합운동, 복지권운동, 소비자보호운동, 환경보호운동 등이 있다.

⑤ 한계점으로는 일부 실천가는 지역사회 상황에서의 실천 활동을 대항활동으로 제한시킨다는 것이다. 이러한 경향은 지역사회 관련 집단들을 양극화하거나 바람직한 결과를 달성하는데 어려움으로 작용한다. 그리고 일부 조직가와 지역사회구성원이 대항 전략에 주저할 수

있다. 윤리적 이수와 관련하여 대항형태의 불법성이 존재할 수 있으며, 긴급 상황에서 사용될 수 있으며 조직가와 구성원이 위험에 처해질 수 있다.

[표 4-1] 로스만의 지역사회복지실천 모형

구 분	지역사회개발 모형(A)	사회계획 모형(B)	사회행동 모형(C)
지역사회활동의 목표	• 자조 • 지역사회 활동 능력 배양 • 전체적인 조화 (process goal)	• 지역사회의 제 문제 해결(task goal)	• 권력 관계의 변화, 자원의 이동 • 기본적으로 제도상의 변혁(task goal, process goal)
지역사회의 구조와 문제상황에 대한 전제	• 지역사회의 상실, 아노미 • 사회적 관계나 문제해결 능력의 결여 • 정태적이고 전통적 지역사회	• 지역사회의 여러 문제 산재 • 정신적, 신체적 건강문제, 주택문제, 여가활동	• 불리한 입장에 놓여진 주민 • 사회적 부정, 박탈, 불평등
변화를 위한 기본 전략	• 함께 모여 이야기 해보기 • 모여서 자신의 욕구를 결정하고 해결해 나가는 것 • 지역사회의 자주성 중시	• 진상 파악을 위한 논리적인 조치를 강구 • 문제에 대한 자료 수집 • 가장 합리적이고 가능한 방안 강구	• 억압자 분쇄를 위한 규합 • 주민의 합법적인 적을 찾아내고 집단 행동을 조직하여 적대 집단에 압력을 행사함
변화를 위한 전술과 기법	• 합의(consensus) • 지역사회 여러 집단이나 이익단체간의 상호교류, 집단토의	• 합의 또는 갈등 (consensus & conflict)	• 갈등(conflict) 또는 투쟁, 대결, 직접 행동, 교섭
특징적인 실천가 (practioner)의 역할	• 조력자, 조정자 (촉매자로서의 encourager) • 교육자(문제해결 기술, 윤리적 가치관을 가르치는) • 능력 부여자 (enabler)	• 사실 발견, 수집가와 분석가 • 사업추진자, 촉진자 • 기획가(expert)	• 옹호자(advocator) 선동가(활동가, activist) • 매개자, 중재자 • 지지자
변화 매개체(변화수단)	• 과제 지향적인 소집단들의 조직과 지도(creation & guidance)	• 자료수집과 분석, 공식조직(기관, 행정, 입법부)의 조종	• 대중조직체와 대중운동의 조직과 유도, 정치적 과정에 대한 영향 파급

구 분	지역사회개발 모형(A)	사회계획 모형(B)	사회행동 모형(C)
권력구조에 대한 견해	• 권력구조는 지역사회 향상을 위해 공동의 노력을 기울이는 협동자이다.	• 권력구조는 전문가의 고용자이고 후원자다.	• 권력구조는 공격, 파괴되어야 하는 억압 세력 이고 반대 세력이다.
클라이언트 집단이나 클라이언트 범위	• 전체 지역사회(지리적인 지역사회 전체)	• 지역사회 전체 또는 지역사회 일부분(기능적인 지역사회 내포)	• 지역사회의 일부분(억압받고 있는 주민이나 지역의 문제해결)
지역사회 구성원간의 이해관계에 관한 전제	• 공통성이 있는 이해 또는 조정 가능한 상이	• 조정 가능한 이해 또는 갈등 상태에 있는 이해	• 쉽게 조정되지 않는 상호 갈등하고 있는 이해 • 부족한 자원
클라이언트 집단에 대한 개념	• 주민(citizen) : 완전히 개발안 된 상당한 잠재력을 지닌	• 소비자(consumer) • 사회계획 결과로 나오는 프로그램, 서비스의 소비자, 이용자, 수혜자	• 피해자(victims) : 체제의 희생자
클라이언트 역할에 대한 견해	• 문제해결 과정의 참여자	• 수혜자, 소비자	• 동료(같은 회원) • 고용자, 임명자
권한부여	• 협력적이고 동의된 결정을 이끌어 내기 위한 지역사회의 능력을 키우는 것(주민들의 역량을 증진시킴)	• 서비스 제공을 위해 주민들의 욕구를 소비자로부터 찾아냄(서비스를 선택할 수도 있도록 소비자에게 알려줌)	• 수혜체계(지역사회의 정책결정에 영향을 미치는 권리나 수단)에 객관적인 권력을 부여하는 것(참여자의 역량을 증진시킴)

자료 : 박태영(2003) pp. 73-74 인용.

2. 테일러와 로버츠의 모형

테일러와 로버츠(Tayler & Roberts)는 로스만의 기본 세 가지 모형을 중심으로 두 가지 모형을 새롭게 추가하여 다섯 가지 모형을 제시하고 있다.3)

[그림 4-2] 테일러와 로버츠 모형

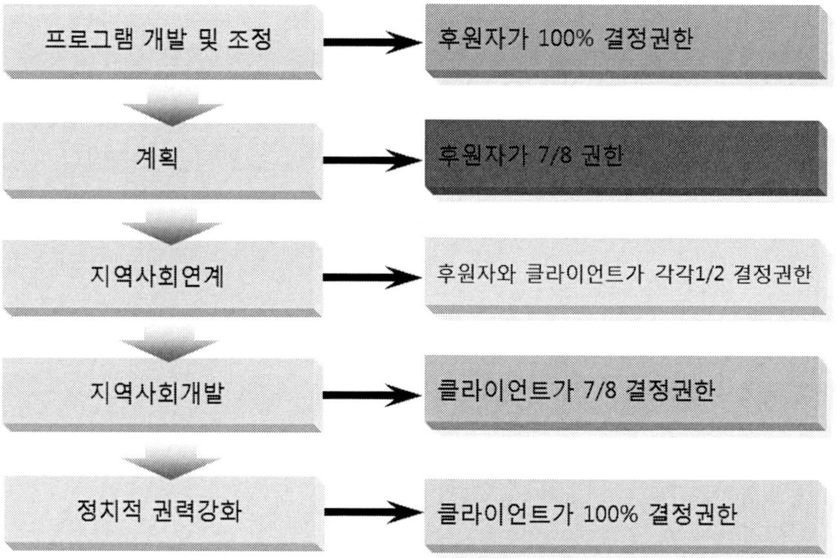

프로그램 개발 및 조정 → 후원자가 100% 결정권한

계획 → 후원자가 7/8 권한

지역사회연계 → 후원자와 클라이언트가 각각1/2 결정권한

지역사회개발 → 클라이언트가 7/8 결정권한

정치적 권력강화 → 클라이언트가 100% 결정권한

1) 프로그램 개발 및 조정

① 후원자가 전적으로 결정권한을 가지고 있다.

② 인보관운동과 자선조직협회 운동에 근거를 두고 있다.

③ 공공기관, 지리적 지역사회를 대상으로 서비스를 제공하는 민간기관, 기능적 지역사회, 기관협의회 등에서 수행하는 실천에 초점을 두고 있다.

3) 박태영(2003) pp. 75-77.

④ 프로그램 개발이 어려울 경우 다른 기관들과 협력하여 프로그램을 개발하고 연계하여 클라이언트에게 중복되는 서비스를 제공하는 문제를 피하고자 한다.

2) 계획

① 로스만의 초기 사회계획 모형을 인간 지향적인 측면을 강조하도록 수정한 것이다.

② 합리적인 계획 모형에 기초한 조사전략 및 기술을 강조한다.

③ 계획에 있어서 진보적이고 정치적인 접근을 포함하고 있다.

④ 조직과정 관리, 영향력 발휘, 대인관계 등의 과정기술을 강조한다.

⑤ 설계 및 실행과 같은 기술적 측면의 필요성을 주장한다.

⑥ 후원자가 7/8 결정권한을 가지고 있다.

3) 지역사회연계

① 사회복지기관의 일선 직원이나 행정가들에 의해 수행되는 기능을 중심으로 설명한다.

이 모형에서 지역사회 실천은 사회복지기관의 일차적 책임인 직접적 서비스 전달에 대한 이차적 기능으로 보고 있다.

② 행정가들은 지역사회 관계, 지지활동, 환경개선, 조직간의 관계 등과 같은 역할을 수행한다.

③ 후원자와 클라이언트가 각각 1/2의 결정권한을 가지고 있다.

4) 지역사회개발

① 조력, 지도력 개발, 자조, 상호부조, 지역성에 바탕을 둔 지역사회 연구 및 문제해결을 강조한다.

② 시민참여와 교육과정을 매우 중요시 한다.

③ 전문가는 주로 조력자의 역할을 담당하게 된다.

④ 클라이언트가 7/8 권한을 가지고 있다.

5) 정치적 권력 강화

① 갈등 이론과 다원주의 사회에서의 다양한 이익집단의 경쟁원리에 기초하고 있다.

② 의도된 시민참여에 의한 정치적 권력 강화에 초점을 둔다.

③ 전문가들은 교육자, 자원개발가, 운동가로서의 역할을 하게 된다.

④ 이런 경향은 합법적으로 위임된 조직이나 자생조직으로 진전될 수 있다.

⑤ 클라이언트가 100% 결정권한을 가지고 있다.

[표 4-2] 테일러와 로버츠의 지역사회복지실천 모형

실천모형	후원자와 클라이언트의 결정권한 정도
프로그램 개발 및 조정	후원자가 100% 결정권한
계획	후원자아 7/8 의 결정권한
지역사회연계	후원자와 클라이언트가 각각 1/2의 결정권한
지역사회개발	클라이언트가 7/8의 결정권한
정치적 권력강화	클라이언트가 100% 결정권한

3. 웨일과 겜블의 모형

웨일과 겜블(Weill & Gamble)은 로스만의 세 가지 모형을 분화하고 보완하여 여덟 가지의 지역사회복지 실천 모형을 제시했다.[4)]

웨일과 갬블은 1995년에 발표한 모형을 발전시켜 새로운 지역사회 실천 모델을 제시하였는데 새 모형은 세계화, 다문화 사회의 확대, 인권 신장(특히 여성과 아동의 인권) 등 최근의 지역사회 실천에 영향을 미치는 주요 변후를 감안하여 만들어 졌다. 새 모형은 미국은 물론 전 세계에 걸쳐 쓰이도록 폭넓은 실천 방법을 담고 있다.[5)]

4) 이양훈 외(2009) pp. 99-106.
5) 김종훈(2018) pp. 116-120.

웨일과 겜블이 세시한 여덟 가지 모델은 기능적 공동체의 조직 사업을 일반 지역사회 조직 사업에서 분리하였고 사회 변화를 추구하는 활동을 세분화하는 것과 같이 새로운 면모를 보이고 있다. 그러나 이들의 유형화 작업은 지나치게 세분화되어 모델로서의 효용성을 오히려 떨어뜨릴 가능성이 보인다. 또한 여덟 가지 모형의 상당수는 목적과 방법 면에서 서로 중복되기도 한다. 예컨대 사회 계획과 프로그램 개발의 차이를 구분하기란 결코 쉽지 않다.

[그림 4-3] 웨일과 겜블의 모형

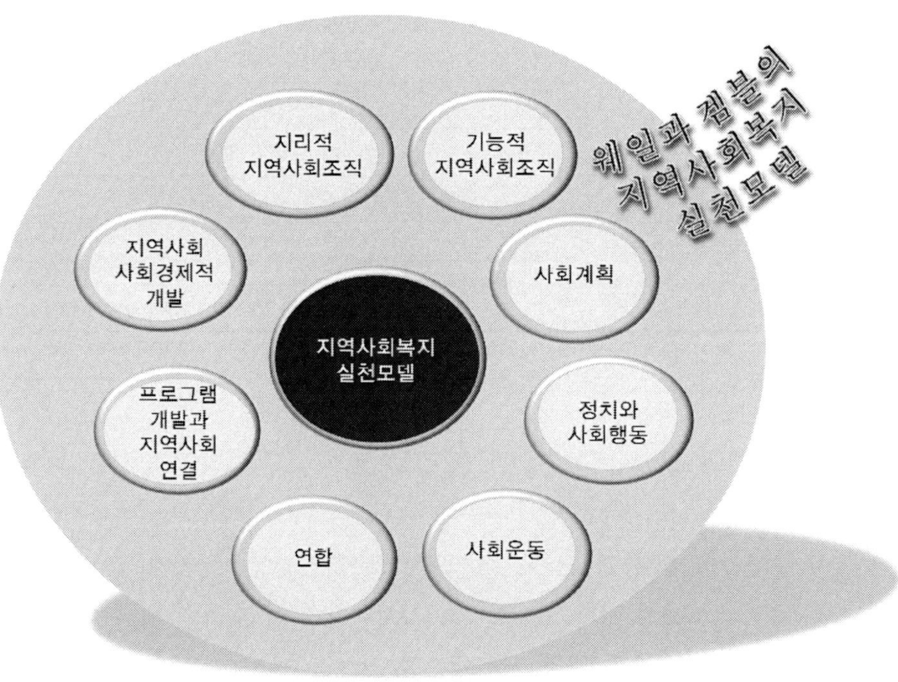

1) 지리적 지역사회 조직화

① 지리적으로 가까운 지역사회의 조직화에 초점을 두고 있다.

② 능력개발과 과업수행이라는 두 가지의 목표를 강조한다.

③ 변화를 위한 표적 체계는 공공행정기관, 개발계획의 추진 기업이다.

④ 주요 관심 영역은 지역사회구성원의 삶의 질에 있다.

⑤ 사회복지사는 조직가, 교사, 코치, 촉진자로서의 역할을 한다.

⑥ 사회복지사는 행동을 위한 이슈의 정의, 조직구성원의 충원을 위한 전략 개발, 조사와 욕구기법의 교육, 행동을 위한 전략계획수립 등에서 조직구성원에게 도움을 주어야 한다.

2) 기능적 지역사회 조직화

① 기능적 의미의 지역사회조직이란 이해관계를 기초로 한 지역사회조직을 의미한다.

② 핵심적인 관심과 목표는 자신들이 선택한 이슈의 정책, 행위, 태도의 옹호나 변화에 있다.

③ 사회복지사는 조직의 충원, 문제의 정의, 옹호전략과 전술 결정에 기여할 수 있는 촉진자로의 역할과 조사와 분석기법을 가르치는 역할을 수행한다.

④ 사회복지사는 집필과 정보 제공자로서의 역할도 수행해야 한다.

3) 지역사회의 사회, 경제적 개발

① 저소득계층과 불이익계층의 효과성을 제고시키기 위해서는 경제개발과 사회개발이 동시에 이루어져야 한다는 인식을 전제하고 있다.

② 주요 목표는 저소득계층 및 불이익을 받는 지역사회구성원의 삶의 질과 기회를 증진시키는데 있다.

③ 변화를 위한 표적 체계는 은행, 재단, 외부개발자, 지역사회구성원이라 할 수 있다.

④ 사회복지사는 욕구사정과 조사의 기술을 발휘해야 한다.

⑤ 사회복지사는 조직을 만들과 훈련시키는 능력뿐만 아니라 계획, 관리, 협상능력을 갖추는 것이 필수적이다.

4) 사회 계획

① 사회계획은 개별기관 및 휴먼서비스기관의 협의체 또는 지역 휴

먼서비스 계획협의회 등에서 이루어진다.

② 변화를 위한 표적체계는 지역사회 지도자의 관점, 인간서비스 지도자의 관점이다.

③ 사회계획의 일차적인 구성원은 선거로 선출된 공무원, 사회기관 책임자, 기관 상호간의 조직 또는 이들간의 조합으로 이루어진다.

④ 사회복지사는 계획가로서의 역할을 담당하며, 조사, 욕구사정, 평가, 프로포절 개발, 분석 등에 관한 것이며 정보전달과 관리기술이 요구된다.

5) 프로그램 개발과 지역사회 연결

① 이 모형의 목표는 지역사회의 대상자에게 필요하다고 평가되는 서비스를 향상시키거나 새로운 서비스를 계획하고 실행하는 것이다.

② 지역사회와 프로그램간의 상호작용은 다양한 방식으로 강화될 수 있다.

③ 프로그램이 만들어지고 실행되면 지역사회로 환류(feedback)시키는 메커니즘은 표적 집단에 대한 새로운 프로그램의 형성에 매우 중요하다.

④ 사회복지사의 주된 역할은 계획가, 프로포절 기획자, 대변자, 중개자, 촉진자라 할 수 있으며, 관리자, 감시감독자, 평가자의 역할도 수행해야 한다.

6) 정치와 사회행동

① 이 모형의 목표는 정책 또는 정책결정자를 변화시키는 데 있다.

② 참여 민주주의를 강화하고 사회정의를 실현시키는 데 기반을 두고 있다.

③ 변화를 위한 주요 표적 대상은 잠재적인 참여자, 선거로 선출된 공직자, 행정관료, 기업, 정부당국이 될 수 있다.

④ 사회복지사는 옹호자, 교육자, 조직가, 조사자로서의 역할을 수행

한다.

7) 연합

① 연합(coalitions) 모형은 분리된 집단 및 조직을 집합적인 사회변화에 동참시키는 데 있다.

② 표적체제는 대부분이 선거로 선출된 공직자이며, 재단, 정부당국이다.

③ 사회복지사의 역할은 전문적 또는 휴먼서비스 연합에서의 지도자와 대변인이다.

8) 진보적 변화를 위한 사회운동

① 사회운동의 목표는 바람직한 사회변화이다. 민주화운동, 시민운동 등이다.

② 변화를 위한 표적 체계는 일반대중과 정치제도라고 할 수 있다.

③ 사회복지사는 사회운동의 자원봉사자 또는 사회운동조직의 스태프로서 관여할 수 있다.

④ 사회복지사의 역할은 옹호자와 촉진자이다.

[표 4-3] 웨일과 갬블의 지역사회복지실천모형 비교

모델/구분	목표	변화의 표적 체계	일차적인 구성원	관심 영역	사회복지사의 역할
지리적 지역사회조직화	조직화를 위한 구성원의 능력개발, 도시.지역계획과 외부개발에 영향과 변화	시, 외부개발자, 지역 사회 주민	이웃지역사회 주민	지역사회주민의 삶의 질	조직가, 교사, 코치, 촉진자
기능적 지역사회조직화	행위, 태도의 옹호와 변화에 초점을 둔 사회정의를 위한 행동, 서비스 제공	일반대중, 정부기관	동호인	특정이슈와 대상을 옹호	조직가 옹호자 집필자 및 정보전달자 촉진자

모델/구분	목표	변화의 표적 체계	일차적인 구성원	관심 영역	사회복지사의 역할
지역사회 사회, 경제적 개발	지역주민관점에 입각한 개발계획주도, 사회경제적 투자를 주민이 이용할 수 있도록 준비	은행, 재단, 외부개발자, 지역사회주민	지역사회의 저소득계층, 주변계층, 불이익계층	소득, 자원, 사회적 지원개발, 교육과 리더십기술향상	협상가, 증진자, 교사, 계획가, 관리자
사회 계획	선출된 기관 또는 인간서비스계획협의회가 행동을 하기 위한 제안	재역사회지도자의 관점, 인간서비스 지도자의 관점	선거로 선출된 공무원, 사회기관과 기관간의 조직	지역계획에 사회적 욕구통합, 인간서비스관계망 조정	조사자, 프로포절 제안자, 정보전달자, 관리자
프로그램 개발과 지역사회 연결	지역사회서비스의 효과성을 증진시키기 위한 기관프로그램의 확대와 방향 수정	기관프로그램의 재정 충원자, 기관 서비스의 수혜자	기관위원회 또는 행정가, 지역사회대표자	특정 대상자를 위한 서비스 개발	대변인, 계획가, 관리자, 프로포절 제안자
정치와 사회행동	정책 또는 정책형성사의 변화에 초점을 둔 사회정의를 위한 행동	선거권자, 선출된 공무원, 잠재적 참여자	특정 정치적 권한이 있는 시민	정치권력의 형성, 제도의 변화	옹호자, 조직가, 조사자, 조정자
연합	프로그램의 방향 또는 자원을 최대한 끌어낼 수 있는 다조직적인 권력기반 형성	선출된 공무원, 재단, 정부기관	특정 이슈에 이해관계가 있는 조직	사회적 욕구 또는 사회적 관심과 관련된 특정 이슈	중개사, 협상가, 대변인
진보적 변화를 위한 사회운동	특정 대상 집단 또는 이슈에 대해 사회정의를 위한 행동	일반대중, 정치제도	새로운 비전과 이미지를 창출할 수 있는 조직과 지도자	사회정의	옹호자, 촉진자

4. 포플의 모형

포플은 지역사회복지실천모형을 8가지로 유형화 한다.[6)]

각 모형은 기법이나 기술 측면에서 중복될 수 있으며, 상이한 전통과 이데올로기를 반영하고 있다.

1) 지역사회보호

① 장애인, 아동, 노인 등 지역주민의 복지를 위한 사회적 관계망과 자발적 서비스를 증진하는 데 목적이 있다.

② 복지욕구를 충족시키기 위한 자조개념을 개발하는 데 집중시키고 있다.

③ 사회복지사는 지역사회주민을 자원봉사활동의 주도자와 보호를 제공할 수 있도록 격려해 주는 역할을 수행한다.

2) 지역사회조직

① 타 복지기관 간의 상호협력을 증진시키는 수단으로 사용되고 있다.

② 서비스중심의 지역사회조직모형은 탐색적이고 실험적인 활동을 한다.

③ 사회복지기관들의 개발한 서비스의 관리 및 정부의 재정보조를 유도하는 데 도움이 된다.

④ 사회복지사는 조직가, 촉매자, 관리자로서의 역할을 한다.

3) 지역사회개발

① 지역사회구성원의 삶의 질을 향상시키기 위한 집단을 원조하는 데 중점을 둔다.

6) 오정수 · 류진석(2006) pp. 103-106.

② 교육을 통해 자조개념을 증진시킴으로써 지역사회의 독자성을 반영할 수 있다.

③ 사회복지사는 조력자, 지역사회활동가, 촉진자로서의 역할을 수행한다.

4) 사회/지역계획

① 지역사회개발모형과 유사한 점이 있다.

② 사회적 상황, 사회정책과 사회복지기관의 서비스의 분석, 주요 목표 및 우선순위의 설정, 서비스 프로그램의 기획과 적절한 자원의 동원, 서비스와 프로그램의 집행 및 평가에 중점을 둔다.

5) 지역사회교육

① 교육과 지역사회 간의 관계를 보다 밀접하고 동등한 관계로 방향 설정을 모색하는 시도이다.

② 비판적 사고와 담론을 통해 억압적 조건이나 상황을 변화시키는 행동양식을 고양시키는 데 중점을 두고 있다.

③ 교육과정은 지역사회구성원의 경험, 문화, 가치 등의 타당성을 제공하는 기회로 활용되는 것이 바람직하다는 것이다.

6) 지역사회행동

① 전통적으로 계급에 기초한 모형으로 갈등과 직접적인 행동을 활용한다.

② 권력이 없는 집단이 자신들의 효과성을 증가시킬 수 있는 대응으로 볼 수 있다.

③ 특정 이슈에 대해 권력자와의 협상을 위해 직접행동을 선호하고 있다.

7) 여권주의적 지역사회사업

① 지역사회실천에 대한 페미니즘의 적용이라는 특징을 가지고

있다.

② 여성불평등의 사회적 요인에 대한 집합적 대응을 통해 여성의 복지를 향상시키는 데 초점을 둔다.

8) 인종차별철폐 지역사회사업

① 인종차별에 저항하거나 그들의 권리보호를 위해 상호원조와 조직화하는 데 초점을 두고 있다.

② 교육, 주택, 건강, 고용 등의 영역에서 차별을 시정하는 데 있다.

③ 캠페인, 자조집단형성, 직접행동, 보충적인 급여 제공 등 다양한 방식으로 전개된다.

[표 4-4] 포플의 지역사회복지실천모형 비교

모 형	주요전략	사회복지사의 역할
지역사회보호	• 사회적 관계망과 자발적 서비스의 증진 • 자조개념의 개발	조직가 자원봉사자
지역사회조직	• 타 복지기관 간 협력 증진	조직가 촉매자 관리자
지역사회개발	• 삶의 질 향상과 관련된 신뢰 및 기술 습득을 아도록 집단 원조 • 적극적 참여	조력자 지역사회활동가 촉진자
사회/지역계획	• 사회적 상황의 분석, 목표와 우선순위의 설정, 서비스 및 프로그램의 실행 및 평가	조력자 촉진자
지역사회교육	• 교육과 지역사회 간의 밀접하고 동등한 관계 시도	교육자 촉진자
지역사회행동	• 지역수준에서 계급 및 갈등에 기초한 직접적인 행동	행동가
여권주의적 지역사회사업	• 여성복지의 향상 • 성 불평등 해소를 위한 집합적 활동	행동가 조력자 촉진자
인종차별철폐 지역사회사업	• 소수인종의 욕구 충족을 위한 집단조직 및 활동 • 인종주의에 대한 도전	행동가 자원봉사자

제 5 장

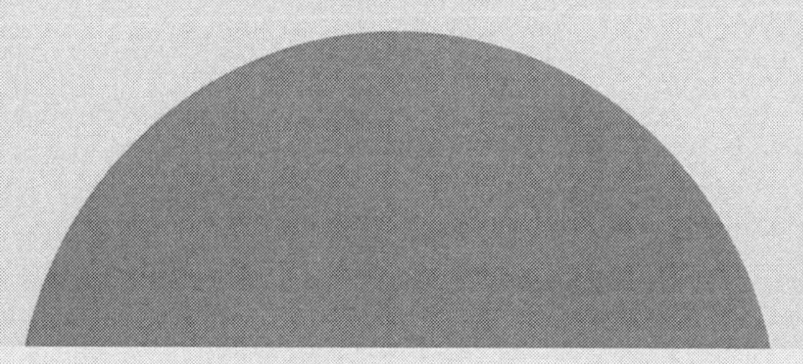

지역사회복지실천의 원칙과 과정

제 1 절 지역사회복지실천의 원칙

★ 핵심포인트

- 사회복지실천의 기본 원칙에 대해서 잘 알아둔다.
- 지역사회개발의 원칙에 대해서 알아둔다.

일반적으로 가치(values)란 좋은 것 또는 바람직한 것을 의미하고 윤리(ethics)는 옳은 것, 마땅한 것을 뜻한다.[1] 가치와 윤리는 서로 유기적으로 연결되어 있고 현실에서는 종종 혼합된 모습으로 나타나기도 한다. 특히, 의사, 변호사, 사회복지사와 같이 전문 직업에 종사하는 사람에게는 일정한 행위 원칙과 기준을 준수해야 하는 의무가 주어지는데 이것을 흔히 윤리 강령(code of ethics)이라고 한다. 대체로 윤리강령은 윤리뿐만 아니라 가치에 관한 내용을 담고 있다.

지역사회복지 실천에 종사하는 사회복지사와 활동가에게는 가치를 구현해야 할 윤리적 책임이 주어진다. 이런 의미에서 지역사회복지 실천의 원칙이란 지역사회복지를 수행하는 데 필요한 '올바른 행동규칙'을 의미한다.

1. 사회복지 실천의 기본 원칙

미국사회복지사협회(NASW)의 사회복지윤리강령에는 다음과 같이 제시되어 있다.

① 서비스(service)

사회복지사의 궁극적인 목표는 도움을 필요로 하는 사람들을 돕고

1) 김종일(2018) pp. 121-125.

사회적 문제들에 대응하는 것이다.

② 사회 정의(social justice)

사회복지사는 사회의 불의와 대결하고 사회 정의를 지켜야 한다.

③ 인간에 대한 존엄성과 가치 존중(worth)

사회복지사는 인간의 존엄성과 가치를 존중해야 한다.

④ 인간관계의 중요성(human relations)

사회복지사는 인간관계가 가진 중요성을 인식해야 한다.

⑤ 성실, 충실 또는 정직(integrity)

사회복지사는 항상 성실한 자세로 직무에 충실하고 신뢰받을 수 있게 행동해야 한다.

⑥ 경쟁력 또는 능력(competence)

사회복지사는 자신의 능력 범위 내에서 실천 활동을 하고, 자신의 전문적 기술을 개발하고 향상시켜야 한다.

[그림 5-1] 미국의 사회복지윤리강령

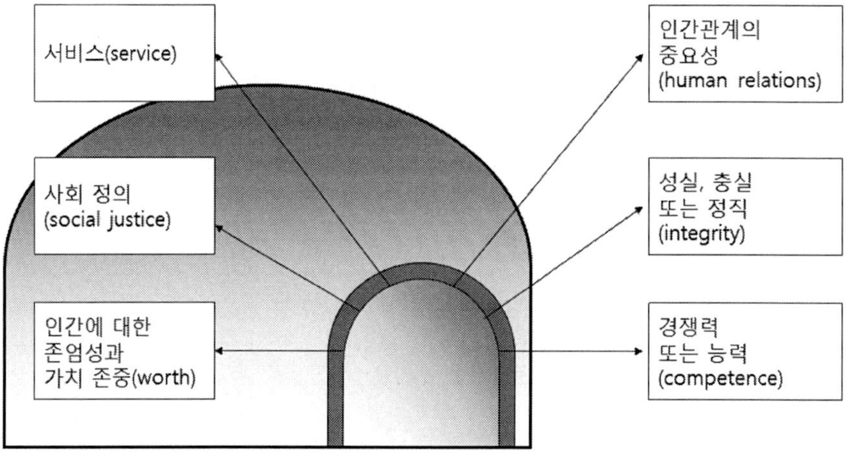

2. 지역사회 조직의 실제에 관한 원칙

지역사회 조직의 실제에 관한 일반적 원칙에 대해 여러 학자들의 견해와 지역사회 조직사업 및 지역사회 개발의 원칙에 대해서 알아보면 다음과 같다.

1) 맥닐(McNeil, 1954: 123)의 견해

① 사회복지를 위해서 지역사회조직은 사람들과 그들의 욕구에 관심을 가진다.

지역사회조직의 목표는 사회복지자원과 사회복지욕구 간의 보다 효과적인 결합을 통해 인간생활을 풍요롭게 하는 것이다.

② 지역사회조직의 일차적인 클라이언트는 지역사회이다.

지역사회 구성원들 간의 상호 작용으로부터 문제 해결에 필요한 동기와 힘이 나오기 때문이다.

③ 지역사회는 있는 그대로 이해되고 수용되어야 한다.

지역사회 조직 과정이 전개되는 환경을 이해해야만 그 과정이 성과를 거둘수 있다는 점이다.

④ 지역사회의 모든 사람은 보건과 복지서비스에 관심을 가진다.

각계 각층의 이익이 대표되고, 이들의 적극적인 참여는 지역사회조직에 있어서 주요한 목표가 된다.

⑤ 인간의 욕구는 계속 변한다.

사람들과 집단들 간의 관계도 계속 변한다는 것을 지역사회조직과정에서 인식하고 있어야 한다. 목적을 향한 변화는 지역사회조직에 있어서 기본적인 목표가 되어야 한다.

⑥ 모든 사회복지기관과 단체는 상호 의존적이고 서로 고립해서 존재할 수 없다.

⑦ 과정으로서의 지역사회조직은 일반적인 사회사업의 한 분야이다.

방법상의 지식과 이것을 적용하는 기술은 인간의 욕구를 충족시키고자 하는 일체의 지역사회의 노력을 발전시키는데 필요하다.

2) 존스와 디마치(Johns & Demarche, 1951: 235-239)의 견해

① 지역사회 조직은 개별 지도사업이나 집단 지도사업에서와 같이 개인의 생활을 풍요롭게 하고자 하는 수단이며, 목적이 아니다.

② 지역사회는 각기 특유의 성격과 문제와 욕구를 가지고 있다.

지역사회를 효과적으로 돕기 위해서는 개인과 집단처럼 개별화되어야 한다.

③ 지역사회는 개인과 마찬가지로 자기결정권을 가진다.

지역사회조직에 있어서 사회사업가는 지역사회가 자체를 위한 정책, 계획, 사업을 개발하도록 도우며 강요해서는 안된다.

④ 사회적 욕구는 지역사회조직의 토대이다.

지역사회조직의 개시, 지속, 수정, 종결을 결정하는 요소는 욕구이다.

⑤ 사회복지기관은 자체의 이익보다 지역사회복지를 사업을 선정하는데 기준으로 가장 먼저 고려해야 한다.

⑥ 조정이란 성장을 위한 과정이다.

권위적인 압력이나 억압에 의한 조정은 민주원칙에 위배되며, 조정은 공통의 이익과 목표에 대한 지적인 인식에서 이루어져야 한다.

⑦ 지역사회 조직사업을 수행하기 위한 구조는 가능한 한 단순해야 한다.

⑧ 지역사회의 소비스는 공평하게 분배되어 모든 사람들이 차별없이 평등하게 이용할 수 있어야 한다.

⑨ 문제해결의 접근방법에 있어서 다양성이 존중되어야 한다.

접근방법을 결정짓는 요소는 지역사회의 요구여야 한다.

⑩ 사회복지기관협의체에는 광범한 집단의 이익이 반영되어야 한다.

⑪ 지역사회복지의 효과적인 운영과 사업을 위해서는 집중과 분산간의 균형이 있어야 한다.

사회복지기관들이 재정지원을 위해 공동기금회에 참여하거나 공통의 목표를 위해 협의회에 가담한다고 해도, 그들 자체의 이익이나 사업은 유지되어야 한다.

⑫ 지역사회 조직은 지역사회 내에 존재하는 집단들 간의 의사소통을 가로막는 장애를 제거해야 한다.

⑬ 지역사회조직의 성공에는 지역사회로 하여금 사회복지의 욕구를 발견하고 규명하고 충족할 수 있도록 전문가의 도움이 필요하다.

3) 지역사회 조직사업의 원칙

① 지역사회 조직은 지역사회 주민의 욕구를 충족시키고자 하는 사회사업의 한 과정으로, 이 욕구는 주민들 스스로의 욕구여야 하며, 사회복지 기관의 이익을 위해서 조작되거나 강요되어서는 안 된다.

② 지역사회의 문제 해결에는 주민의 광범한 자발적인 참여가 있어야 한다.

전 지역 주민 개개인이 아니라 각계각층의 대표와 정치, 경제, 사회, 종교 등의 대표를 통해서 이루어져야 한다.

③ 지역사회 조직사업은 개별 지도사업이나 집단 지도사업에서와 마찬가지로 지역사회를 있는 그대로 수용하며 그 특성을 개별화해야 한다.

④ 지역사회 복지를 증진시키기 위해 결성된 복지기관들의 협의체는 서비스의 조정을 통해서 제한된 복지자원을 효율적으로 활용해야 한다.

4) 지역사회 개발의 원칙

(1) 유엔(UN)

유엔(UN)은 1955년 발간한 '지역사회 발전을 통한 사회적 진보'라는 보고서에서 지역사회 개발을 주로 개발도상국의 농촌지역에 적합한 개념으로 보고 공중보건, 농업지도사업, 협동조합, 가정학, 교육, 사회사업 등의 이론 및 실제 경험을 토대로 성공적인 지역개발사업이 지녀야 할 기본적인 요소로 다음의 원칙들을 들고 있다.

① 지역사회 개발사업은 지역사회의 기본적인 욕구에 부합되어야 한다.

특히, 최초의 사업은 주민들의 표현된 욕구에 따라 착수되어야 한다.

② 지역의 조건을 향상시키는 일은 각 분야의 독자적 노력으로도 가능하나, 온전하고 균형 있는 지역사회 개발을 이룩하기 위해서는 일치된 행동과 다목적적인 사업을 필요로 한다.

③ 개발의 초기 단계에서는 사업을 통해서 물질적인 향상에 못지않게 주민들의 태도 변화를 중요시해야 한다.

④ 지역사회 개발의 목적은 주민들이 지역사회의 일에 적극 참여하게 하고 기존의 지방정부를 활성화시키며, 제 기능을 하지 못하는 지방행정의 효과를 높이는 데 두어야 한다.

⑤ 지방의 지도력을 발굴하고 격려하고 훈련하는 것은 모든 사업에서 중요시되어야 한다.

⑥ 부녀자와 청소년들을 프로젝트에 참여시킴으로써 개발 프로그램을 활성화하고 고아범한 기반과 장기적인 발전을 이룰 수 있게 한다.

⑦ 지역사회의 자조적인 프로젝트의 효과를 거두기 위해서는 정부로부터 적극적인 지원을 받아야한다.

⑧ 국가적 차원에서 지역사회 개발을 실시하기 위해서는 일관성 있는 정책의 수립, 특별행정기구의 설립, 담당 인력의 선발과 훈련, 지역사회와 국가의 자원 동원, 조사 및 평가 등이 필요하다.

⑨ 지역적, 국가적, 국제적 차원의 지역사회 개발사업은 자발적인 비정부기관(NGO)의 자원을 최대한으로 활용해야 한다.

⑩ 지역 차원의 경제적, 사회적 발전은 좀더 넓은 국가적 차원의 개발과 평행해서 이루어져야 한다.

(2) 로스(Ross)

로스는 지역사회 조직의 전개, 특히 지역사회 개발모형의 측면에서 실제로 준용할 수 있는 원칙으로 지역사회 조직사업의 추진체를 강조하며 다음과 같이 주장했다.

① 지역사회 조직사업의 주체인 추진회(association)[2]를 강조하고, 지역사회 조직의 일체의 과정은 이 추진회를 중심으로 전개된다고 본다.

② 주민들은 지역사회 생활의 어떤 면에서 공통의 불만감을 가질 때 지역사회 문제를 해결하기 위한 추진회를 결성하려 한다.

③ 추진회의 결성 요인인 불만은 실천에 옮길 수 있도록 집약 또는 구체화되고 지역사회 주민들에게 널리 인식되고 이해될 필요가 있다.

④ 추진회에는 지역사회 내의 주요 집단 지도자들이 참여하고 회원 상호간 또는 지역사회와의 활발하고 효과적인 대화 통로를 개발해야 한다.

⑤ 추진회는 지역사회 주민들로부터 고도의 지지를 받을 수 있는 목표와 운영 방법을 가지고 추진회 사업에는 정서적인 내용을 지닌 활동들이 포함되어야 한다.

⑥ 추진회는 지역사회에서 협동의 상징이 되어야 한다.

2) 추진체란 지역사회의 문제를 해결하기 위해 지역사회의 회원(주민 대표)들에 의해 설립된 조직체로서, 이를 통해 주민들의 욕구가 표현되고 목표가 설정되고 사업이 추진된다고 한다.

제 2 절 지역사회문제 해결의 과정

★ 핵심포인트

• 지역사회 문제해결의 일반적 과정에 대해서 잘 알아둔다.

1. 지역사회문제 해결의 견해

지역사회복지란 지역사회가 당면하고 있는 문제와 충족되지 않은 욕구를 발견해 효과적인 대응책을 수립하고 이를 실천에 옮기는 일련의 과정이라고 말할 수 있다. 이러한 역사회의 문제 해결을 위한 지역 사회 복지의 과정에 대해 많은 학자들이 모형을 제시하고 있는데, 그 대표적인 견해는 다음과 같다.

1) 던햄

던햄(Dunham, 1970)은 지역사회 복지과정을 6단계로 구분하고 있다.

① 문제의 인식(recognition)
② 문제의 분석(진단 또는 사실발견: analysis)
③ 계획(planning)
④ 조치(action)
⑤ 평가(evaluation)
⑥ 차후 단계(next steps)

2) 리피트

리피트(Lippitt, 1958)는 지역사회 복지 과정을 7단계로 구분하고 있다.

① 변화의 필요성 개발
② 변화관계의 수립
③ 클라이언트 시스템의 문제 규명 또는 진단
④ 대안적인 경로와 목표의 검토 및 목표와 조치 의도의 설정
⑤ 의도를 변화노력에로 전환
⑥ 변화의 일반화와 정착화
⑦ 종료관계의 달성

3)펄만과 거린

펄만과 거린(Perlman & Gurin, 1972)은 지역사회 복지 과정을 5단계로 구분하고 있다.

① 문제에 대한 정의
② 문제를 개진한 구조와 커뮤니케이션의 구축
③ 정책대안의 분석과 정책의 채택
④ 프로그램 계획의 개발과 실시
⑤ 반응 조사와 피드백

4) 길버트와 스펙트

길버트와 스펙트(Gilbert & Specht, 1974)는 지역사회 복지 과정을 '정책형성의 과정'으로 7단계를 제시하고 있다.

① 문제의 발견과 분석
② 대중홍보
③ 정책목표의 설정
④ 일반의 지지와 합법성 구축
⑤ 프로그램 설계
⑥ 실천
⑦ 평가와 사정

이러한 견해들을 토대로 지역사회 문제 해결의 과정을 알 수 있다.

2. 지역사회문제 해결의 일반적 과정

1) 문제의 인식과 분석

지역사회 문제 해결의 과정에서 첫 단계는 지역사회의 충족되지 않은 욕구나 해결을 필요로 하는 문제를 찾아내는 일이다. 문제의 발견은 일반적으로 사회사업가나 주민들에 의해 이루어진다. 그러나 문제들은 존재라는 사실만이 아니라 해결 방안을 수립하고 실천에 옮겨질 수 있도록 집약되고 분명하게 규정되어야 가치(value)가 있다.

전문 사회사업가의 문제 분석에 따른 작업은 오로지 가치관에 의해서만 결정될 수는 없고, 사회 문제와 관련된 객관적인 자료를 수집하고 분석하는 것이 필요하다.

① 지역사회조직사업은 지역사회의 불충분한 욕구충족에서 비롯된다.

② 문제의 존재 자체가 곧 해결의 열쇠는 아니다.

③ 문제의 성격, 소재, 범위, 정도와 관련하여 문제의 본질을 알아야 한다.

④ 문제의 사회적 맥락과 사회적 의미, 문제의 성격 규정에 관한 것이다.

⑤ 문제점에 대한 정확한 인식은 문제 해결을 위한 대책 수립의 선행조건이다.

⑥ 분석을 위해서 필요한 것은 조작적 정의(oprationl definition)이다.

2) 정책 및 프로그램 개발

사회문제가 규정·분석되고 조작적으로 정의된 다음에 거쳐야 할 단계는 정책을 수립하고 실천하기 위한 프로그램을 개발하는 일이다.

먼저 '정책 수립'이란 문제 해결을 위해 취하고자 하는 조치와 프로그램의 방향을 결정하는 것으로, 다양한 해결대안 중에서 가장 효율적인 방안을 찾아내는 것이라고 할 수 있다.

정책이 수립된 후에는 이를 실천에 옮길 수 있는 프로그램을 개발해야 하는데, 프로그램 개발이란 목표를 향해 광범한 정책을 실천하기 위한 조치들을 구체적으로 표현하는 것을 뜻한다.

① 정책의 수립은 바람직한 목표들 가운데 선택을 하고 선택된 목표에 도달하기 위한 수단을 합리적으로 계획하며 그것을 체계적인 형태로 공식화하는 것이다.

② 고려사항은 이데올로기, 실현가능성, 합리성이다.

③ 기본계획에는 사업의 목적, 프로그램, 서비스, 활동 및 조치, 조직구조와 요원, 시행지역 수행의 시간적 절차, 방법, 예산, 기준 등이 포괄적으로 적시되어야 한다.

④ 프로그램의 개발과 관련해서는 보다 구체적으로 사용한 자원을 효과적이며 효율적으로 동원해야 할 방법이 전략적으로 전술적으로 모색되어야 한다.

⑤ 업무내용은 활동의 종류, 프로그램의 성격, 서비스의 내용, 실행절차와 전달체계이다.

⑥ 자원은 자본 설비, 필요한 인력과 자격 및 재원, 이것들의 소재, 통제의 주체, 동원 가능성이다.

⑦ 가능성은 자원의 활용 가능성 정도, 정책목표를 달성하기 위해 필요한 변화, 자원의 분배와 할당, 새로운 자원의 개발방법, 프로그램의 수행에 대한 저항 여부, 필요한 변화에 적응할 수 있는 전략이다.

⑧ 프로그램 활용을 위해 필요한 유연하고도 융통성 있는 자세가 꼭 필요하다.

3) 프로그램의 실천

프로그램의 실시란 정책 목표를 달성하기 위해서 행하게 되는 일련의 활동을 말한다. 활동의 내용과 형태는 문제의 성격에 따라 다양하지만 크게 두 가지 범주, 즉 과정 중심적인 활동과 과업 중심적인 활동으로 나눌 수 있다. 전자는 클라이언트 집단이 문제를 스스로 해결하 ㄹ수 있도록 능력을 배양해 주는 역할을 말하며, 후자는 클라이언트 집단이 필요로 하는 서비스를 직접적으로 제공해 주는 활동을 말한다.

프로그램이 실천되는 과정에서 새로운 문제가 발생할 수 있으며, 이 경우 원래의 계획에 수정을 가할 필요가 생긴다. 사회복지사는 계획의 단계에서 변화를 예측할 수 있는 통찰력이 있어야 하고, 변화가 발생했을 때 즉각적으로 대처할 수 있는 능력과 기술이 있어야 한다.

① 프로그램의 실천은 정책목표를 달성하기 위한 일련의 활동을 의미한다.

② 과정중심의 목표와 과업중심의 목표와 관련해서 구체적인 방향이 설정된다.

③ 과정중심의 목표는 지역사회의 문제를 해결하기 위한 자기유지적인 구조를 확립하고 문제해결을 위한 역량기반을 강화시키는 내용을 담고 있다. 프로그램의 실천도 문제해결 능력의 강화를 지향점으로 삼는다.

④ 과업중심의 목표는 클라이언트 집단이 필요로 하는 서비스를 직접 제공하고 지역사회의 기능과 관련해서 생기는 문제를 해결하는 내용을 지향점으로 삼는다. 프로그램의 실천도 이러한 서비스 제공의 효율성을 높이는 방향으로 전개되어야 한다.

⑤ 지역사회의 욕구는 고정불변의 것이 아니므로 프로그램의 실천 과정에서 항상 변화를 수용하고 유연하게 대처할 수 있는 태도를 견

제하는 것이 필요하다.

⑥ 상황의 변화에 따라 프로그램 자체의 변화가 요구되는 경우도 많고 이것이 원래 계획의 대폭적인 수정을 수반하는 것일 수도 있다.

⑦ 상황변화에 따른 문제해결 능력은 프로그램의 실천과정에서 효과적으로 발휘되어야 한다.

4) 평가와 피드백

문제 해결 과정의 마지막 단계인 평가는 두 가지 목적을 갖는다. 하나는 실천의 궤도를 수정하는 것이고, 다른 하나는 문제 해결의 모든 과정이 이룩한 결과와 최종 산물을 평가하는 것이다. 전자의 목적에서 평가는 문제 해결의 마지막 단계라고 볼 수는 없고, 문제 설정, 목표 수립, 프로그램 개발, 프로그램 실천이라는 모든 과정에 영향을 주는 계속적인 활동이라고 보는 것이 타당하다. 이를 위해서 흔히 사용하는 방법은 행동 체계를 구성하는 사람들의 대표로 위원회를 조직해서 정기 또는 비정기적인 평가회의를 개최해 프로그램의 추진 상황을 면밀히 검토하는 일이다.

① 평가는 프로그램의 실천과정에서 수립된 정보를 검토해서 실천에 반영함으로써 실천의 궤도를 수정하는 것이다. 이 경우의 평가는 가치부가적인 과정의 최종 단계는 아니며, 프로그램의 실천이라는 전 과정에 영향을 주는 지속적인 활동이 된다.

② 프로그램의 전 과정이 수행됨으로써 얻게 된 성과물에 대한 총괄적인 평가이다.

이 경우의 평가는 가치부가적인 과정에서의 최종 단계에 실시되는 것이다. 이것은 최초의 계획에서 수립된 목표와 최종 성과 사이의 차이를 검토하는 일이며, 따라서 프로그램의 효과성과 영향을 측정하는 것이다.

③ 평가가 최종 완결을 의미하는 것은 아니다.

평가는 지역사회조직사업가에게 반성적 성찰의 기회를 제공해 주며, 따라서 차후 단계를 위한 준비가 되어야 한다. 지역사회조직가에게는 '처음부터 다시 시작한다'라는 자세가 항상 일상적인 태도로서 실천원리의 가장 근저에 깔려 있어야 한다.

[그림 5-2] 지역사회복지실천의 일반적인 과정

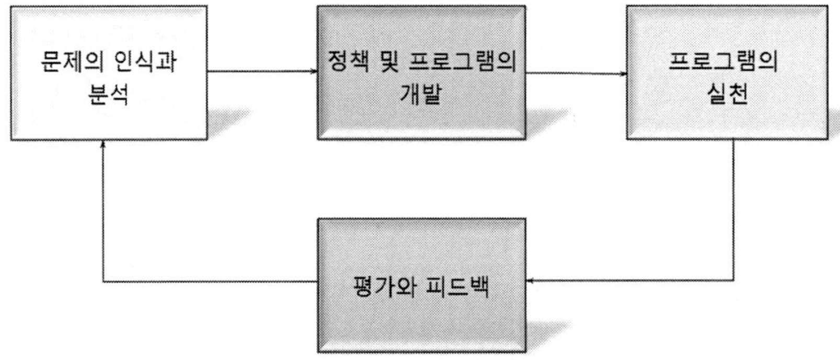

제 6 장

사회복지사의 역할

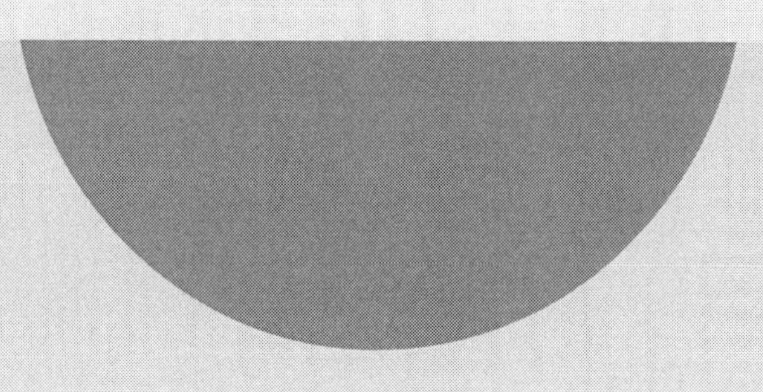

제 1 절 사회복지사의 역할모형

★ **핵심포인트**

• 사회복지사의 역할에 대하여 잘 알아둔다.

지역사회에서 사회복지사가 수행하는 역할은 사업의 유형에 따라 다르며, 같은 유형에서도 구체적인 사업의 성격이나 진행 과정에 따라 여러 가지로 규정될 수 있다.

로스만의 지역사회복지 실천 모형에 따른 사회복지사의 역할을 대표적인 학자들의 견해를 중심으로 정리하였다. 즉 '지역사회개발' '사회계획' '사회행동'등 세 가지 사업유형 중에서 어느 것을 주 기능으로 하는가에 따라서 사회복지사의 역할이 달라질 수 있다.

[그림 6-1] 사회복지사의 역할 모형

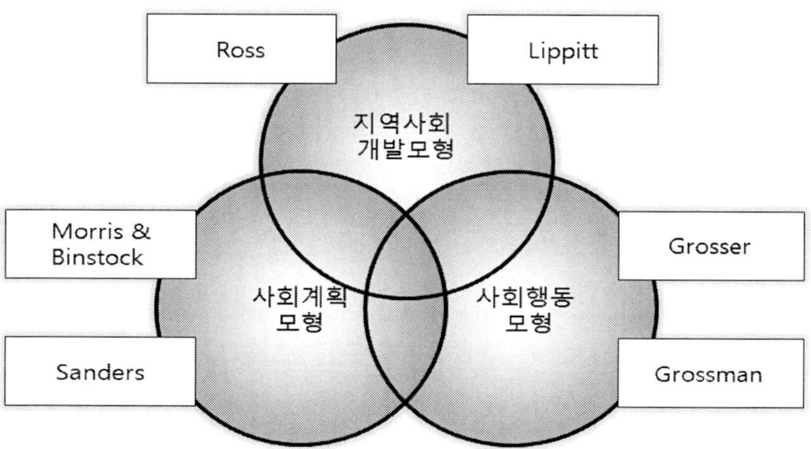

1. 지역사회 개발 모형

지역사회 개발모형은 지역사회 문제 해결을 위해서는 지역사회의 능력 향상이 중요하는 것으로 로스(Ross)는 지역사회 개발모형에서 사회복지사의 역할로 안내자, 조력자, 전문가, 치료자로서의 역할을 제시하고 있다.

1) 안내자로서의 역할

① 지역사회 조직에서 사회복지사가 주민들로 하여금 여러 가지 요소를 감안해 문제 해결에 따른 목표를 설정하고 이를 해결하는 방법을 강구하도록 도와주는 것이다.

② 사회복지사는 주민들 스스로 그들의 불만을 찾아내도록 도와야 하며, 적절한 불만과 이것을 해소하는 방향에 대해서 제안을 할 수 있도록 사회복지사 자신의 의견을 강요해서는 안된다.

③ 사회복지사는 자신이 타당하다고 생각하는 사업에 대해서는 주민들이 긴요성을 갖도록 자극하고 토의하도록 격려하며 그 이익을 설명할 수는 있다.

④ 사회복지사는 도움을 청하지 않는 지역사회에 접근하는데 있어서 뿐 아니라 문제해결과정에서 여러 가지 면에 주도권을 발휘해야 한다.

⑤ 사회복지사는 지역사회의 조건에 대해서 객관적인 입장을 취해야 하며 지역사회를 있는 그대로 수용해야 한다.

⑥ 사회복지사는 언제나 지역사회 전체와 함께 해야 하며, 지역사회 내의 일부나 특정 집단과 함께 일해서는 안된다.

⑦ 사회복지사는 지역사회조직에서 자기의 역할을 수용하고 그것에 만족하는 것을 익힐 필요가 있다.

⑧ 사회복지사는 지역사회의 조건에 대해 칭찬하거나 비난하는 등

의 감정 표현을 해서는 안되며, 사업을 전개하면서 그가 수용할 수 없는 점에 대해 주민들과 토의하여 개선하도록 점차적으로 자극을 주는 것이 필요하다.

⑨ 사회복지사는 자신을 지역사회와 동일시하고 민주적인 토의 방식, 지역사회조직추진회가 합의한 문제나 사업에도 동일시 해야 한다.

[그림 6-2] 지역사회개발모형에서 사회복지사의 안내자로서의 역할

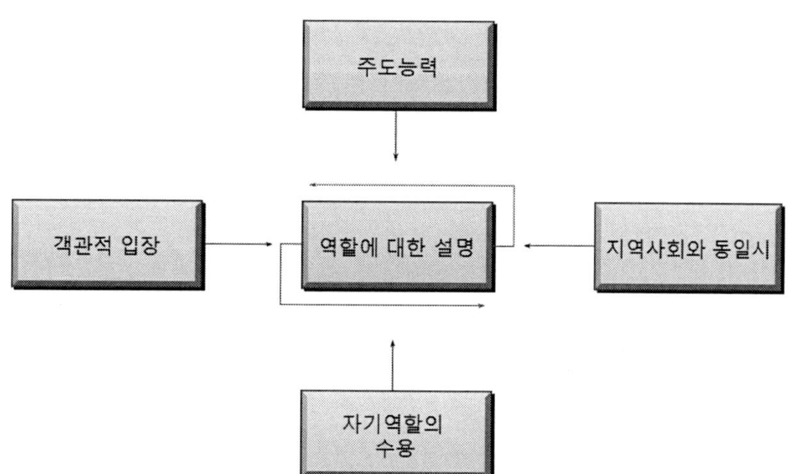

2) 조력자로서의 역할

① 실직이나 이혼 등 지역 주민의 위기 상황으로부터 주거, 보육 등 지역사회 문제에 이르는 다양한 스트레스에 지역 주민들이 올바르게 대처하도록 돕는 것을 말한다.

② 주민들이 지역사회 조건에 대한 불만을 표출하게 하고 집약하는 역할과 표출된 불만을 서로 연결시켜 주는 역할, 주민 상호간에 좋은 대인 관계를 유지하고 협동할 수 있도록 하는 역할 등이 포함된다.

③ 사회복지사는 지역사회의 협력적인 활동에 장애가 되는 요인을 제거하는 데 힘 써야 한다.

즉, 협력적인 노력을 저해하는 집단 간의 긴장과 갈등, 그리고 이해

관계를 이해하고 이를 해소하도록 노력해야 한다.

3) 전문가로서의 역할

① 전문가(expert)로서의 역할이란 자기가 권위 있게 말할 수 있는 분야에서 필요한 자료를 제공하고 직접적인 충고를 하는 것을 말한다.

② 전문가로서의 사회복지사는 지역사회 복지실천기관이 사업을 수행하는 데 필요로 하는 조사자료, 기술상의 경험, 자원에 관한 자료, 방법상의 조언 등을 제공한다.

③ 전문가로서 사회복지사가 수행하는 기능을 보면 지역사회진단(commumity diagnosis), 조사기술(research skill), 타지역사회에 관한 정보, 방법에 관한 조언, 기술상의 정보(technical information), 평가(evaluation)등을 하는 것이다.[1)]

사회복지사는 지역사회가 구상중인 사업에 관한 것을 알고 있어야 하고, 조사 방법에 대한 지식과 기술을 활용해 스스로 지역사회가 필요로 하는 조사를 계획하고 수행할 수 있어야 한다.

4) 치료자로서의 역할

① 지역사회에 따라서는 공동의 노력을 크게 저해하는 금기적 사고(taboo ideas)나 전통적인 태도가 있어 긴장을 조성하고 집단들을 분리시키는 요인으로 작용할 수가 있는데, 이때 사회복지사가 지역사회 수준에서 적절한 진단과 치료를 행하는 것을 뜻한다.

② 사회복지사는 이러한 치료자의 역할을 통해서 지역 주민들에게 지역사회의 규명된 성격과 특성을 제시해 그들의 이해를 도와주어야 한다.

③ 사회복지사의 치료자로서의 역할은 주민들이 그러한 성격을 이해해서 긴장을 해소하게 하고, 협력적인 작업을 방해하는 요인을 제거하도록 도와주는 것이다.

1) 윤찬중(2005) p. 259.

2. 사회계획 모형

사회복지사의 역할을 사회계획 모형의 측면에서 분석한 대표적인 학자로는 모리스와 빈스톡(Morris & Binstock), 샌더스(Sanders)를 들 수 있다. 지역사회 조직에서 사회사업가의 역할로 분석가, 계획가, 조직가, 행정가 등을 제시하고 있다.

[그림 6-3] 사회계획모형에서의 사회복지사의 역할

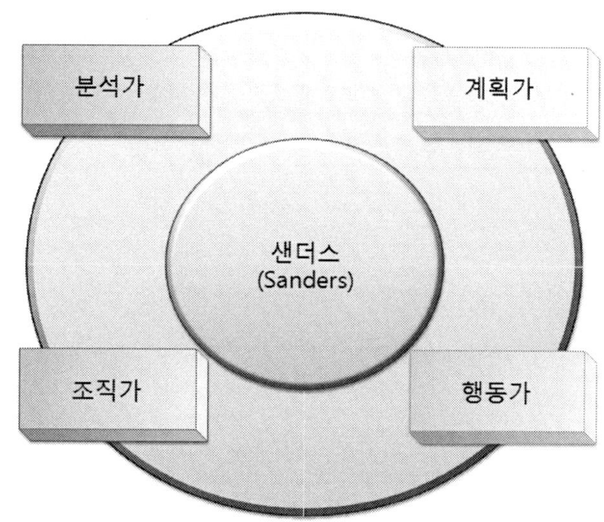

1) 분석가로서의 역할

① 분석가로서의 역할이란 사회복지사가 폭넓은 이론적 기초를 가지고 계획된 변화를 이루기 위해 사실 발견과 분석을 하는 것을 말한다.

② 분석영역은 사회문제에 영향을 미치는 요인, 사회변화를 위한 프로그램, 계획의 수립과정, 성과 등에 대한 분석이 포함된다.

③ 사회문제를 클라이언트 측면에서 분석하고 객관적이고 분석적인

접근보다는 개선적인 접근을 시도한다.

④ 사회변화를 위한 프로그램 분석에서는 무엇을 개선할 것인가라는 내용보다는 어떻게 변화를 가져올 것이냐 하는 과정(process)에 역점을 둔다.

⑤ 계획의 수립 과정에 대한 분석은 문제를 해결하기 위한 발상이 어디에서 비롯되었고, 어떠한 과정을 거쳐 결정에 이르게 되는가를 분석하는 것이며, 성과분석은 프로그램이 유도된 변화를 가져왔느냐에 대한 평가를 분석하는 것이다.

2) 계획가로서의 역할

① 지역사회의 문제 해결을 위해 누가, 무엇을, 어떻게 접근할 것인지 구체적으로 계획을 수립하는 것이다.

② 사회복지사는 공간적, 재정적, 인사 및 법적, 건축적인 측면뿐만 아니라 철학적인 측면도 중시되어야 한다.

③ 모리스와 빈스톡은 사회적 서비스를 계선하고 사회문제를 완화시키는 주요 수단은 공공기관의 정책을 고치는 것이며, 이러한 목적을 달성하기 위해서 노력하는 사람을 '계획가(Planner)'라고 부른다고 했다.

계획가는 자기의 모든 결정과 조치의 지침이 되는 '목표(perference goal)'를 선택하기 위해 인과관계에 관한 그의 지식을 활용한다.

모리스와 빈스톡의 사회계획전략은 도시지역사회에서 주민들에게 보다 나은 서비스를 제공하기 위해 정부기관을 상대로 하는 전문사회복지기관에서 활용할 수 있는 이상적인 전략이다. 계획가가 자기의 영향력을 발휘할 수 있는 자원으로는 돈과 신용, 정력, 전문성, 인기, 사회적 정치적 기반, 정보의 통제, 적법성 등을 들 수 있다.

3) 조직가로서의 역할

① 사회복지사가 지역사회의 주민과 집단, 단체들을 계획의 수립과

추진 과정에 적절히 참여시키는 것이다.

② 지역사회 내의 집단이나 단체들에 역할을 분명히 부여하고 각자의 역할을 효과적으로 수행할 수 있도록 훈련을 한다.

③ 주민들의 참여 의식을 고취시켜 수립된 계획을 자발적으로 추진해 갈 수 있도록 사기와 능력을 북돋우어 주는 것 등이 포함된다.

4) 행정가로서의 역할

① 계획 추진 자체보다는 계획을 수행하기 위해 마련된 프로그램이나 기관의 운영 단계에서의 역할을 뜻한다.

② 사회복지사는 설정한 목표를 효율적으로 달성하게 하기 위해 인사 문제, 사무실, 물자 공급 및 수송, 홍보 활동 등 모든 인적, 물적 자원을 적절히 관리할 필요가 있다.

③ 유의할 점은 운영하는 규칙과 절차를 적용할 때 지나치게 형식적인 면을 강조하지 말고 융통성을 발휘해야 한다는 것이다.

3. 사회행동모형

지역사회에서 도시 영세민이나 기타 어려운 처지에 놓여 있는 클라이언트집단의 복지를 위해 일하는 것이 사회복지사의 역할이라는 사회행동모형의 대표적인 학자 그로서는 지역 사회복지에서 사회복지사의 역할로 조력자, 중개자, 옹호자, 행동가 등의 역할을 제시하고 있다.

1) 조력자로서의 역할

① 지역사회 주민이 자체의 요구 분석을 토대로 스스로 선정해 추진한 사업이 외부로부터 부과된 사업보다 가치가 있고 지속성이 있기 때문에 사회복지사는 이를 도와 주어야 한다는 것이다.

② 그로서(Grosser)는 이러한 조력자의 역할을 제한적인 가치를 지닌 소극적인 것으로 보고 있다.

2) 중개자로서의 역할

① 지역사회와 클라이언트에게 적합한 자원과 서비스를 연결하는 역할로서, 사회복지사는 지역사회 자원에 대한 정보와 이를 연결시키는 데 필요한 지식과 기술을 갖추어야 한다.

② 이 모형은 주민들이 스스로 자원의 소재를 파악하도록 도와 주는 전문가의 역할보다는 훨씬 적극적인 개입의 성격을 지닌다.

3) 옹호자로서의 역할

① 사회복지사가 필요한 정보를 끌어내고 주민들 입장의 정당성을 주장하며, 또 기관에 도전할 목적으로 지도력과 자원을 제공하는 역할을 뜻한다.

② 사법계에서 사용되는 개념을 빌려온 것으로, 사회복지사는 사회적 갈등에서 파당 분자가 되며, 그의 전문적인 역량을 오로지 클라이언트의 이익을 위해서 사용한다는 것이다.

4) 행동가로서의 역할

① 사회복지사의 중립적이거나 수동적인 자세를 거부하는 행동 지향적인 역할을 의미하는 것이다.

② 대체로 과격한 주장을 펴는 형태로 나타난다.

③ 그로스만(Grossman)이 조사한 사회행동 프로그램의 주요 주제는 사회 문제적인 주제(민권, 소비자 보호, 교육, 고용, 주택, 경찰과의 관계, 공적 부조, 징집 등), 개념적인 주제(더 나은 생활, 인간의 존엄성, 자신의 향락을 추구할 권리, 권력 등), 자조와 관련된 주제(지역사회 서비스의 향상, 경제적인 자립, 새로운 사회 서비스 등), 개별적인 사회행동에 관한 주제(기관에 의한 개인이나 집단의 차별, 학대 등), 정치적인 주제(선거인 등록과 후보자의 지원 등)가 있다.

[표 6-1] 지역사회 복지실천 모형에 따른 사회복지사의 역할

모형	지역사회개발모형		사회계획모형		사회행동모형	
학자	Ross	Lippitt	Morris & Binstock	Sanders	Grosser	Grossman
역할	• 안내자 • 조력자 • 전문가 • 치료자	• 촉매자 • 전문가 • 실천가 • 조사자	• 계획가	• 분석가 • 계획가 • 조직가 • 행정가	• 조력자 • 중개자 • 옹호자 • 행동가	• 행동조직가

제 2 절 사회복지사의 기능

★ 핵심포인트

• 사회복지사가 돕는 방법에 대해서 잘 알아둔다.

1. 사회복지사가 갖추어야 할 요소

사회복지사는 지역사회 복지 실천 과정에서 다양한 기술을 활용한다. 따라서 갖추어야 할 요소도 많다. 사회복지사가 갖추어야 할 것은 다음과 같다.

① 자신의 가치관, 윤리, 편견에 대한 자기인식을 확실해 해야 한다.

② 클라이언트, 동료, 자신이 속한 기관과의 상호작용을 무의식적으로 또는 의식적으로 이끌어 나가는 워커 자신의 가치와 원리를 발견할 필요가 있다.

③ 사회복지사들은 문제가 있는 개인을 돕는 방법에 있어서 모든 일들을 단계적으로 수행해야 한다.

2. 단계적으로 돕는 방법

① 시작 단계

접수(intake) 및 관계설정(engagement), 측정(assessment), 목표설정 및 계약단계이다.

도움을 받아야 할 개인과 사회복지사 사이에 관계가 성립된다. 워커는 클라이언트와 라포(rapport)를 형성하면서 클라이언트의 문제를 탐색하게 되며 클라이언트의 상황을 측정한 후 적절한 목표설정을 하고 그 목표의 성취를 위해 필요한 자원을 경정한다.

그 자원을 어떻게 성취, 이용할 것인지에 대해 계획을 세운다. 이 목표와 자원들은 클라이언트와 사회복지사 간의 비공식적 또는 문서화된 상호계약에 포함된다.

② 중간 단계

개입하여 수행하는 단계이다.

사회복지사와 클라이언트는 변화 계획을 수행하게 되는데 클라이언트의 상황에 대한 새로운 정보가 있거나 상황이 변화하게 되면 계획을 변경할 수도 있다.

③ 마지막 단계

종결 및 평가 단계이다.

클라이언트의 목표성취 정도를 평가하고, 워커와 클라이언트 사이에 관계의 종결과 관련된 사항을 정리해야 하며, 앞으로 클라이언트에게 나타날 수 있는 문제에 대한 후속적 계획을 세워야 한다.

[그림 6-4] 사회복지사가 개인을 돕는 단계

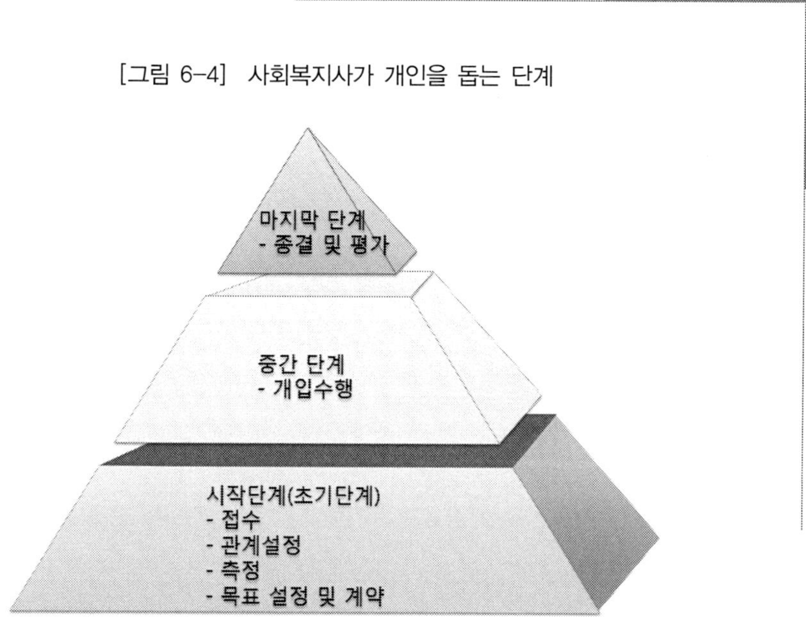

3. 지역사회복지기관의 복지사의 기능

① 지역사회의 이용 가능한 자원, 즉 타기관의 기능, 활동범위, 방법, 직원 그리고 위탁 절차 등에 대한 지식뿐만 아니라 이러한 것들과 관계를 맺을 수 있는 기술이 있어야 한다.

② 이러한 기술로는 회의와 위원회 활동에 따른 기술, 협의, 협상, 대중홍보, 그리고 사회행동을 들 수 있다.

4. 사회복지사의 기술

★ 핵심포인트

- 사회복지사의 기술 6가지를 잘 알고 있어야 한다.
- 각 기술들에 대한 특징을 잘 이해해야 한다.

1) 조직화 기술

① 지역사회복지실천에서 가장 기본적인 기술로서 지역사회 전체

또는 일부 집단을 하나의 역동적인 실체로 만들어 나가는 과정에서 활용된다.

② 대인관계 기술이 중요하며, 다른 사람이 말하는 것을 이해하고 중요한 점을 파악하는 능력을 가져야 한다.

③ 조직가는 사람들이 정직하고 개방적인 태도로 이야기할 수 있도록 격려하고 대화내용을 이해하고 그 의미를 파악할 수 있어야 한다.

④ 조직가는 위의 기술을 수행하면서 4가지 보조기술을 사용한다.

사람들이 어떤 문제에 대해서 행동을 취하도록 하는 촉매자의 기술, 지역사회의 사람들이 그들의 문제를 해결할 수 있는 능력을 개발하도록 돕는 교사의 기술, 정보를 제공하고 조직의 중요한 과업을 다루어 나가는 촉진자의 기술, 지역사회와 외부세계의 연결고리를 구축하여 외부 지지자들로부터 정보와 지식을 얻어내는 연결자의 기술이다.

2) 연계기술

① 지역사회 내 사람들 간의 관계를 강화함으로써 연계망이라 일컫는 사회적 자산을 형성하는 것이다.

② 사회적 연계망(social network)은 개인들 간의 접촉의 통로 또는 연결망으로서 교회, 부모-교사회, 헬스클럽, 동료, 이웃 등 다양한 조직과 관련되어 있다.

③ 연계망은 조직화 기술의 결과로서 나타난다.

3) 옹호 · 대변 기술

① 지역사회의 클라이언트가 정당한 처우나 서비스를 받지 못하는 경우에 활용되며, 표적집단에 대하여 강력한 영향력이나 압력을 행사하는 것을 포함한다.

② 옹호자는 클라이언트의 이익을 위하여 전문적인 대변인이나 대리인으로서 활동한다.

③ 옹호기술의 실제 과정은 옹호활동의 계획, 문제의 정의, 목표의

설정, 표적 정하기, 옹호를 위한 재가의 획득, 개입의 수준 결정, 개입 전략의 실행, 결과의 평가 등 일련의 과정으로 이루어진다.2)

4) 자원개발 · 동원기술

① 지역사회 내의 문제해결을 위하여 현존하는 자원으로는 불충분하여 자원동원을 위한 외부의 극적 이벤트가 요구되는 상황에서 활용된다.

② 기존에 존재하는 집단이나 조직체를 활용하는 방법, 다수의 개인으로 하여금 직접적인 참여를 촉진하는 방법, 개인으로 구성된 사회적 네트워크를 활용하는 방법 등이 있다.3)

③ 기존의 집단이나 조직체를 활용하는 방법

지역사회 내의 교회 등 종교기관, 노조, 청소년 그룹 등의 조직체 지도자로 하여금 구성원들이 특정한 사회적 쟁점을 위한 활동에 참여하도록 요청한다.

④ 개인의 직접적인 참여를 통한 자원동원의 기술

개인과의 직접적인 접촉을 통하여 이루어진다. 우편물의 발송, 지역사회 내의 가정방문, 공공의 장소에서의 대화등을 포함한다.

⑤ 네트워크를 통한 자원동원의 기술

직장, 혈연, 기타 사회적 활동 등을 통하여 이미 서로 알고 있는 사람들의 연대를 활용하는 방법이다. 사람들은 이미 자신이 속해 있는 네트워크의 구성원들이 관여하거나 관심을 갖고 있는 문제에 대하여 행동을 취할 가능성이 높다.

5) 임파워먼트 기술

① 두 가지 차원에서 활용되는데 첫째는 현상을 타파할 수 있는 능력에 관한 개인의 신념을 향상시키는 것이며, 둘째는 지역사회의 집합적인 목표를 달성하기 위하여 지역사회 집단의 능력을 향상시키는 것이다.4)

2) Rothman & Sager(1998) pp. 184-185 재인용.
3) Rubin & Rubin(2001) pp. 151-159 재인용.

② 의식의 향상이다.

공유하고 있는 지역사회의 문제는 그들의 문제라는 인식에서 출발한다. 이 문제는 개인적인 차원이 아닌 사회적인 차원이며 그들 자신이 문제의 원인이 아님을 인식하며 이루어진다.

③ 자기주장이다.

공적인 형태로 자기주장을 행하며, 조직가는 그들의 주장을 격려하고 그들의 목소리를 발견하도록 도와준다.

④ 그들의 쟁점이 공공의 의제가 되도록 한다.

자기주장과 의제형성을 통하여 개인들은 그들의 목소리를 획득하고 보다 강화된 권한을 행사할 수 있게 된다. 이러한 권한의 향상은 참여의 확대, 법적인 조치, 힘의 행사 등으로 나타난다.

⑤ 다수의 참여를 통한 집합적인 활동과 과업의 수행으로 구성원들은 능력에 대한 자신감을 갖게 되며, 새로운 기술을 발전시키고 자신들과 지역사회의 능력에 대한 확신을 얻게 된다.

6) 계획과 프로그램 기술

① 사회적 서비스를 생산하는 지역사회복지조직이 지역사회가 필요로 하는 재화와 서비스를 제공하는 활동과 관련되어 있다.

② 지역사회복지관이 제공하는 사회적 서비스에는 아동, 노인, 장애인 등을 위한 사회복지서비스, 지역사회주민을 위한 보건, 교육, 주택서비스 등이 포함된다.

③ 지역사회 계획과 프로그램의 기술은 지역사회의 문제와 주민욕구에 대한 분석 기술, 문제해결과 욕구충족을 위한 다양한 대안의 모색, 선택된 대안으로서의 프로젝트와 프로그램의 단계별 실행 기술, 프로젝트와 프로그램의 관리와 평가를 위한 기술로 구성된다.

④ 프로그램의 재정조달을 위한 준비로서 프로포절 작성 기술이 요구된다.

4) Rubin & Rubin(2001) pp. 89-96 재인용.

제 7 장

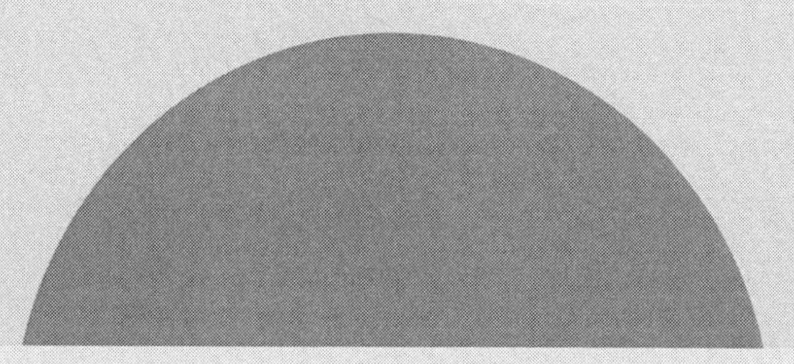

지역사회복지 실천의 환경

제1절 지역사회복지실천의 환경

지역사회복지실천의 환경은 지역사회복지관을 중심으로 이루어진다고 할 수 있다.

지역사회복지관은 지역사회중심이라는 지역성, 지역사회주민의 욕구해결을 위한 서비스의 전달 그리고 전문인력(사회복지사)에 의한 서비스 프로그램 운영이라는 전문성의 원칙에 입각하여 지역사회문제의 예방과 개선, 주민참여와 자원동원 등의 분야에서 지역사회가 공동으로 대처하는 능력향상에 기여함으로써 지역사회주민의 욕구해결 및 지역사회통합을 증진시키려는 기관으로서 규정한다.

[그림 7-1] 지역사회복지 실천을 위한 사회복지사의 기술

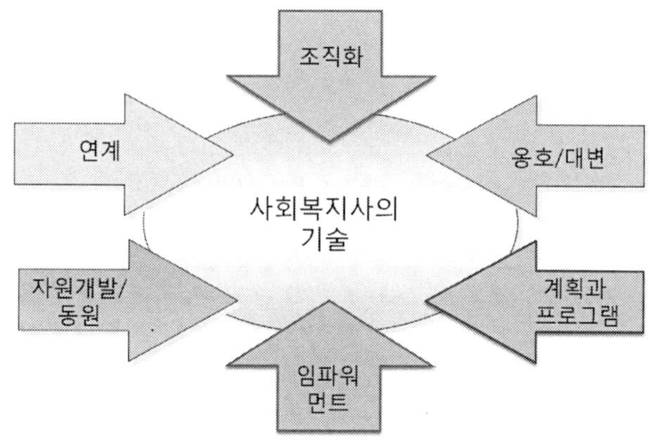

1. 지역사회조직의 발달단계

① 지역사회복지는 비전문가들의 노력에 의해 시도되다가 점차 전문가들에 의해서 전개되고 마침내는 전문가와 비전문가의 공동참여에 의해서 전개되었다.

② 지역사회조직은 처음에는 개별지역사회 단위에서 전개되다가 점차로 도 단위 및 국가적인 차원으로 확대되어 갔다.

③ 지역사회복지기관들은 그들의 목적달성과 생존을 위해서 상호관련성을 갖게 되는데 이 관계는 수평적, 수직적으로 이루어진다.

2. 지역사회복지기관의 구분

① 주로 사용하는 전문사회사업의 방법
② 클라이언트에게 직접적인 서비스의 제공여부
③ 주로 활동을 전개하는 지리적인 단위
④ 주로 다루고자 하는 문제의 형태
⑤ 설립주체

3. 사회사업의 방법론에 따른 구분

① 케이스워크기관
아동상담소, 가정복지기관(집단활동, 레크리에이션)
② 그룹워크기관
YMCA, YWCA, 기타 레크리에이션 단체들(가정문제상담, 청소년을 위한 성교육 및 상담)
③ 지역사회조직사업기관
사회복지협의회, 지역사회복지기관(상담, 교육, 취업훈련 및 알선)

4. 서비스 제공에 따른 구분

① 직접서비스기관, 즉 개인클라이언트나 소비자에게 직접적으로 서비스를 제공한다.

② 공적부조, 아동지도, 시설보호, 집단서비스, 대중오락, 혹은 보건

서비스로 구분되며 이들 기관은 클라이언트의 기관 혹은 시설수용에 따라 '시설보호기관'과 '비시설보호기관'으로 세분된다.

③ 간접서비스기관은 지역사회를 전체로서 상대한다거나 특정지역이나 집단을 상대로 활동을 한 모금단체, 국가적인 차원의 계획전담기관 등 공,사 복지기관이 여기에 해당된다.

④ 지리적 단위에 따른 구분은 작게는 인근 지역으로부터 부락·읍·면·동에서 시·도나 전국적으로 국제적으로까지 활동영역을 확대할 수 있으며 몇 개의 부락과 시·도 등을 포함하는 지역사회복지 활동도 전개할 수 있다.

5. 문제의 형태에 따른 구분

① 사회복지의 기능분야는 소득보전, 가정, 아동복지, 보건과 의료, 신체장애, 정신건강, 성인범죄자, 집단서비스, 대중오락과 비공식 교육, 사회계획과 개발 등이 있다.

② 던햄은 특히 지역사회조직을 증진시키기 위한 노력과 활동은 크게는 국제적인 차원에서부터 작게는 지방 단위에 이르기까지 여러 지리적 단위에서 행해지며 또 그 활동 영역도 정치, 경제, 교육, 종교, 주택, 인간관계, 사회복지 등 다양하다고 지적했다.

6. 설립주체에 따른 구분

지역사회복지기관의 설립주체에 따른 구분은, 정부기관, 민간기관, 사회복지법인, 사단법인, 재단법인, 사회단체 등이다.

7. 지역사회복지기관의 특성 구분

① 민간기관은 전 지역사회나 기타 지역의 복지를 추구할 수도 있

고 종교의 교파, 자선조직, 노동조합, 문화재단, 사회단체와 같은 특수 집단에 의해서 지역사회 전체 혹은 특수집단과 계층의 복지를 추구할 수도 있다.

② 민간복지기관은 정부의 복지정책과 프로그램에 대해 보충적인 역할을 담당할수 있다.

정부의 복지정책으로부터 소외되는 특수취약계층에 대해서 집중적인 원조를 행함으로써 민간의 복지활동은 보충적인 역할을 수행하게 되는 것이다.

③ 민간기관은 정부기관에 비해 융통성 있고 전문적이며 봉사적이라는 특징을 가진다.

민간기관의 복지활동은 수혜대상자의 욕구에 따라 새로운 접근방법을 개발한다거나 새로운 전달체계를 시도하는 등 시범적인 프로젝트를 전개하기가 훨씬 용이하다. 민간기관은 전문적인 서비스에 역점을 둔다.

④ 민간기관에 있어서는 민주주의에 입각한 주민의 참여를 강조하는 경향이 있다.

제 2 절 사회복지관

★ **핵심포인트**

- 사회복지관 운영의 원칙에 대해서 알아둔다.
- 사회복지관 사업에 내용에 대해서 알아둔다.
- 지역사회복지관 운영의 기본원칙에 대해서 알아둔다.

1. 사회복지관의 개념

사회복지관(community welfare center)는 '사회관(community center)', '인보관(neighborhood center)' 혹은 '근린복지협의회

(distrrict or neighborhood council)'등 다양하게 불리고 있다.[5]

우리나라 보건복지부의 '사회복지사업법시행규칙(2004.9.6. 개정) 사회복지관 설치운영규정'에는 사회복지관을 "지역사회 내에서 일정한 시설과 전문 인력을 갖추고 지역사회의 인적, 물적 자원을 동원하여 지역사회복지를 중심으로 종합적인 사회복지사업을 수행하는 사회복지시설"이라고 정의하고 있다.

1) 사회복지관의 정의

① 사회복지관은 지역사회를 근거로 하는 복지기관이다.

② 지역사회주민들의 욕구 및 문제를 파악하여 이에 필요한 서비스를 제공하는 직접서비스기관이다.

③ 사회복지사와 같은 전문인력의 확보를 통해 지역사회주민들의 복지증지을 위한 전문적인 서비스 프로그램을 실시하는 복지기관이다.

④ 인종, 종교, 국적, 정치적 소신에 관계없이 모든 사람과 함께 일한다.[1]

⑤ 지역사회 주민들의 욕구해결을 돕기 위한 프로그램을 제공한다.

⑥ 개인과 가족이 지역사회 생활에 잘 적응하도록 돕는다.

⑦ 사회적, 물리적, 정서적 욕구의 활동을 발견하도록 돕는다.

⑧ 교회, 학교, 지역사회의 공, 사 사회복지기관과 협동적 노력을 기울이는데 목적을 둔다.

⑨ 지역사회에서 일정한 시설과 전문 인력을 확보하고, 지역사회주민의 욕구충족을 위해서 뿐만 아니라 지역사회문제의 예방과 개선을 위한 역할을 한다.

2) 사회복지관 운영의 기본 원칙

사회복지관이 행하는 사회복지사업은 인도주의와 서비스를 필요로 하는자의 존엄유지를 전제로 다음 각 호의 기본원칙에 따라 수행되어

5) 이양훈 외(2007) p. 174.

1) Trecker(1971) pp. 76-77 재인용.

야 한다.[2)]

① 지역성의 원칙

사회복지관은 지역사회의 특성과 지역 주민의 문제나 욕구를 신속하게 파악하여 사업계획 수립시 반영하여 지역사회의 문제를 해결하고, 이에 따른 서비스를 제공하여야 하며, 지역 주민의 적극적 참여를 유도하여 주민의 능동적 역할과 책임의식을 조장하여야 한다.

② 전문성의 원칙

사회복지관은 다양한 지역사회문제에 대처하기 위해 일반적 프로그램과 특정한 문제를 해결할 수 있는 전문적 프로그램이 병행될 수 있도록 지식과 기술을 보유한 전문 인력이 사업을 수행하도록 하고, 이들 인력에 대한 지속적인 재교육 등을 통해 전문성을 증진토록 하여야 한다.

③ 책임성의 원칙

사회복지관은 서비스 이용자의 욕구를 충족하고 지역사회문제를 해결함에 있어서 효과성을 극대화하기 위하여 최선의 노력을 기울여야 한다.

④ 자율성의 원칙

사회복지관은 다양한 복지서비스를 효율적으로 제공하기 위하여 사회복지관의 능력과 전문성이 최대한 발휘될 수 있도록 자율적으로 운영하여야 한다.

⑤ 통합성의 원칙

사회복지관은 사업을 수행함에 있어 지역 내 공공 및 민간복지기관 간에 연계성과 통합성을 강화시켜 지역사회복지 체계를 효율적이고 효과적으로 운영되도록 하여야 한다.

---

2) 보건복지부(2007) pp. 3-4.

⑥ 자원활용의 원칙

사회복지관은 주민욕구의 다양성에 따라 다양한 기능 인력과 재원을 필요로 하므로 지역사회내의 복지자원을 최대한 동원, 활용하여야 한다.

⑦ 중립성의 원칙

사회복지관은 정치활동, 영리활동, 특정 종교활동 등에 이용되지 않게 중립성이 유지되어야 한다.

⑧ 투명성의 원칙

사회복지관은 자원을 효율적으로 이용하고 운영과정의 투명성을 유지하여야 한다.

[그림 7-2] 사회복지관 운영의 기본원칙

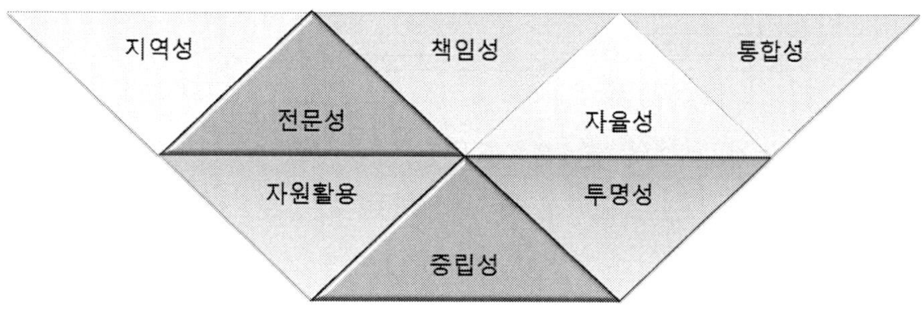

2. 지역 사회복지관

1) 지역사회복지관의 개념

지역사회복지관(community welfare center)은 지역사회 내에서 일정한 시설과 전문 인력을 갖추고 지역사회의 인적, 물적 자원을 동원하여 모든 지역사회 주민을 대상으로 종합적인 복지 서비스를 제공하는 직접적인 서비스기관으로, 사회복지관, 사회관, 지역사회센터, 인보관 등 다양하게 지칭된다.

① 우리나라의 사회복지관정의

지역사회 내에서 일정한 시설과 전문인력을 갖추고 지역사회의 인적, 물적 자원을 동원하여 지역사회문제를 해결하고 주민의 복지욕구를 충족시키기 위한 종합적인 사회복지시설이다.

② 미국의 사회복지관 정의

그 지역사회의 발전과 개선에 관심을 갖고 계속적인 노력을 하는 사회복지기관이다.

③ 영국의 사회복지관 정의

보다 좋은 사회를 만들기 위해 서로 돕고 사회단체나 집단지역 주민이 지역의 문제를 서로 해결하고 제반결과에 참여하고 모든 사항에 대해 최대한 알 수 있도록 정보를 제공하여 주는 것이다.

④ 우리나라의 사회복지관 정의

지역사회에서 충족되지 않은 욕구와 문제를 발견해서 주민에게 필요한 서비스를 제공하는 가장 대표적인 직접 서비스 기관이다. 또한 종합복지기관으로 빈곤문제와 지역사회문제를 사회개혁의 안목에서 체계적으로 해결하려고 접근을 시도하고 모든 분야에서 예방적, 치료적 기능을 동시에 발휘하여 모든 계층과 연령층을 대상으로 하여 거시적, 미시적 접근을 실시하여야 한다고 하였다.[3)]

2) 지역사회복지관의 기능과 역할

(1) 딜릭

① 근린지역의 다양한 욕구를 충족하기 위해 통합된(integrated) 서비스를 제공한다.

② 서비스의 중복과 누락을 방지하기 위해 서비스간의 조정(coordination)을 꾀한다.

③ 지역 주민들이 문제 해결을 위해 공동의 노력을 할 수 있도록

---

3) 이택룡 외(2001) p. 203.

집단을 구성하게 한다.

④ 주민집단으로 하여금 사회적 목표(social goals)를 수정하고 새로운 목표를 만들어 낼 수 있도록 한다.

⑤ 이러한 기능을 수행하는 데 가장 중요한 것은 지역 활동에 주민을 참여시키는 것이다.

(2) 미국 인보관협회

① 관료화와 형식에 구애받지 않고 지역 주민과 인간적인 측면에서 개별적인 접촉 관계를 유지하고 발전시킨다.

② 새로운 이주민을 포함해 지역 주민의 근린 의식과 민주적인 시민의식을 고취시킨다.

③ 지역사회에서 원조를 필요로 하는 주민에게 서비스를 제공한다.

④ 생활 문제를 해결하기 위해 새로운 지식과 기술을 응용하고 실험한다.

⑤ 지역 주민을 위해 직접 또는 간접적으로 문화 활동을 촉진시킨다.

⑥ 도시계획과 관련해 지역사회 개발사업을 계획하고 실행한다.

(3) 우리나라

① 지역사회 문제를 파악한다.

② 서비스센터로서의 역할을 한다.

③ 대변자의 역할을 한다.

④ 사회행동센터의 역할을 한다.

⑤ 사회교육센터의 역할을 한다.

⑥ 공동이용센터의 역할을 한다.

⑦ 레크리에어션센터의 역할을 한다.

⑧ 직장안정센터의 역할을 한다.

⑨ 자원 동원의 역할을 한다.

(4) 황성철 · 강혜규

황성철 · 강혜규는 아래의 표와 같이 지역사회복지관의 기능과 역할을 크게 세 가지로 나누어서 구분하였다.

[표 7-4] 사회복지관의 기능과 역할

기 능	역 할
종합적 사회복지 서비스 제공	• 문제를 지닌 개인이나 가정에 대해 지원 서비스 제공 • 사회화 또는 발달적 욕구 충족을 위한 서비스센터로서의 역할 • 특수한 문제나 욕구에 부응해 구체적 서비스나 정보 및 의로서비스 제공
지역사회 문제 해결 및 지역사회 조직화	• 지역사회 문제 해결을 위한 주민참여의 중심체로서의 역할 • 지역사회 개발을 위한 주민 또는 기관 간의 공동계획 및 조정 • 특정 집단의 이익대변 및 사회행동센터로서의 역할
양 기능에 수반되는 공통의 역할	• 지역사회 자원 동원 • 지역사회 욕구조사와 문제 파악 • 지역주민의 단합과 연대감 조성

자료 : 황성철 · 강혜규(1994) pp. 209-210.

3) 지역사회복지관 운영의 기본원칙

① 전문성

전문인력에 의해서 사업이 수행되어야 한다.

② 시설성

클라이언트들이 수시로 이용할 수 있는 시설을 의미한다.

③ 복지성

사회복지관 사업은 주민의 복지에 우선권을 두어야 함으로 정치, 영리, 특정 종교활동이 개입해서는 안 된다.

④ 지역성

사회복지관이 존재하는 지역의 문제 해결이 우선적이어야 한다.

⑤ 자주성

지역주민의 자주적 협력에 의해서 수행되어야 하며, 운영주체는 외부의 간섭 없이 자율적으로 프로그램을 운영할 수 있어야 한다.

⑥ 다목적성

클라이언트의 문제 해결과 예방, 삶의 질 향상, 민주시민으로서의 성장, 지역사회통합 등 목적이 다양하다.

⑦ 잠재자원 활용성

클라이언트들은 다양한 욕구를 가지고 있다. 따라서 지역사회 내에 있는 다양한 인적, 물적 자원을 활용하여 클라이언트의 욕구를 충족시켜 나가야 한다.

⑧ 민주성

모든 프로그램은 민주적으로 수행되어야 한다.

[그림 7-3] 지역사회복지관 운영의 기본원칙

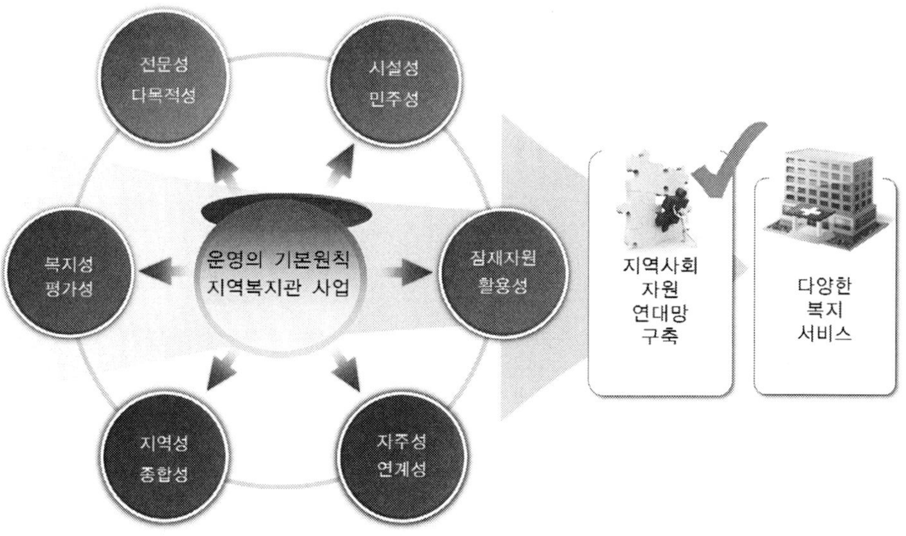

⑨ 종합성과 연계성

사회복지관은 종합적 복지서비스기관이다. 각종 네트워크를 통해 서비스를 제공하는 연계성을 가지고 있는 기관이다.

⑩ 평가성

사회복지관 사업은 전문성과 자주성 그리고 민주성에 의해 운영되기 때문에 주민의 욕구 충족, 성장과 변화, 재정투입의 효과 및 합리성, 사용된 바업의 적합성, 인력 배치 등의 정도를 지속적으로 평가해야 하며, 더욱 전문화 될 수 있도록 노력해야 한다.

3. 사회복지기관의 설치현황

① 사회복지관은 시설규모에 따라 세 가지 유형으로 구분된다.

② 종합사회복지관 가형(2,000m^2 이상)과 나형(1,000-2,000m^2), 사회복지관(500-1,000m^2)으로 분류된다.

③ 사회복지관의 운영은 사회복지법인, 비영리법인, 지방자치단체에 의해 이루어진다.

④ 지방자치단체는 설치한 후 사업의 전문성을 향상시키기 위해 사회복지법인에 위탁하거나 직접 사회복지관을 운영할 수 있다.

참고로 2019년 현재 우리나라 사회복지관 현황을 보면 다음과 같다.[4)]

4) 한국 사회복지관 협회(2019).

〈참고〉 2019년 현재 우리나라 사회복지관 현황

1. 규모별 사회복지관 현황

구 분	개 소 수(회 원 기 관 수)
가 형 (건평 2,000㎡ 이상)	220(199)
나 형 (건평 1,000㎡ ~ 2,000㎡ 미만)	201(197)
다 형 (건평 1,000㎡ 미만)	45(43)
총 계	466(439)

2. 지역별 사회복지관 현황

시/도	계 (회원기관수)	일반지역	임대지역	시도	계 (회원기관수)	일반지역	임대지역
서울	98(98)	67(67)	31(31)	강원	19(16)	14(11)	5(5)
부산	53(53)	35(35)	18(18)	충북	13(12)	8(7)	5(5)
대구	27(27)	14(14)	13(13)	충남세종	22(18)	16(12)	6(6)
인천	19(19)	13(13)	6(6)	경북	15(15)	4(4)	11(11)
대전	21(21)	13(13)	8(8)	경남	30(19)	24(13)	6(6)
울산	8(8)	6(6)	2(2)	전북	17(17)	8(8)	9(9)
경기	81(74)	56(49)	25(25)	전남	15(14)	9(8)	6(6)
광주	18(18)	8(8)	10(10)	제주	10(10)	8(8)	2(2)
총계					466(439)	324(297)	142(142)

3. 연도별 사회복지관 현황

연도	2018	2017	2016	2015	2014	2013	2012	2011	2010
계	465	464	460	453	442	438	437	428	420

연도	2009	2008	2007	2006	2005	2004	2003
계	416	410	407	397	394	383	363

연도	2002	2001	2000	1999	1998	1997	1996
계	356	351	338	324	308	293	284

연도	1995	1994	1993	1992	1991	1990	1989
계	261	224	188	152	89	58	39

4. 법인유형별 사회복지관 현황

구 분	개 소 수
사회복지법인	333
재 단 법 인	55
사 단 법 인	19
학 교 법 인	24
지방자치단체 직영	26
시설관리공단	4
의 료 법 인	1
협 동 조 합	4
총 계	466

4. 사회복지관의 조직구조

사회복지관이 지역사회를 대표하는 서비스 기관의 역할을 수행하려면 적정 수준의 전문인력을 갖추어야 한다.[5)]

그러나 사회복지관의 설치와 운영에 관한 내용을 규정하고 있는 '사회복지사업법'과 동업 시행 규칙에는 인력에 관한 구체적인 내용이 없다. 단지 시행 규칙 제22조에 "직원의 수는 사회복지관의 규모 및 수행하는 사업을 고려하여 정하여야 한다"라고 되어 있을 뿐이다.

① 사회복지관은 '사회복지사업법' 시행 규칙에 규정된 5대 사업 외에도 사회 서비스 욕구가 높아지면서 새로운 사업들이 계속 추가되고 있다.

② 한국 사회복지관 협회(2010)에 따르면, 사회복지관이 현재의 사업을 수행하는 데 필요한 적정 인력을 평균 17명이라고 한다.

③ 한국 사회복지관 협회는 이상적인 인력 기준으로 24명을 제시하고 있다. 이는 사업 표준 인력 18명과 행정 지원 인력 6명을 합친 숫자이다.

5) 김종일(2018) pp. 317-320.

④ 사업 표준인력은 사례 관리 기능 5명, 서비스 제공 기능 8명, 지역사회 조직화 5명으로 이루어진다.

아래의 표는 사회복지관 설치, 운영규정에 의한 규모별 조직 및 직원 수이다.

이런 구성은 필요한 경우 법인의 이사회의 결정에 따라 조정이 가능하다.

[표 7-1] 사회복지관의 조직 및 직원배치기준[6]

구 분	종합사회복지관 가형	종합사회복지관 나형	사회복지관
조 직	• 복지1과 복지2과 서무	• 복지1과 복지2과 서무	• 총무과 서무
담 당	• 가정복지, 지역복지 담당 • 아동복지, 직업지도 • 청소년복지	• 가정복지, 지역복지 담당 • 아동복지, 직업지도	• 가정복지 담당 • 아동복지 담당 • 지역복지 담당
직원배치 기준	17명	14명	9명

자료 : 보건복지부(1995), 최일섭 · 류진석(2001) 재인용.

5. 사회복지관의 재정운영

정부는 사회복지관의 설립과 운영 과정에서 여러 가지의 재정적 지원을 하도록 되어 있다. 무엇보다도 사회복지관 건립에 필요한 재정을 정부가 부담하거나 보조할 수 있다. 또한 사회복지관 시설의 증·개축비와 장비 구입비를 지원하기도 한다. 가장 중요한 것은 운영 경비를 지원한다는 것이다.

① 정부는 '지방교부세법'과 '지방재정법' 등에 의거하여 사회복지관

6) 사회복지관의 조직 및 직원배치기준도 자료를 조사했을 때와 달라졌을 수도 있음을 밝혀둔다.

운영 경비를 지급한다.

② 지방 자치 단체도 필요한 경우에 별도로 운영 경비를 지급할 수 있다.

③ 현재 사회복지관은 운영비, 기능 보강비, 건립비, 기타 보조금을 국가와 지자체로부터 받고 있다. 이 가운데 운영비는 시설 운영과 사업의 기본적인 재정 원천이다.

④ 현재 사회복지관의 운영비 보조금은 구체적인 항목을 따지지 않은 채 포괄적 형태로 주어진다. 포괄 보조금 방식은 운영의 자율성을 보장할 수 있다는 장점이 있으나 정확한 예산 파악이 어려우며 운영의 투명성을 보장하기 쉽지 않다.

⑤ 현재 사회복지관은 노인복지관이나 장애인복지관 등의 단종 복지관보다 적은 보조금을 받는 것은 상식으로나 형평성 측면에서 납득하기 힘들다.

6. 프로그램의 내용

'사회복지사업법'은 사회복지관이 우선적으로 사업을 벌여야 할 대상을 규정하고 있다. 이들은 '국민기초생활보장법'에 따른 수급자를 비롯한 저소득 주민, 취약 계층(장애인, 노인, 한부모 가정 등), 직업 훈련과 알선이 필요한 사람, 아동과 청소년 등이다.

① 사회복지관 사업의 대상은 다음과 같다.

생활보호대상자나 그 가족으로서 현금, 현물지원 이외에 가정불화, 소득원 부족, 자립의욕 저하, 사회 심리적 취약성, 편부, 편모 가정 등으로 가정기능이 약화 내지 해체되어 빈곤의 악순환이 예측되는 가정과 주민이다.

생활보호 대상으로 책정은 되어 있지 않으나 가정불화, 직업, 의료, 자녀교육 문제 등으로 인해 생활보호대상자로 전락하거나 또는 빈곤의 악순환이 예측되는 가정과 주민이다.

특수문제가정으로서 빈곤문제 외에 심신장애문제, 가정갈등문제, 비행문제, 노인문제 등으로 가정의 결속력과 사회대처능력이 저하되는 가정과 주민이다.

그리고 일반 지역사회주민으로 생활정보, 교양교육 및 주민결속력 강화를 필요로 하는 주민과 불우가정 등을 사업대상으로 하고 있다.

② 사회복지관 사업은 시행 규칙 22조에 5대 분야의 업무를 수행하도록 규정하고 있다.

[표 7-2] 사회복지관의 사업내용[7)]

사업분야(5개분야)	단위 사업	우선 사업 대상 프로그램
가족복지사업	• 가족관계 증진 • 가족 기능 보완 • 가정 문제 해결과 치료 • 부양 가족 지원	- 개인과 가정 문제 등 상담 - 방과 후 아동 보호 프로그램
지역사회보호사업	• 급식 서비스 • 보건 의료 서비스 • 경제적 지원 • 일상생활 지원 • 일시보호 서비스 • 재가 복지 봉사 서비스	- 급식 서비스(식사 배달 등) - 주간 보호소·단기 보호소 운영 - 재가 복지 봉사 서비스
지역사회조직사업	• 주민 조직화와 교육 • 복지 네트워크 구축 • 주민 복지 증진 • 자원 봉사자 양성 • 후원자 개발과 조직	- 주민 조직체 형성과 운영 - 복지 네트워크 구축
교육문화사업	• 아동 · 청소년 기능 교육 • 성인 기능 교실 • 노인 여가 문화 • 문화 복지	- 노인 여가와 문화 프로그램 - 아동과 청소년 사회교육 프로그램
자활사업	• 직업 기능 훈련 • 취업 알선 • 직업 능력 개발 • 자활 공동체 육성	- 취업·부업 안내와 알선 - 취업·부업 기능 훈련 - 공동 작업장 운영

자료 : 보건복지부(2011), 김종일(2018) 재인용.

7) 이 내용도 현재시점에서는 바뀌었을 수도 있다는 것을 밝혀둔다. 다만, 대략적인 내용을 살펴보는 것으로도 충분히 의의가 있다고 봄으로 실었다. 자세한 내용은 2011년 보건복지가족부 홈페이지에 들어가서 살펴보면 될 것이다.

③ 사회복지관의 5대 사업분야는 가족 복지 사업, 지역사회 보호사업, 지역사회 조직 사업, 교육 문화 사업, 자활 사업이다. 사회복지관은 5대 사업 대상을 중심으로 사업을 시행하되 분야별로 하나 이상의 사업을 포함해야 한다.

보건복지부(2011)에서는 〈표 7-2〉로 정리하고 있다.

④ 위의 사회복지 사업 분류는 대상별 분류와 기능별 분류가 혼합된 형태여서 전문성이 부족하다. 즉 지역사회에 대한 직접 서비스 전달 기능과 지역사회 조직화라는 양대 기능을 중심으로 사회복지관이 지역사회에 맞는 사업과 프로그램을 자율적으로 개발하도록 유연성과 개방성을 허용해야 한다.

⑤ 현재 사회복지관 사업내용은 3대 기능으로 다시 정비되었다.

사례관리 기능, 서비스제공기능, 지역조직화 기능이다.

사례관리 기능은 사례발굴, 사례개입, 서비스 연계기능으로 분류할 수 있고, 서비스제공 기능은 가족기능강화, 지역사회보호, 교육문화, 자활지원 등 특화사업으로 나눌 수 있다. 지역조직화 기능으로는 복지 네트워크 구축, 주민조직화, 자원개발 및 관리 사업으로 분류한다.

[그림 7-4] 사회복지관의 사업 내용

가족복지 사업	지역사회 보호사업	지역사회 조직사업	교육 문화사업	자활사업
우선사업 대상 프로그램				
-개인 및 가정문제 상담 -방과 후 아동보호 프로그램	-급식 서비스 (식사 배달, 무료급식 등) -주간보호소 - 단기보호소	-주민조직체 형성 및 운영 -복지 네트워크구축	-노인 여가 문화 프로그램 -아동, 청소년 사회교육 프로그램	-취업, 부업 안내 및 알선 -취업, 부업 기능 훈련 및 공동 작업장 운영

7. 사회복지관과 자원의 동원

지역사회에는 사회복지 실천에 필요한 자원이 다양하게 존재한다. 필요한 자원의 소재와 원천을 밝히고 기존 자원의 가용성을 높이며 예비 자원의 저량을 증대시키는 지역사회 실천 활동을 일컬어 자원 동원이라고 한다. 궁극적으로 자원 동원은 자신들의 비전과 가치를 공유할 지지 세력을 형성하고 이 관계를 관리하는 과정이라고 할 수 있다.

1) 지역사회자원의 종류

① 인적 자원

전문봉사 인적자원은 의사, 종교인, 법조인, 교육자, 간호사, 공무원 등을 들수 있고, 단순봉사 자원은 주부, 학생 일반인 등을 들 수 있다.

② 물적 자원

지역내에 존재하는 편의시설, 기관, 관청, 토지, 건물 등 유형의 자원을 포함한 자원을 의미한다.

2) 자원동원의 필요성

① 서비스 프로그램의 효과성 및 효율성을 제고시키기 위해서 지역사회의 자원동원이 필요하다.

② 사회복지관의 서비스 프로그램에 대한 접근성을 증진시키기 위해서도 지역사회의 자원동원이 필요하다.

③ 지역사회자원동원을 통해 지역사회주민의 상호연대의식을 증진시킬 수 있다.

④ 사회복지관이 제공하는 서비스의 효과성과 효율성의 증진, 사회복지관에 대한 접근성을 높일 수 있다는 점, 지역사회주민간의 상호연대성을 증진시키기 위해서도 필요하다.

3) 자원동원의 고려요소

① 주민참여의 활성화가 되어 있어야 한다.

② 사회복지관의 행정구조에 지역사회주민 대표의 참여와 전문인력의 확보가 되어야 한다.

③ 사회복지관이 자원동원을 효과적으로 수행하기 위해서는 환경적 요소를 적극 검토해야 한다.

4) 자원동원 전략

① 지역사회의 구조를 활용하거나 강화하는 방식이다.

조직화되어 있지는 않지만 지역사회 내 다양한 관계망을 활용하는 방식이 있다. 또한 지역사회 내의 지도자를 발견하여 활용하는 방법과 참여의 활성화를 위해 지역사회의 통합을 강화시키는 전술이 있다.

② 지역주민을 개인 차원에서 설득하는 방식이 있다.

③ 지역주민들이 헌신적으로 집단활동에 참여하는 방식이다.

④ 그 외에 물질적 이익에 대한 기대와 연대성에 대한 호소 방식도 있다.

5) 물적 자원 동원의 전략적 절차와 방법

① 전략적 절차로는 상황분석-지역사회 자산 지도 작성-이해관계자 집단의 파악과 관계 형성-자원 동원의 방법 선택이 있다.

② 자원동원의 방법으로는 보조금, 지원금 신청, 자체적인 소득 창출 활동(바자회 등), 편지 발송, 기업 협찬 요청, 기타 모금 활동 등을 꼽을 수가 있다.

③ 인적 자원의 동원 방법에는 지역사회 조직화, 봉사자 모집과 교육훈련, 캠페인 등이 쓰인다.

④ 회비, 조직홍보와 마케팅, 외부 그랜트 신청, 특별 이벤트, 직접 모금 활동, 비현금 자원의 모색, 자원 공유 등이 있다.

제 8 장

지방자치제도와 지역사회복지

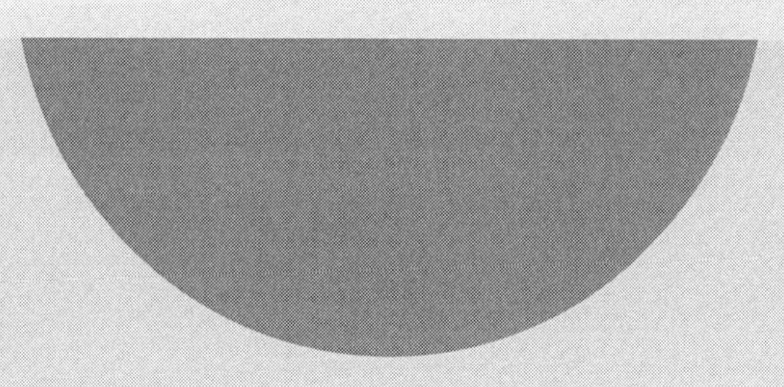

★ 핵심포인트

- 지방자치제도의 장 · 단점을 알아둔다.
- 지역사회복지협의체에 대한 내용을 잘 알아둔다.
- 사회복지전담공무원의 역할과 업무에 대해서도 잘 알아둔다.

1. 지방자치제도의 의의

지방자치는 각 국의 지방자치가 생성, 발전되어 온 역사적 배경이 다르고, 또한 국가에 따라 쓰이는 용어, 의미. 내용도 다양하다.

지방자치는 기본적으로 주민자치와 단체자치 양자의 결합으로 성립되는 개념이다.[1)]

1) 주민자치

① 주민자치란 지방의 조세로 경비를 지출하고 지방주민의 의사와 책임 하에 자체재원을 가지고 주민 스스로, 또는 주민이 선출한 대표자를 통하여 행정사무를 처리하는 제도를 말한다.

② 주민자치란 지방자치단체와 주민과의 관계에 중점을 두는 자치제도로서, 지방자치에의 주민참여를 강조함으로써 민주주의 원리를 표현하는 지방자치 사상이다.

2) 단체자치

① 국가와 별개의 법인격을 가진 지방자치단체가 중앙의 통제를 받니 않고 독자적으로 행정사무를 처리하는 제도를 말한다.

② 단체자치는 고유사무와 위임사무를 엄격히 구별하고, 지방자치단체와 중앙정부와의 관계에 중점을 주도 있는 자치제도이다.

③ 단체자치는 법률적 의미의 자치개념으로 파악되고 있고, 국가에

1) 김수신(2009) pp. 9-10.

대한 자치단체의 법적 독립성을 의미한다.

3) 주민자치와 단체자치의 관계

① 주민자치와 단체자치는 이론상 상호 밀접한 관련성을 가지고 있는 보완적인 개념이며, 실제로도 모든 국가의 지방자치제도는 양자가 상호 접근, 교차하여 그 특징이 혼합되어 있다.

② 지방자치는, 지방자치단체와 주민과의 관계라는 측면에서 주민들의 지방행정 참여에 중점을 두는 주민자치와, 지방자치단체와 중앙정부와의 관계라는 측면에서 중앙정부에 대한 지방자치단체의 법적 독립성에 중점을 두는 단체자치의 두 측면의 결합으로 성립되는 개념이다.

[그림 8-1] 주민자치와 단체자치의 관계

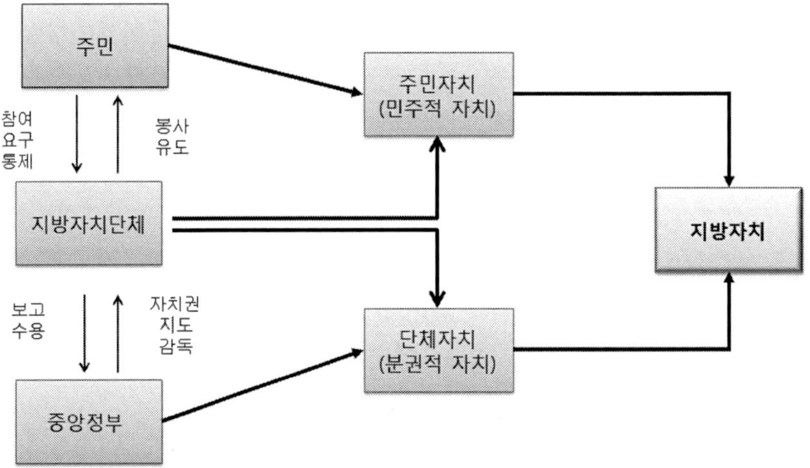

③ 지방자치는 대외와 대내, 그리고 형식과 내용의 두 차원의 결합으로 성립되는 개념이라고 할 수 있으며, 단체자치는 분권주의를, 주민자치는 민주주의를 그 핵심으로 한다고 할 수 있다.

2. 지방자치의 개념

지방자치란 일정한 지역의 주민들이 지방 공공단체를 구성하여 국가나 중앙정부로부터 어느 정도 독립성을 가지고 그 지역내의 공동문제를 자기 부담에 의하여 주민 스스로, 또는 주민의 대표자를 통하여 처리하는 것이라고 할 수 있다.

지방자치의 개념에는 구역(지역)과 주민, 지방공공단체, 공동문제(자치사무), 자치권, 자주재원, 주민참여 등 여섯 가지 요소가 포함되어 있다.

1) 구역

① 지방자치는 지역과 주민을 기초로 하는 지방자치단체에 의해서 이루어진다.

② 주민이란 일정한 구역 안에 살고 있는 사람들을 말하며, 구역이란 지방자치단체의 영향력이 미치는 지리적 공간 범위를 말한다.

③ 공공조합이나 공공법인(지방공사 등)은 지역과 주민을 기초로 하지 않으므로 지방자치단체로 볼 수 없다.

2) 지방공공단체

① 지방자치는 지역주민들이 지방자치단체라는 독립적인 공공법인을 설립하여 공동적으로 지방자치를 실현한다.

② 영국과 미국의 경우에는 자치행정기관에 법인격을 부여하지 않고 '정부'라고 부르는 데 비하여, 프랑스, 독일에서는 법인격을 부여하고 '단체'라고 부른다.

3) 공동문제

① 지방자치에는 그 지역의 주민들이 공동적으로 처리해야 할 일정

한 공동문제가 있어야 한다. 그것을 자치사무라 한다.

② 지방자치를 하는 데에는 국가사무와 구별되는 지역주민과 지역사회의 이해관계와 관련된 공동문제나 자치사무가 있어야 한다.

4) 자치권

① 지방자치는 주민들로 구성되는 지방자치단체가 중앙정부로부터 독립하여 지역의 공동문제를 독자적으로 처리하는 자치권을 갖고 있다.

② 자치권은 자치입법권, 자치조직권, 자치행정권, 자치재정권 등을 그 내용으로 한다.

③ 지방자치에 있어서는 지방자치단체의 독립성과 국가(중앙정부)의 감독권(중앙통제)과의 조화 내지 균형이 필요하다.

5) 자주재원

① 지방자치의 근본목적은 지방자치단체가 지역주민의 복리향상과 지역사회의 발전을 이룩하는데 있다.

② 자주재원은 필요 불가결하며, 자주재원이 없이는 자주적인 의사를 가지고 지역 내의 사무를 처리하기 어렵다.

6) 주민참여

① 지방자치는 지역주민들 스스로, 주민들이 선출한 기관을 통하여 지방의 정치와 행정과정에 참여한다.

② 주민참여는 직접참여와 간접참여로 나누어진다.

주민의 직접참여는 주민발안(initiative), 주민투표(referendum), 주민소환(recall) 등을 말하며, 주민이 선출한 기관(지방의회, 지방자치단체의 장 등)을 통하여 사무를 처리하는 것은 주민의 간접참여를 의미한다.

3. 지방자치의 장 · 단점

1) 지방자치의 장점

(1) 정치적 필요성

① 지방자치는 민주주의 이념의 실현에 필요 불가결한 조건이 된다.

② 지방자치는 민주주의의 훈련장 역할을 할 수 있다.

③ 지방자치는 전제정치의 방파제 역할을 할 수 있다.

④ 지방자치는 중앙정부의 정국변동에 따르는 국정의 마비와 혼란을 방지한다.

(2) 행정적 필요성

① 지방자치는 각 지역의 실정에 적응하는 행정을 가능하게 한다.

② 지방자치는 정책의 지역적 실험을 가능하게하기 때문에 그것의 전국적 실시에서 발생할지도 모르는 시행착오를 최소화 할 수 있다.

③ 지방자치는 중앙정부와 지방자치단체 사이에 분업에 의한 행정효율의 증진을 기할 수 있게 한다.

④ 지방자치는 일정한 지역 내에서 종합행정을 실시하기 위하여 필요하다.

(3) 경제적 필요성

① 지방자치는 자원배분의 효율성을 제고할 수 있다.

② 지방자치는 후생의 극대화를 기할 수 있다.

③ 지방자치는 소비자 선호성의 구현에 이바지할 수 있다.

④ 지방자치는 지역특수산업의 발전에 기여할 수 있다.

(4) 사회적 필요성

① 지방자치는 경쟁성과 창의성 제고에 기여한다.

② 지방자치는 주민의 책임의식 함양에 도움이 된다.

③ 지방자치는 지방의 자긍심, 긍지를 고취한다.

④ 지방자치는 인구의 지역간 균등분산을 가져온다.

2) 지방자치의 단점

(1) 정치적 문제점

① 지방자치는 행당 지역의 입장에서 문제를 부분적으로 해결하는데 전념하여, 국가 전체의 이익이나 전국적 차원에서의 효과를 간과할 수 있다.

② 지방자치는 다수의 상반된 이해 당사자들간의 토론과 타협을 통하여 갈등을 조정, 해결함으로써 이루어지는데, 그 결과 필연적으로 오랜 시간을 소요하여 시간적으로 촉박한 위기 상황을 효율적으로 대처할 수 없다.

(2) 행정적 문제점

① 지방자치는 시간을 끄는 대립, 토론, 협상, 타협의 과정, 각 부분 주체간의 불필요한 경쟁과 극단저인 마찰, 낮은 수준의 기술, 장비, 전문성으로 인한 비능률적인 정책, 기획, 집행 그리고 이러한 것들로 인해 물적, 인적, 시간적 손실 등 낭비를 초래하기 쉽다.

② 외부효과로 인하여 지방자치단체가 투자를 기피하고 문제를 방치하며, 책임을 전가하려는 경향을 나타낼 수 있다.

(3) 경제적 문제점

① 지나친 소규모적 지방자치는 공공서비스의 공급에 있어 규모의 경제를 상실시킨다.

공공서비스의 공급에 있어서 다수의 사람들이 수혜자일 경우에는 1인당 비용부담이 감소하지만, 적은 사람들만이 수혜자일 경우에는 1인당 비용 부담이 늘어날 수밖에 없는 것이다.

② 지방자치단체의 독자적인 분배시택이나 안정화시책의 실패이다.

예를 들어 어느 지역에서 조세 및 지출정책을 통해 소득분배개선을 적극적으로 추진하면, 세금을 부담하게 될 부자들이 모두 다른 지역으로 이전하고, 반면에 다른 지역의 가난한 사람들이 그 지역으로 이동하여, 결국 그 지역은 가난한 사람들의 집합지가 되어 버린다.

(4) 사회적 문제점

① 지방자치는 주민들의 향토의식과 애향심을 토대로 전개되는 것인데, 이것이 배타주의로 발전되는 경우에는 국민단합에 큰 저해를 가져올 우려가 있다.

② 주민들의 애향심이 지역이기주의화하여 문제사안의 당, 부를 오직 자기 편익의 기준에서만 판단하고, 상대 이이과 타협하거나 양보함 없이 오직 일방적으로 주장만 하는 경우에 그것이 지방자치의 기능마비를 가져올 수 있다.

[표 8-3] 지방자치의 장·단점

	장점(필요성)	단점(문제점)
정치적 측면	• 민주주의 이념실현 • 민주주의 훈련장 • 전제정치의 방파제 • 정국의 혼란방지	• 국가 전체 이익 경시 • 급박한 위기상황 대처부족
행정적 측면	• 지역실정 적응행정 • 정책의 지역적 실험 • 분업을 통한 효율증진 • 지역 내의 종합행정	• 기술적, 사무적 능력부족 등에 따른 비능률적인 행정 • 외부효과의 발생에 따른 투자기피, 책임전가
경제적 측면	• 자원배분의 효율성 • 후생의 극대화 • 소비자 선호성 구현 • 지역 특수산업 발전	• 소규모적인 서비스 공급에 있어 규모의 경제상실 • 자치단체의 독자적인 분배시책의 실패
사회적 측면	• 경쟁성과 창의성 제고 • 주민의 책임의식 함양 • 지방의 자부심, 긍지 • 인구의 지역간 균등분산	• 배타주의 • 지역이기주의

4. 지방분권화의 영향

(1) 지방분권화의 긍정적 영향

① 주민의 욕구에 적합한 서비스를 제공한다.

지역사회 주민들에게 밀착된 서비스, 즉 주민들의 욕구에 적합한 서비스를 제공하기에는 지방정부 중심의 서비스 전달이 더 효율적이다. 지방정부는 지역 주민들의 실제적 욕구에 기초한 사회복지서비스를 제공받기 쉽다. 지방자치제로 지역의 특성에 맞고 그 지역 주민의 복지수요에 부응하도록 하는 독자적인 계획 수립과 차별화된 정책 수립이 가능해 졌다.

② 주민의 욕구에 민감하게 반응한다.

지방정부가 중심이 되는 전달체계에서는 지방정부의 재량권이 커지기 때문에 지역 주민의 새로운 욕구나 변화된 욕구에 민감하게 반응할 수 있으며, 사회복지의 발전을 위한 독자적인 계획의 수립이 가능하다.

③ 양질의 서비스를 개발한다.

지방자치제로 지방정부와 주민들이 지역의 복지에 대해 책임의식을 갖고 주체적으로 참여할 수 있게 된다. 지방행정부서의 역할이 강화되고 비정부조직(NGO)의 자원활용 기회 역시 늘어나게 된다. 지방분권화로 민간 부문 사회복지 종사자들의 직무능력을 개발하고 책임성을 강화할 필요성이 대두되어 더욱 양질의 사회복지서비스가 개발될 수 있다.

(2) 지방분권화의 부정적 영향

① 지역 간 복지수준의 격차 및 지역 간 불균형이 된다.

사회복지 재정을 확대하기 어려운 중앙정부가 지방분권화라는 이름

하에 지방정부에게 사회복지 업무를 강제로 떠맡김으로써 재정능력이 취약한 지방자치단체는 주민의 욕구를 충분히 충족시키지 못하게 되며, 이로 인해 지역 간 복지수준의 격차가 더 벌어지게 되는 상황을 배제할 수 없다. 지방자치단체장의 의지에 따라 복지서비스의 지역 간 불균형이 나타날 수 있다.

② 지역 이기주의 팽배

지방자치단체 간의 경쟁심화로 지역적 이기주의가 증대될 수도 있다. 해당 지역의 주민이 아닌 경우 서비스 이용을 제한하는 경우가 이에 해당한다.

③ 중앙정부의 사회적 책임성 약화

중앙정부의 사업을 지방정부에 떠넘김으로써 지방정부는 효율적인 복지집행체계의 구축이 어려워질 수 있다. 지방정부가 경제성장이나 사회개발정책에 우선을 두는 경우 지방정부의 복지예산이 축소될 수 있다는 부작용도 있다. 중앙과 지방정부 간의 유기적 관계를 유지하고 역할을 효율적으로 분담하며 주민의 복지 욕구를 적절히 반영하는 것이 필요하다.

5. 지방자치와 지역복지의 체계

1) 지방자치와 지역사회복지의 전달체계

(1) 의의

① 사회복지서비스 전달체계는 사회복지서비스가 클라이언트에게 전달되는 제 과정을 말한다.

② 사회복지서비스의 전달체계는 서비스의 공급자, 전달자, 수혜자의 체계적인 배열로 구성된다.

(2) 영향

① 서비스 전달체계는 가급적 주민들과 가까운 거리에서 제공하는 것이 바람직하다.

② 지방자치의 실시에 따라 주민들과 밀착해서 행동하는 지방자치단체의 역할이 중요해졌다.

2) 사회복지사업법상 사회복지서비스 전달체계

(1) 국가와 지방자치단체(제4조)

① 국가와 지방자치단체는 사회복지를 증진할 책임을 진다.

② 국가와 지방자치단체는 사회복지서비스와 의료보건서비스를 함께 필요로 하는 사람에게 이들 서비스가 연계되어 제공되도록 노력하여야 한다.

③ 국가, 지방자치단체 기타 사회복지사업을 행하는 자는 사회복지를 필요로 하는 자에 대하여 그 사업과 관련한 상담, 작업치료, 직업훈련 등을 실시하고, 필요한 경우에는 주민의 복지요구를 조사할 수 있다.

(2) 지역사회복지협의체(제7조의2)

① 지역사회복지협의체의 사무와 설치

관할 지역 안의 사회복지사업에 관한 중요사항과 지역사회복지계획을 심의 또는 건의하고, 사회복지, 보건의료 관련 기관, 단체가 제공하는 사회복지서비스 및 보건의료서비스의 연계, 협력을 강화하기 위하여 시, 군, 자치구에 지역사회복지협의체를 둔다.

② 지역사회복지협의체의 위원

지역사회복지협의체의 위원은 사회복지 또는 보건의료에 관한 학식과 경험이 풍부한 자, 사회복지사업을 행하는 기관, 단체의 대표자, 보건의료사업을 행하는 기관, 단체의 대표자, 공익단체에서 추천한 자,

사회복지업무 또는 보건의료업무를 담당하는 공무원 중에서 시장, 군수, 구청장이 임명 또는 위촉한다.

③ 실무협의체

지역사회복지협의체의 업무를 효율적으로 수행하기 위하여 지역사회복지협의체에 실무협의체를 둘 수 있다.

④ 지역사회복지협의체 및 실무협의체의 조직 및 운영

지역사회복지협의체 및 실무협의체의 조직, 운영에 관하여 필요한 사항은 보건복지가족부령이 정하는 바에 따라 시, 군, 구의 조례로 정한다.

(3) 복지위원(제8조)

① 시장, 군수, 구청장은 읍,면,동의 사회복지사업을 원활하게 수행하도록 하기 위하여 읍, 면, 동 단위에 복지위원을 위촉할 수 있다.

② 복지위원은 명예직으로 하되, 예산의 범위 안에서 수당을 지급할 수 있다.

③ 복지위원의 자격, 직무, 위촉절차 등에 관하여 필요한 사항은 보건복지부령으로 정한다.

(4) 사회복지 자원봉사활동(제9조)

① 국가 및 지방자치단체는 사회복지 자원봉사활동을 지원, 육성하기 위하여 자원봉사활동의 홍보 및 교육, 자원봉사활동 프로그램의 개발 및 보급, 자원봉사활동 중의 재해에 대비한 시책의 개발 기타 자원봉사활동의 지원에 필요한 사항을 실시하여야 한다.

② 국가 및 지방자치단체는 위의 사항을 효율적으로 수행하기 위하여 사회복지법인 기타 비영리법인, 단체에 이를 위탁할 수 있다.

(5) 사회복지전담공무원(제14조)

① 사회복지전담공무원의 배치

사회복지사업에 관한 업무를 담당하게 하기 위하여 시·도, 시·군, 자치구 및 읍·면·동 또는 복지사무전담기구에 사회복지전담공무원을 둘 수 있다.

② 사회복지전담공무원의 자격 및 임용

사회복지전담공무원은 사회복지사의 자격을 가진 자로 하며, 그 임용 등 기타 필요한 사항은 대통령령으로 정한다.

③ 사회복지전담공무원의 직무

사회복지전담공무원은 그 관할 지역 안의 사회복지를 필요로 하는 사람 등에 대하여 항상 그 생활실태 및 가정환경 등을 파악하고, 사회복지에 관하여 필요한 상담과 지도를 행한다. 이를 구체적으로 살펴보면 다음과 같다.

㉠ 국민기초생활보장대상사 및 부양자의 재산 및 소득 조사

㉡ 노인, 장애인, 소년소녀가장, 모.부자가정 등 서비스 대상자 조사 및 선정

㉢ 생계, 교육, 의료 등 국민기초생활보장법상 급여 지급 업무

㉣ 장애수당, 경로연금 등 각종 급여 지급 업무

㉤ 취약계층의 가정문제 등 고충상담 후 해당 기관과 연계

㉥ 저소득층의 자활, 직업훈련, 융자 등 자립 지원

㉦ 자원봉사활동, 결연사업 등 민간복지자원의 발굴 및 연계

④ 관계행정기관 등의 협조

관계행정기관 및 사회복지시설을 설치, 운영하는 자는 사회복지전담공무원의 업무수행에 협조하여야 한다.

⑤ 비용의 보조

국가는 사회복지전담공무원의 보수 등에 소요되는 비용의 전부 또

는 일부를 보조할 수 있다.

(6) 복지사무전담기구(제15조)

① 복지사무전담기구의 설치

사회복지사업에 관한 업무를 효율적으로 운영하기 위하여 필요한 경우 시·군·자치구 또는 읍· 면·동에 복지사무를 전담하는 기구를 따로 설치할 수 있다.

② 복지사무전담기구의 사무의 범위 및 조직 등

복지사무전담기구의 사무의 범위, 조직 기타 필요한 사항은 당해 시·군·구의 조례로 정한다.

③ 사회복지사무소

사회복지사무소는 2004년 7월부터 2006년 6월까지 2년간에 걸쳐 9개 시·군·자치구에서 시범 운영되었다. 시범 사회복지사무소의 사무는 다음과 같다.

㉠ 시·군·자치구 단위 지방행정기관으로서 사회복지 관련 업무를 담당

㉡ 국민기초생활보장 등 공공부조제도를 집행

㉢ 지역단위 사회복지 종합계획 및 지역사회복지 프로그램 계획 및 개발

㉣ 지역사회의 공공자원 및 민간자원의 관리, 조정, 연계

④ 주민자치센터

㉠ 주민자치센터의 의의

주민자치센터는 읍·면·동사무소의 쇠퇴된 기능과 인력을 대폭 축소하여 민원복지기능 중심으로 재편하고, 이로 인해 남는 여유공간을 문화, 복지, 자치 공간으로 조성하여 주민의 복리증진과 진정한 자치 실현의 장으로 활용함으로써 주민들의 삶의 질을 높이기 위한 것이다.

㉡ 주민자치센터의 목적

- 교통통신의 발달과 급변하는 지방행정의 환경변화에 능동적으로 대처한다.
- 읍·면·동의 쇠퇴한 기능을 정비하고, 시·군·구와 읍·면·동 간에 기능과 역할을 명확히 재조정함으로써 지방행정구조를 간소화하여 지방행정의 효율성과 경쟁력을 향상시킨다.
- 행정이 주체가 되는 것이 아니라 지역주민이 적극 참여하여 읍·면·동사무소를 주민을 위하여 운영한다.
- 지역주민을 위한 문화, 정보, 복지, 교양, 취미, 편의시설, 프로그램 운영을 통하여 지역주민의 삶의 질을 높이고, 지역주민의 자율적인 참여를 통해 주민자치의식과 공동체의식을 향상시킨다.

제 9 장

지역사회복지실천분야

제 1 절　사회복지협의회
제 2 절　지역보장협의체
제 3 절　사회복지공동모금회

제 1 절 사회복지협의회

★ **핵심포인트**

- 사회복지협의회의 원칙에 대해서 잘 알아둔다.
- 지방사회복지협의회의 설치근거에 대해서 알아둔다.

1. 사회복지협의회의 개념

사회복지협의회는 지역의 복지를 민간 입장에서 종합적으로 수행하는 기관이다.

지역사회복지증진을 위하여 민간의 노력과 관심을 개발 조정하여 효과적으로 활용할 수 있어야 하며, 민간의 대표성을 갖고 공공 복지 제공의 노력을 촉구하는 역할을 하기도 한다.

던햄(Dunham)은 사회복지협의회의 개념에 대해서 "복지와 보건에 관한 지역사회문제의 해결에 필요한 계획을 수립하고 사업을 추진함에 있어서 주민의 관심과 전문가의 기술을 결합시키는 지역 주민과 사회기관들간의 연합체"라고 정의하고, 협의회는 "현재 당면하고 있고 또 앞으로 대두될 수 있는 보건과 복지수요를 파악하고 이를 충족시키기 위한 계획을 마련하고 이 계획을 실천하고자 한다"[1]고 그 목적을 밝히고 있다.

1) Dunham(1970) p. 438.

2. 사회복지협의회의 유형

1) 전통적인 사회복지기관협의회(councils of social agencies)

사회복지기관들이나 사회복지를 전담하는 위원회나 부서를 가진 여타의 단체들로 구성된다.

전통적으로 대도시에 존재한 복지협의회의 대부분은 이러한 형태이며, 우리나라의 한국사회복지협의회의 전신인 한국사회사업연합회회도 이러한 유형에 속한다고 말 할 수 있다.

광역단체 사회복지협의회는 1984년에 일부 조직되면서 현재 전국 16개 지역에 조직되어 있다. 한국사회복지협의회의 정관에 의거하여 조직되어 활동하다가 1998년 사회복지사업법의 개정과 함께 사회복지법인으로 인정되었다. 그 이후 한국사회복지협의회의 지원 없이 지방사회복지협의회로 독립되어 운영되는 체제로 변화하였다. 광역시·도 단위에만 설립되어 활동해 왔기 때문에 지역사회와 밀접한 사회복지문제 해결에는 접근하기 어렵다는 한계가 있다.

2) 지역사회복지협의회

전문 혹은 비전문 개인회원과 사회복지기관을 대표하는 단체회원들로 구성되어 포괄적인 의미의 사회복지에 관심을 갖고, 사회복지기관들을 조정하고 보건과 복지프로그램을 향상시키기 위한 노력과 함께 사회행동 등에도 참여한다.

광역단체 사회복지협의회가 신·군·구 단위 사회복지기관과 시설의 협의·조정 역할에 한계가 있자 지역 주민들의 자생적 필요성에 의해 1995년 원주시 사회복지협의회가 가장 먼저 조직되었다. 특히 '사회복지사업법(2003.7.30. 개정)'에 따라 사회복지법인으로 법적인 근거가 마련되어 시행되고 있다.

지역사회복지협의회는 지역사회의 대표적인 협의·조정기구로 지역사회의 다양한 서비스를 조정하는 자주적인 민간 조직이라 할 수 있다. 주로 사회복지에 관한 자료수집 및 간행물 반간, 자원봉사활동의 진흥, 사회복지에 관한 조사·연구 등을 수행한다.

3) 전문분야협의회(specialized councils)

이 협의회는 위에서 말한 두 협의회 유형 중 가장 기능적인 형태로서 소협의회 혹은 독립기구로서 존재할 수가 있다. 예를 들면 가정 및 아동복지협의회, 레크리에이션과 집단지도 협의회, 보건관계, 정신위생, 재활, 청소년비행예방, 청소년서비스 등 분야의 기관협의회를 들 수 있다. 우리나라의 사회복지시설연합회, 한국사회복지연합회, 재활협회, 한국사회교육협회, 청소년연명 등이 이러한 유형에 속하는 협의회라고 할 수 있다.

3. 사회복지협의회의 주요 목적

① 사회복지협의회는 지역사회주민들의 문제와 욕구를 효과적으로 대처할 수 있도록 계획, 조정되고, 효과적인 보건, 복지 및 오락 서비스 프로그램을 마련해야 한다.

② 사회복지협의회는 아무런 법적 권한이나 강제력을 갖기 않는다. 따라서 사회복지협의회는 협력적 과정을 통해서 가능하다.

③ 사회복지협의회의 영향력은 지역사회로부터 승인되고, 주민의 참여와 정책결정자들의 관여, 그리고 전문 직원들의 역량으로부터 나온다.

④ 사회복지협의회는 전 지역사회의 이익을 대표한다고 볼 수 있다.

⑤ 우리나라 사회복지협의회의 목적은 사회복지에 관한 조사와 연구 등을 하며 사회복지사업을 조성하고 사회복지에 대한 국민의 참여를 촉진시킴으로서 우리나라 사회복지 증진과 발전에 기여함을 목적으로 한다.

4. 사회복지협의회의 원칙

1) 주민욕구 중시

사회복지협의회는 지역사회주민의 생활실태와 사회복지욕구를 파악하고 그 욕구충족을 위한 활동을 해야 하며, 주민의 욕구는 현존하는 욕구와 잠재된 욕구를 모두 포함하고 이를 파악해야 한다.

2) 주민참여

사회복지협의회가 주민자치단체가 되려면 사회복지와 관련된 모든 활동에 주민이 참여해야 한다. 이를 위해서 사회복지협의회는 주민들이 주체적으로 활동에 참여하도록 사회복지에 대한 관심을 높이고, 참여에 필요한 정보를 잘 알려야 한다.

3) 전문성

사회복지협의회가 추진하는 지역사회복지활동계획 및 실시, 점검, 평가 등에 있어서 전문성을 발휘해야 한다. 이를 실현하기 위해서는 협의회의 임원과 직원들이 전문성 개발에 힘써야 하며, 본인들도 전문가이어야 한다.

4) 민간성

사회복지협의회는 민간단체임으로 주민의 복지욕구, 복지과제에 대응하는 유연성, 적응성, 창의성을 발휘해야 한다.

5) 공 · 사협력

사회복지협의회는 공·사 협력의 필요성이 어느 기관보다 강하므로 지역사회내에 있는 공·사 기관, 단체, 주민과의 협력이 요구된다.

5. 사회복지협의회의 설치근거 및 역사

① 한국사회복지협의회는 한국전쟁 직후인 1952년 2월 당시 구호활동을 전개하고 있던 민간사회사업기관들의 모임인 한국사회사업연합회로 시작되었다.

② 1954년 12월에 사단법인 한국사회사업연합회로 허가되고, 1961년 6월 16개 사회복지단체를 병합하여 사단법인 한국사회복지사업연합회로 명칭을 변경한 후 1970년 5월 현재의 명칭인 사회복지법인 한국사회복지협의회가 되어 협의체로 성립되는 계기가 되었다.

③ 1983년 5월 사회복지사업법이 전문 개정되면서 사회복지사업법 제33조 동법 시행령 제12조에 의거 '사회복지에 관한 조사, 연구와 각종 사회복지사업을 조성하기 위하여 한국사회복지협의회를 둔다'고 규정해 법정단체(비영리 공익법인)가 되었으며, 이에 따른 조직과 운영 등에 관하여 필요한 사항은 대통령령으로 정한다고 규정하고 있다. 또한 지방사회복지협의회중앙회 역할을 하고 있다.

6. 사회복지협의회의 주요사업

① 사회복지에 관한 조사 연구 및 정책건의
② 사회복지에 관한 교육 훈련
③ 사회복지에 관한 자료 수집 및 간행물 발간
④ 사회복지에 관한 계몽 및 홍보
⑤ 자원봉사활동의 진흥
⑥ 사회복지에 관한 학술도입과 국제사회복지단체와의 교류
⑦ 사회복지사업 종사자의 교육훈련과 복지증진
⑧ 회원단체 상호간의 연락 조정 및 협의
⑨ 시·도 사회복지협의회의 업무지원 및 협력증진

⑩ 사회복지자원 개발에 관한 사항
⑪ 사회복지에 관한 정보화사업의 진흥
⑫ 공동모금사업의 지원
⑬ 사회적 취약계층을 위한 지원사업
⑭ 보건복지부 장관이 위탁하는 사회복지에 관한 사업
⑮ 이 회 목적사업 달성에 필요한 사항
⑯ 그 밖의 이 회 목적 달성에 필요한 사항

제 2 절 지역보장협의체

1. 지역사회보장협의체 구성·운영의 목적

① 지역사회 내 복지문제를 해결하기 위한 민주적 의사소통 구조를 확립한다.

지역사회보장계획 수립·집행·평가 등 지역사회보장 증진을 위한 과정에 민간의 참여·협력기반을 마련함으로써 국민 중심의 맞춤형 복지서비스 제공에 기여한다. 특히, 수급권자에게 필요한 급여(서비스)를 제공하는 기관의 대표 또는 실무자들의 복지문제 해결 의지가 지여사회에서 활발하게 논의될 수 있는 상향식 의사소통 구조를 확립한다.

② 수요자 중심의 통합적 사회보장급여 제공 기반을 마련한다.

종전의 보건의료와 사회복지 위주의 서비스 제공에서 벗어나 고용, 주거, 교육, 문화, 환경 관련 서비스 제공자 간 연계망을 구성하여 수요자의 다양하고 복합적인 욕구에 대응한 서비스를 제공한다. 지역 내 서비스 제공 관련 기관, 법인, 시설, 단체 간 연계·협력을 강화하여 지역사회보장협의체가 시·군·구의 희망복지지원단 또는 읍·면·동 주민센터의 통합사례관리를 효율적으로 지원한다.

③ 지역사회 내 복지자원 발굴 및 서비스 제공기관 간 연계·협력으로 지역 복지자원의 효율적 활용체계를 조성한다.

지역사회의 다양하고 잠재적 복지자원을 발굴·확충하고, 네트워크 원리에 따라 서비스 제공기관 간 연계·협력을 통해 지역사회 복지자원 및 수급권자에 대한 정보 등을 공유함으로써 자원 제공의 중복과 누락을 방지한다. 이에 지역사회 공동체 기능회복과 사회자본 확대를 지향한다.

[표 9-1] 사회보장급여법 시행에 따른 지역사회보장협의체의 변화

구분	지역사회복지협의체(2015.1.1.~6.30)	지역사회보장협의체(2016.7.1.부터 시행)
법적 근거	'사회복지사업법' 제7조의 2	'사회보장급여의 이용·제공 및 수급권자 발굴에 관한 법률' 제4조
범주	보건의료 및 사회복지서비스 중심	보건의료 및 사회복지뿐만 아니라 고용·주거·교육·문화·환경 등 영역 확대
연계 체계	(시·도) 사회복지위원회 (시·군·구) 지역사회복지협의체 (읍·면·동) 복지위원	(시·도) 사회보장위원회 (시·군·구) 지역사회보장협의체 (읍·면·동) 지역단위 지역사회보장협의체, 복지위원
협의체 구성	10명 이상 30명 이하 위원으로 구성 -보건의료 또는 사회복지 전문가, 서비스 제공기관 대표, 공익단체 추천자 등으로 구성	위원수 확대(10명 이상 40명 이하) -사회보장분야 전문가, 사회보장 서비스 제공기관 등의 대표자, 비영리민간단체 추천자 등으로 구성
협의체 운영	협의체 업무의 효율적 수행을 위하여 실무협의체 구성·운영	실무협의체 구성·운영 보장기관의 인력 및 운영비 등 재정 지원
협의체 기능	관할지역의 사회복지사업에 관한 중요사항과 지역사회복지계획 심의 또는 건의 사회복지 및 보건의료서비스 연계 협력 강화	심의·자문/연계·협력 기능 -심의·자문 사항 지역사회보장계획의 수립·시행·평가 지역사회보장조사 및 지역사회 보장지표 시·군·구 사회보장급여 제공 시·군·구 의 사회보장 추진 읍·면·동 단위 지역사회보장협의체 구성·운영 등
경과 조치		2015.7.1.부터 지역사회복지협의체는 지역사회보장협의체로 간주함

2. 지역사회복장협의체 구성·운영 원칙

1) 지역성

지역 주민 생활권역을 배경으로 조직·운영되는 지역사회보장협의체는 지역주민의 복지욕구, 복지자원 총량 등을 고려하여 현장밀착형 서비스 제공체계를 마련한다.

일반적으로 모든 지역에서 수행하는 보편적인 업무와 함께, 해당 지역의 특성, 복지환경, 문화 등을 반영한 지역 핵심(고유)사업도 병행 추진한다.

2) 참여성

네트워크 조직을 표방하는 지역사회보장협의체는 법적 제도나 규제에 앞서 복지문제 해결을 위한 지역 주민의 자발성이 1차적인 동력이다.

지역사회보장협의체의 원할한 기능 수행을 위해서는 공공과 민간의 적극적이고 자발적인 참여가 선행되어야 한다. 그리고 지역사회 내 다양한 분야의 대표성을 가진, 사회보장과 관련된 서비스를 제공하는 관계 기관·법인·단체·시설 등의 참여가 전제되어야 한다.

3) 협력성

지역사회보장협의체느 네트워크형 조직 구조를 통해 당면한 지역사회 복지문제 등의 현안을 해결하는 민관협력 기구이다. 이 때문에 지역사회보장계획의 수립·집행·평가를 위한 협의적 의사결정, 상생적 조직 관계, 지역사회 공동체, 사회적 자본 등을 주요 개념으로 두고, 네트워크를 바탕으로 민주적이고 합리적인 방법으로 운영한다.

4) 통합성

지역사회 내 복지자원 발굴 및 유기적인 연계와 협력을 통하여 수요자의 다양하고 복잡한 욕구에 부응하는 서비스를 통합적으로 제공한다.

5) 연대성

자체적으로 해결이 곤란한 복지문제는 지역 주민 간 연대를 형성하거나 인근 지역과 연계·협력을 통하여 복지자원을 공유함으로써 해결한다.

6) 예방성

지역 주민의 복합적인 복지문제를 조기에 발견하여 예방할 수 있도록 노력한다.

3. 지역사회보장협의체 구성·운영

1) 대표협의체

① 해당 지역사회 사회보장 관련 공공부문 대표, 민간부문 대표, 이용자 대표 등 세 영역별 주체들과 실무협의체 위원장 등으로 구성한다.

② 위원장을 포함하여 10인 이상 40인 이내로 위원 구성하여, 성별을 고려하여 위원을 임명 위촉한다.

③ 공공부문 대표위원은 해당 지방자치단체의 장이 임명하되, 대표협의체 위원 전체의 1/3 범위 내에서 구성한다. 공공부문 대표위원은 해당 시·군·구 자치단체장이 지정하는 사회보장 관련분야 공공기관의 대표들로 구성한다.

④ 민간부문 대표위원은 사회보장과 관련된 서비스를 제공하는 민

간의 법인·단체·시설의 직능별 대표성을 가진 단체, 실무협의체에서 추천한 자 등을 해당 지자체의 장이 위촉한다. 이때 복지자원이 충분한 지역은 지역 내 서비스 제공기관 중심으로 위원을 확보하고, 자원이 적은 지역은 전문가 중심으로 대표위원을 구성한다.

⑤ 이용자 대표위원은 공모 등을 통해 해당 지자체의 장이 위촉하되, 대표협의체 위원 전체의 1/3 이내로 구성한다. 이용자 대표위원은 사회보장에 관한 학식과 경험이 풍부한 사람, 비영리민간단체에서 추천한 사람 등으로 구성한다. 대표협의체 논의를 거쳐 위원장의 추천으로 자격을 갖춘 자를 해당 지자체의 장이 위촉한다.

⑥ 기타 연계 영역으로 위원 위촉자격 요건을 갖춘 자 중 지역사회보장 증진을 위해 필요한 자원·서비스를 제공할 수 있는 사람들을 발굴하여 대표협의체 위원으로 위촉할 수 있다.

2) 실무협의체

① 지역사회보장협의체의 업무를 효율적으로 수행하기 위하여 협의체에 실무협의체를 구성·운영한다.

② 실무협의체의 위원은 포괄성과 전문성의 원칙에 근거하여 지역사회 기반으로 활동하면서, 지역사회보장 증진에 관심이 많은 각 영역의 종사자 중에서 민주적 절차·방법으로 선출한다.

③ 위원장 1명을 포함하여 성별을 고려하여 10명 이상 40명 이하의 위원을 임명 또는 위촉한다.

3) 실무분과

① 실무분과의 구성은 지역사회보장협의체 활성화의 원동력이 되는 기초를 제공하므로, 지역특성 및 여건 등에 따라 대상별, 지역별, 기능별 다양한 형태로 구성 가능하다.

② 각 실무분과의 위원 수는 지역사정에 따라 협의체 내의 논의를 거쳐 유동적으로 운영한다.

③ 실무분과의 운영에 관한 세부적인 사항은 시·군·구 조례로 정할 수 있도록 함으로써 지역 여건에 따라 탄력적으로 운영한다.

4) 읍·면·동 단위 지역사회보장협의체

① 주민 네트워크 조직으로 복지사각지대 발굴 및 자원연계, 지역사회 복지문제 해결을 위한 논의 및 지역사회 특화사업 등의 추진을 위해 '사회보장급여법' 시행규칙 제8조 제1항을 근거로 마련되었다.

② 시·군·구 지역사회보장협의체와 상하 관례를 갖는 조직은 아니다.

4. 지역사회보장협의체의 역할

지역사회보장협의체의 각 주체별 역할을 비교하면 다음과 같다.

주체별	역 할
대표협의체	• 목적은 지역의 사회복장을 증진하고 사회복장과 관련된 서비스를 제공하는 관계 기관·법인·단체·시설 간 연계·협력 강화 • 다음 각 호의 업무에 대한 심의·자문역할 수행 -시·군·구의 지역사회보장계획 수립·시행 및 평가에 관한 사항 -시·군·구의 지역사회보장 조사 및 지역사회보장 지표에 관한 사항 -시·군·구의 사회보장급여 제공에 관한 사항 -시·군·구의 사회보장 추진에 관한 사항 -읍·면·동 단위 지역사회보장협의체의 구성 및 운영에 관한 사항 -그 밖에 위원장이 필요하다고 인정하는 사항 • 전문위원회 운영은 대표협의체에 심의 안건에 대한 효율적인 심의/자문기능 수행
실무협의체	목적은 협의체 업무를 효율적으로 수행하기 위하여 실무협의체 설치 -공동사업개발 및 건의 -지역사회서비스 제공 및 연계협력에 관한 협의 -대표협의체 심의(건의)안건 사전 검토 -실무분과 간 역할조정 및 협력도모 -그 밖에 위원장이 필요하다고 인정하는 사항
실무분과	목적은 지역의 사회보장 관련 기관·법인·단체·시설 간 연계와 협력 강화 -사회보장 분야별/대상자별 사례회의 -서비스 제공 및 연계 -서비스 제공을 위하여 필요한 사항

주체별	역 할
읍·면·동 단위 지역보장협의체	-관할지역 내 사회보장 대상자 및 자원발굴 -사회보장 대상자에 대한 서비스 연계·지원 -지역사회보호체계 구축·운영 -지역 내 복지문제 해결을 위한 자체 특화사업 수행 등

제 3 절 사회복지공동모금회

★ **핵심포인트**

- 사회복지공동모금회의 개념에 대해서 잘 알아둔다.
- 지역공동모금회의 특성에 대해서 잘 알아둔다.
- 모금방법에 대해서 잘 알아둔다.

1. 사회복지공동모금회의 의의

1) 사회복지공동모금 제도의 개념

① 공동모금이란 사회복지 사업의 지원에 필요한 재원을 조성하기 위해 전국 또는 지역을 단위로 기부금품을 모집하는 것이다.

② 공동모금 제도는 민간 사회복지기관에 대한 공동모금 조성을 위한 주민의 조직적이고 지속적인 참여를 구조화시키는 방안의 하나로 정의되고 있다.

③ 공동모금 제도는 제1차 세계대전 동안 구제를 위한 기금의 필요성에 의해 창설되었으며, '모두를 위한 한 번의 기부'는 특히 사업가들에게 매력이 있었고, 후에는 노동단체들 간에도 매력이 있었다고 기술되어 있다.

④ 공동모금회는 지역사회의 복지 욕구를 충족시키고자 노력하는 민간 봉사조직들을 원조하기 위해 자원봉사자들에 의해 만들어지고 운

영되며, 자발적인 기금 조성 노력들을 체계화하여 기부금에 의해 원조를 받는 지역사회 복지사업을 지원하기 위한 모금 및 배분조직이라고 할 수 있다.[1]

2) 사회복지공동모금 제도의 필요성

① 무분별한 자선사업의 난립을 막고 지역 주민이 신뢰할 수 있는 민간모금단체를 등장시킬 수 있다.

순수한 사회복지 정신이 상업주의에 악용당하는 폐단을 시정하고 사회복지사업이 국민에게 신뢰를 받을 수 있기 하기 위해 공동모금 실시가 필요하다.

② 지역사회 주민들에게 참여 기회를 제공함으로써 지역 주민들의 자원봉사 정신을 함양시킬 수 있다.

지역 주민들이 공동모금 기국의 이사회 등 각종 위원회에 참여함으로써 지역 문제에 더 많은 관심을 갖게 되고 자원봉사 정신, 나아가 민주주의 정신을 함양시키는 효과를 기대할 수 있다.

③ 사회복지 서비스의 전문성 제고에 기여할 수 있다.

종전처럼 비전문가에 의해 객관적인 기준 없이 이루어질 경우 중복 또는 누락되어 오히려 형평성의 문제를 야기할 수 있기 때문이다.

3) 지역공동모금의 특성

① 봉사활동으로서 주민운동을 의미한다.

지역주민의 참여는 곧 사회연대, 상부상조의 정신을 유지 발전시켜 지역 주민의 자주적 봉사활동으로 일반화 시킬 수 있다.

② 지역공동모금은 지역사회를 중심기반으로 한다.

거주자가 기부자가 되는 지역공동모금은 지역의 특성을 살펴 지역사회복지 증진을 실현하는데 이는 가장 중요한 특징이다.

---

1) 최항순(2007) p. 190.

③ 지역공동모금은 효율성과 일원화의 특성이 있다.

개별적 기부금 모집을 지역공동모금과 같은 조직을 구성하여 기부금 창구의 일원화를 실현할 경우 기부자의 역효과를 예방할 수 있을 뿐만 아니라 기부금 모집에 대한 시간, 노력, 경비를 절약할 수 있고 기부자를 대신해 면밀한 조사와 적정한 평가를 통해 배분할 수 있다.

④ 공개성을 특징으로 한다.

지역주민에게 필요액에 관한 이해를 구해 모금 결과에 따른 기부금액의 용도에 관해 공개하고 기부금액이 배분된 후에도 그 결과에 대해 공개해야 한다.

⑤ 전국적으로 일제히 전개하는 특성이 있다.

각 지역공동모금회가 전국적인 협조관계를 통해 동일한 시기에 일제히 실시하게 되면 지역공동모금에 대한 홍보, 국민 의식고취 등에 있어서 큰 효과를 얻을 수 있다.

4) 지역공동모금 제도의 기능

① 합리적 기부금 모금을 통한 사회복지 자금 조성의 기능

민간복지 부문이 자율성을 갖기 못하고 양질의 서비스를 제공하지 못하는 실정에서 당연하다.

② 국민의 상부상조 정신 고양의 기능

사회적 연대는 이타주의와 인도주의를 바탕으로 타인을 돕는 활동을 통해 형성될 수 있는 구성원 상호간 공동의 연대 의식이며 공동체 생존과 복지사회 결속의 바탕이 된다. 공동모금 활동은 홍보 활동을 통해 이타주의, 인도주의, 사회적 연대 의식 등을 표출하도록 하고 또 이를 결집시켜 상보상조 정신을 고양시키며 지역사회를 강화하는 수단으로서의 기능을 한다.

③ 사회복지에 관한 이해 확산과 여론 형성의 기능이다.

공동모금회는 모든 것을 알림으로써 사회복지에 관한 이해를 보급

하고 여론을 형성할 수 있다. 즉, 국민 개개인이 사회복지에 관심을 가지고 이해를 하도록 하는 사회적 기능을 행하는 것이다.

④ 민주적 사회인으로서의 권리와 책무의 수행 기능이다.

공동모금운동은 자발적으로 사회복지에 참여하려는 자원봉사자의 조직적인 활동에 의해 추진된다. 공동모금조직은 지역사회 활동의 지도자 역할을 통해 사회복지 증진을 위한 시민들의 참여가 이루어질 수 있도록 하는 기능을 수행한다.

2. 공동모금회의 조직구조의 형태

1) 자체구조측면

① 연맹형

지역공동모금회의 독자성을 인정하고 동시에 전국적인 연합체를 형성한 체제이다.

지역공동모금회의 자율성을 최대한 보장하면서 전국적인 연합체를 형성한 관계로 지역공동모금회간 네트워크 형성과 정보제공, 업무조정, 전국 차원의 프로그램 진행에 있어서 효과성이라는 장점이 있으나 지역이기주의화가 될 수 있다는 단점이 있다.

② 중앙집중형

중앙에서 지역공동모금회의 모든 사업과 인사, 행정 등을 지시, 감독, 관리하기 때문에 공동모금회의 전국적인 협조 및 효율성과 일원화라는 장점을 갖지만 동시에 지역공동모금회의 자립약화, 지역 주민간 연대감 약화, 기부자가 기부를 하고서도 기부에 대한 결과를 직접 느끼거나 경험할 수 없어 지역사회내의 기부가 약화된다는 단점을 갖게 된다.

③ 일부지역형

전국조직이 없는 경우 일부 지역에서만 공동모금회가 운영되는 형태인데 공동모금회가 운영되고 있어 발전가능성을 지니고 있다는 장점이 있으나 전국적으로 확산되기 위해서는 많은 어려움이 예상되는 형태라고 볼 수 있다.

[표 9-2] 전국 조직의 유무 및 전국 조직형에 따른 국가별 분류

전국 조직유무	전국 조직이 있는 국가(전국 조직형)		일부지역형
	연맹형	중앙집중형	
국가명	미국, 일본, 오스트레일리아, 캐나다, 필리핀, 남아프리카, 영국, 요르단	홍콩, 싱가포르, 벨기에, 자메이카, 마우리티우스, 푸에리토리코, 태국	뉴질랜드, 베네수엘라, 버진군도, 인도

자료 : 류기형(1991) p. 42.

2) 대정부관계측면

① 자율형

정부의 통제와 규제가 최소 수준에 그치기 때문에 모금의 자율적 활동이 보장된다는 장점이 있으나 정부의 지원이 적기 때문에 기부문화가 활성화 되지 않을 경우 공동모금회 재정에 어려움을 가져올 수 있다.

② 정부주도형

기부환경이 열악하고 민간 활동이 부진할 경우에 대개 정부 주도로 공동모금회를 구성하는 경향이 있다. 국가의 지원으로 보다 효과적이고 능률적인 결과를 가져올 수 있지만 정부의 지나친 간섭과 통제 그리고 주민들의 자발적이고 적극적인 참여를 저해할 가능성이 높다는 것이 단점으로 지적된다.

[표 9-3] 공동모금회의 대정부관계 유형별 실태

유 형	국가명
자율형	오스트레일리아, 벨기에, 캐나다, 영국, 홍콩, 인도, 요르단, 마우리티우스, 뉴질랜드, 싱가포르, 남아프리카, 태국, 버진군도, 미국
정부주도형	자메이카, 필리핀, 푸에르토리코, 대만, 일본

자료 : 류기형(1991) p. 46.

3) 사회복지협의회와의 관계 측면

① 협의회형

공동모금회가 별도로 존재하지 않고 사회복지협의회가 모금과 배분을 직접 주관하기 때문에 자원봉사자들의 직접 참여를 제한하게 되고 이는 재정능력이 있는 기업인들의 참여를 제한하는 경우가 된다. 그러나 전문적이고 조직적인 활동계획, 모금, 배분 등에 직접적으로 투입될 수 있는 관계는 협의회형의 장점이다.

② 공존형

사회복지협의회와 공동모금회가 상호협조하는 형태로서 각 기관의 특성을 살려 시너지를 극대화할 수 있다는 측면에서 가장 바람직한 유형으로 인정되는데 이는 반드시 두 조직의 상호 신뢰와 존중이 선행되어야 한다.

[표 9-4] 공동모금회와 사회복지협의회와의 관계 유형

구 분	협의회형	공존형	독립형
특 징	사회복지협의회의 부서로 기능	협의회형과 독립형의 단점을 보완	독자적
장 점	전문가집단에 의한 지역사회의 욕구 파악, 배분에 따른 우선순위 설정등 욕구와 자원을 직접 연결하고 인적, 물적 자원을 효율적 관리 가능	사회복지협이회의 전문적 활동인 지역사회 욕구파악과 지역공동모금회의 욕구 충족을 위한 자원 제공의 양 측면이 상호 연결	운영의 신속성
단 점	주 모금원인 기업의 참여 및 동기 유발의 한계성이 있음	두 기관의 전통적 협력관계가 없을시 공존 의미상실, 운영의 묘를 살리지 못할 경우 전문성이 결여된 기금 배분이 이루어짐	기관이 자체적으로 인적, 물적 측면에서 모든 것을 갖추어야 하는 어려움이 있음
채택국가	태국, 대만	한국, 일본, 캐나다	미국, 영국, 호주, 홍콩, 인도, 필리핀

자료 : 최항순(2007) p. 196.

③ 독립형

공동모금회가 스스로 모금하고 스스로 배분하는 독립형이 있다. 독립형이 되기 위해서는 공동모금회가 사회복지협의회가 하는 기능을 수행할 수 있는 전문적인 인력을 갖추어야 하며 내부 조직의 기능적 분화도 이루어야 하기 때문에 조직과 인력이 비대해지고 비용 역시 많이 투입되는 단점이 있고 자체조직으로 모든 활동을 수행하기 때문에 일관성과 효율성을 높일 수 있다는 장점이 있다.

3. 모금 유형

우리나라 공동모금회의 모금사업은 크게 연말집중형과 연중모금형으로 나누어진다.

연말집중모금은 연말연시 2개월 동안 언론사와 연계하여 각종 모금 생방송 및 이벤트 등의 형태로 진행되는 범국민적인 모금행사이다.

연중모금은 방송의 고정 프로그램과 연계하여 지속적으로 진행되는 생방송모금과 특정 이슈를 바탕으로 타단체와 연계하여 모금하는 공동모금이 있다. 모금 이벤트에는 이벤트 모금(자선축구대회, 자선 콘서트, 마라토 대회, 백화점·대형 할인마트 연계 바자회 등), 온라인 모금, 톨게이트 모금 등이 있다.

1) 개별형

개인과 가족을 대상으로 하는 것이다.

공동모금에 대한 인식홍보와 주민의 자발적 참여를 실시한다는 장점이 있으나 개인과 가족에게 모금의 필요성을 인식시키기까지 투입되는 많은 시간과 인력 그리고 노력에 비해 성과가 크지 않다는 한계가 있다.

2) 기업 중심형

기업과 근로자를 대상으로 하며, 많은 모금액과 안정된 금액의 확보하는 장점이 있으나 지역사회중심이라는 공동모금의 원칙과 배치된다.

직장 모금은 기업, 학교, 단체 등 조직체 내에서 모금 캠페인을 벌이는 것을 말한다. 조직이나 단체의 구성원들이 모금 자원봉사자가 되어 자체적으로 모금 행사를 기획하고 금품을 거두어 모금회의 연말 캠페인이나 다른 때에 기부금을 전달하는 것이다. 이를 위해서는 기관이나 단체의 장이 모금에 대해 어떠한 인식을 갖고 있는가가 중요하다.

3) 단체형

단체형은 재단, 협회 등의 단체를 대상으로 모금하는 형태이다.

기업 중심형과 같이 재력 있는 재단이나 협회로부터 보조금을 받음으로써 손쉽게 많은 액수를 모금할 수 있다. 단점은 많은 주민을 참여시킬 수 없다. 따라서 기업 중심형보다 대상이 한정되어 있고 자주 사용하는 방법은 아니다.

4) 특별 사업형

여러 가지 유형의 모금방법이 결합되어 각 방식의 장점을 최대한 살리고 모금참여자에게 일정한 반대급부를 제공할 수 있다는 장점이 있는데 이벤트성이기 때문에 갖게 되는 안정성과 지속성 그리고 반복된 사업의 경우 지역사회 주민의 관심을 끌기 어렵다는 부분이 단점으로 지적된다.

5) 여러 가지 방법

집중모금형과 연중모금형 등이 있다.

즉 이벤트 및 캠페인모금, 방송, 신문, ARS, 지로, 사랑의 계좌모금 등 여러 방법을 통해서 모금을 할 수 있다.

4. 공동모금회의 배분

1) 배분방법

(1) 신청사업

사회복지 증진을 위하여 자유주제 공모 형태로 복지사업을 신청받아 지원하는 사람이다. 지회에 지원신청서를 제출한다.

(2) 기획사업

모금회가 그 주제를 정하여 지원하는 사업 또는 시범적이고 전문적인 사업이다. 지원신청서는 중앙회와 지회에 제출한다.

(3) 긴급지원사업

재난구호 및 긴급구호, 저소득층 응급지원 등 긴급히 지원해야 할 필요가 있는 경우에 지원하는 사업이다. 지원신청서는 중앙회와 지회에 제출한다.

(4) 지정기탁사업

사회복지 증진을 위하여 기부자가 기부금품의 지원지역·지원대상자 또는 사용용도를 지정한 경우 그 지정취지에 따라 지원하는 사업이다. 지원신청서는 중앙회와 지회에 제출한다.

2) 배분 유형

(1) 기관 배분형

사회복지시설이나 기관을 대상으로 배분한다.

(2) 문제 및 프로그램 배분형

지역사회의 보건 및 사회문제를 해결하기 위해 배분한다. 즉 구체적인 프로그램을 위해 배분한다.

(3) 혼합형

기관 배분형과 문제 및 프로그램형의 혼합이다.

(4) 지역 배분형

지역을 단위로 배분한다. 낙후된 지역을 중심으로 배분하여 지역별 특수문제를 해결하고 지역복지를 증진시킨다.

5. 한국의 공동모금회

1) 연혁

현재의 공동모금회 중앙회는 1994년 2월 감사원 감사 결과 일부 지방단체가 성금의 모금과 사용에 물의를 빚으면서, 민간이양 필요성에 대한 의견이 강력하게 대두됨에 따라 모금을 중앙에서 관리할 필요를 느낀 데서 출발하였다.

1997년 '사회복지공동모금법'이 만들어졌으나 이 법은 시행도 하기 전에 강력한 개정주장에 직면하게 된다. 반대의 이유는 주로 민간 자율성 침해 때문이었다.

결국 1999년 독소 조항을 뺀 '사회복지공동모금회법'이 새로이 제정되어 '사회복지공동모금법'을 대체하면서 본격적인 공동 모금이 펼쳐지기 시작하였다.

2) 조직

이 조직에서 주의 깊게 봐야 할 것은 16개 시·도지회가 있다는 것이다. 각 지회는 중앙모금회와는 별도로 모금을 하고 있기 때문에 모금이 매우 활발히 진행될 수 있다. 그리고 3개의 실행위원회를 두고 있는데 이러한 위원회는 사회복지 관련 실무자, 연구자, 사회저명 인사 등이 포함되어 있다.

[표 9-5] 한국의 공동모금회의 연혁

연 도	내 용
1994.4.8	• 공무원의 모금행위 금지 • 성금의 사용 용도를 불우이웃을 위한 사업에 한정하는 조례 제정
1994.11	사회복지공동모금법 제정안(정부안)을 국회에 제출
1995.2	민간복지관련 법안(자원봉사법, 공동모금법, 기부금품모집금지법, 민간운동지원법) 입법청원을 위한 범시민 공청회 개최(59개 시민단체 참여)
1995.12	공동모금회 관리운영비의 전액 정부지원 의무화 문제로 유보 14대 국회임기 만료로 자동 폐기
1996.9	입법예고
1996.11	사회복지공동모금법 제정안 국회 제출
1997. 3	'사회복지공동모금법' 국회 통과
1997. 3. 27	사회복지공동모금법 공포
1998.3	공동모금회 5인 설립위원회 및 5인 실무추진위원 위촉/ 공동모금회 정관 작성 및 모금회 임원 구성 돌입
1998.4.23	종교계에서 사회복지공동모급법 시행에 관한 대토론회 개최
1998.5.13	36개 종교단체 "사회복지공동모금법 폐지 및 유보 의견서"를 청와대, 복지부에 보냄
1998. 7.1	사회복지공동모금법 발효
1998. 7.15	"사회복지공동모금법폐지법률안" 국회 상정
1998. 8. 21	전국공동모금회 설립위원회 주최로 "공동모금제도에 관한 위크숍" 개최 -종교단체 불참
1998. 11.28	총 22인 여야 의원의 발의로 국회에 기존법을 개정한 "사회복지공동모금회법'안 상정
1998. 11.30	사회복지법인 전국공동모금회 설립, 강영훈 초대 회장 취임, 이사회개최
1998. 12.1-2.16	전국 및 지역공동모금회가 '연말연시 불우이웃돕기 성금모금' 실시
1999.1.25-2.13	전국공동모금회 99년도 배분신청 접수
1999.3.9	제202회 임시국회에서 사회복지공동모금법 개정법률안 통과
1999.3.27	전국공동모금회 법인 해산 및 지회등록 마감
1999.4.30	지역공동모금회 법인 해산 및 지회등록 마감
1999. 6	각 시·도 지회장 임명식

자료 : 이택룡, 노무지(2001) pp. 263-264.

[그림 9-1] 공동모금회 조직도

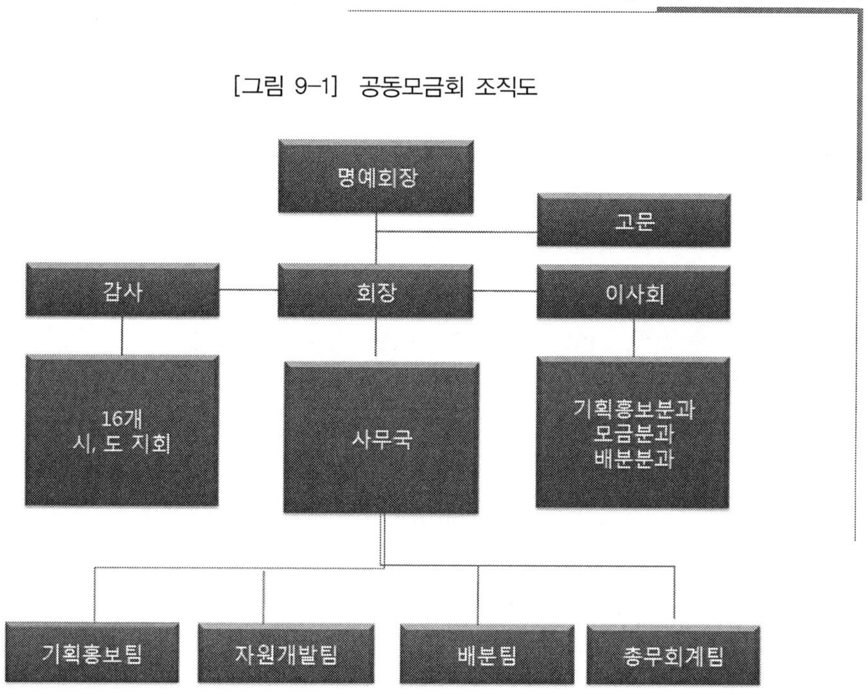

자료 : 이택룡 · 노무지(2004) p. 266.

3) 업무

(1) 기본 운영계획의 수립, 조정, 평가

① 정책 개발 및 제도 개선을 한다.

② 조직관리 및 대외협력 업무를 한다.

③ 대국회업무, 대외행사, 대언론 홍보를 한다.

④ 조사 연구, 자료 발간을 한다.

⑤ 국제회의 및 외국 기관과의 협력을 한다.

⑥ 사회복지실습 및 자원봉사관리를 한다.

⑦ 각종 홍보인쇄물(연간보고서, 회보 등) 제작을 한다.

⑧ 홈페이지 관리를 한다.

(2) 자원개발팀

① 각종 모금에 관한 사항

직장모금, 방송연계모금, 기업모금, 사이버모금, 이벤트모금 등을 한다.

② 각종 모금 사업의 종합심사분석을 한다.

③ 공동 모금 관련 기관, 단체 업무 협의 및 조정을 한다.

④ 기부자 관리를 한다.

⑤ 기업의 사회공헌 자료 수집을 한다.

⑥ 사회공헌담당자 연계망 구축을 한다.

(3) 배분팀

① 배분기준을 수립한다.

② 신청사업, 기획사업, 긴급지원사업, 지정기탁사업, 지회배분사업을 지원한다.

③ 배분에 관한 조사연구를 하며 각종 배분사업 성금전달식 및 지원기관 교육을 한다.

④ 사업설명회를 개최한다.

⑤ 우수사례집 발간에 관한 사항과 민원업무에 관한 사항을 한다.

⑥ 각종 배분사업의 평가 및 사후관리를 하며 각종 배분사업의 수퍼비전 체계를 구축한다.

(4) 총무회계팀

① 총무 및 회계업무를 한다.

② 공동모금회 자산관리를 한다.

③ 인사관리를 한다.

④ 기부자 영수증을 발급한다.

⑤ 직원교육훈련을 한다.

⑥ 내부 행사를 한다.

⑦ 직원복지 관련 업무를 한다.

4) 과제와 대안

한국의 사회복지공동모금회는 문제와 잠재력을 동시에 갖고 있다. 공동모금회가 본연의 기능을 제대로 수행하기 위해서는 많은 과제가 있다. 과제가 해결되어야 미래를 바라볼 수 있을 것이다.

(1) 국가 복지와 민간 복지의 관계 재정립

공동 모금 제도는 장기적으로 국가 복지의 확대에 기여하도록 공동 모금 제도의 운영방향을 설정할 필요가 있다. 국가는 국민보호사업 위주로 하고 모금회는 프로그램을 개발하여 국가의 공식 사업으로 제도화할 수 있도록 선도하는 역할도 수행하여야 한다.

(2) 운영의 민주화와 시민 참여의 확대

임원의 선임 과정이 투명하고 개방적이고 민주적이어야 한다. 또한 지역사회 주민의 참여가 필수적이다. 주민들의 기부도 중요하지만 모금 활동에 주민이 직접 참여하는 것도 중요하다.

제10장

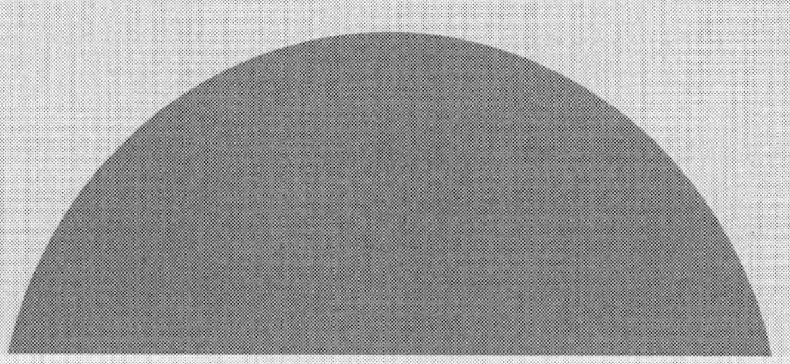

자원봉사

제 1 절 자원봉사의 의의

★ 핵심포인트

- 자원봉사의 개념과 특성에 대해서 잘 알아두자.
- 자원봉사의 필요성에 대해서 잘 알아두자.

1. 자원봉사의 개념

① 자원봉사의 어원은 라틴어 'Volo'(will 의지)에서 유래되어 'voluntas'(자주, 자유 의지)라는 말이 파생된 것으로, 여기에 사람을 의미하는 'eer'를 더한 자원봉사자(volunteer)란 강제가 아닌 자유 의지에 의해 사회나 이웃을 위해 헌신하는 사람을 뜻한다.[1)]

② 맨서(G. Manser)와 캐스(R. H. Cass)는 "개인이 선택하여 자원복지기관을 통하여 활동하고 창조하고 실험하고 또 새로운 목표를 달성하려고 노력하는 과정에서 최대의 자유와 민주적 과정 속에서 독특한 역할을 수행하며, 공익을 증진시키기 위하여 자발적으로 노력하는 활동" 이라고 하였다.[2)]

③ 크레이머(R. M. Kramer)는 자원봉사를 "자원봉사정신(volunteerism)으로 알려진 일련의 가치 지향과 자발적인 구조(structure) 또는 조직(organization)이라는 두 가지 요소로 구현된다"고 정의하였다.[3)]

자원봉사란 자원봉사정신을 기반으로 하는 자발적인 활동(volunt-

1) 최항순(2007) p. 210.
2) G. Manser & R. H. Cass(1971) p. 11.
3) R. M. Kramer(1981) pp. 8-9.

arism)을 의미하는 것뿐만 아니라 자원봉사활동의 육성을 목적으로 하는 조직 또는 기관을 포함한다.

④ 자원봉사의 개념에 대해서 일반적으로 선진국에서는 "지역사회를 위한 적극적인 시민 의식", "시민으로서의 사회적 책임" 그리고 대부분의 나라에서는 "타인이나 사회조직의 이익을 위해 조직적으로 이루어지는 무급의 비의무적인 활동"으로 정의하고 있다[4]

2. 자원봉사의 특성

1) 자원봉사의 구성

① 자발적인 정신(volunteerism)
② 자발적인 활동(voluntary action)
③ 자발적인 기관(voluntary agencies)

2) 자원봉사의 원칙[5]

① 인간에 대한 사랑
② 자발적이고 시민적 성격 견지
③ 민주주의 정신에 입각한 사고와 행동
④ 관심 있는 일부터 시작
⑤ 주위의 일부터 시작
⑥ 가족이나 직장의 이해
⑦ 약속을 잘 지킴
⑧ 책임감을 가지고 적극참여
⑨ 겸손한 태도, 감사하는 마음
⑩ 자원봉사자 스스로에 대한 이해
⑪ 물질적인 대가를 바라지 않음

4) 이강현 역(2002)
5) 류상열(2004) pp. 428-430: 이택룡, 노무지(2001) p. 270.

⑫ 활동에 한계를 그어야 함
⑬ 활용기관이나 대상자의 비밀을 반드시 지킴
⑭ 끊임없이 공부하며 배우는 자세

3) 자원봉사활동의 특성

① 자아실현

자원봉사활동은 다른 사람에게 또는 다른 사람과 함께 봉사활동을 경험함으로써 인격적 성장을 가져옴과 동시에 자신의 잠재능력을 실현할 수 있다.

② 자발성

자발성은 누구의 간섭이나 강제에 의하지 않고 스스로의 결정에 의해 이루어지는 것을 말한다.

③ 경제적 무급성

이것은 직업적인 의미보다는 순수하게 자신의 생활 일부를 봉사활동에 기여함으로써 반대급부를 바라지 않는 특징이다. 이러한 활동은 자원봉사의 순수성을 시험케 하는 것이기도 하는데, 요즘에는 활동에 대한 대가로 약간의 교통비를 지급하는 것이 추세이기도 하다.

④ 이타성

다른 사람이나 기관을 나의 이익보다 우선한다는 자세이다. 이는 특수한 자신의 목적 지향적이어서는 곤란하다는 의미이기도 하다.

⑤ 사회성

자원봉사활동은 사람과 사람, 사람과 기관 간에 이루어지는 활동이기 때문에 당연히 사회성을 가져야 한다.

사회성이란 각 개인이 다른 사람들과 공통성을 가졌다고 의식하고, 소속감을 느낄 때 발생한다. 그러므로 자원봉사활동은 자기 발전과 성숙에 기반이 되는 사회성을 강화시킬 수 있다.

⑥ 공동체

사회공동체성은 사회에 대한 소속감, 주인의식, 적극적인 참여 없이는 불가능하며, 자원봉사활동은 이러한 특징을 기초로 하여 모두가 한 구성체, 한 몸이라는 의식을 가질 때 가능하다.

⑦ 개척성과 지속성

자원봉사활동에서는 모두가 공동체 건설에 헌신한다는 개척적 사명의식이 필요하다.

자원봉사활동이 일회적이라면 자기만족적인 특징이 될 수 있다. 따라서 자원봉사활동이 일회적이라면 자기만족적인 특징이 될 수 있다. 자원봉사활동은 도움을 받는 사람이나 기관의 입장을 고려하여 지속적으로 이루어져야 한다.

[그림 10-1] 자원봉사활동의 특성

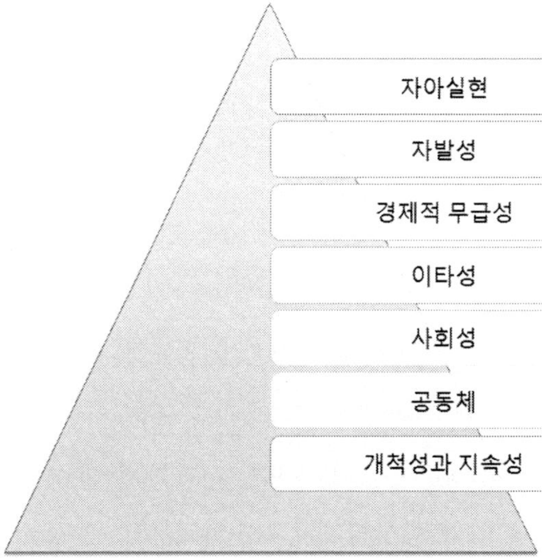

4) 자원봉사의 가치

① 자원봉사활동을 인간서비스 프로그램의 대체활동인 기금 마련의 일환으로 보기도 한다. 그러나 충분한 기금이 있어도 자원봉사자들은 필요하다. 그 이유는 보수를 받는 유급직원들의 서비스와는 다른 인간적 차원의 서비스를 행하기 때문이다.

② 제한적인 유급직원들보다 더 많은 잠재력과 여유인력에 의한 가능성을 가지고 있다.

이것은 서비스량의 증가, 다양하고 새로운 유형의 서비스 제공을 가능하게 한다,.

③ 유급직원 개개인들의 기술이나 재능에는 한계가 있기 때문에 자원봉사자들이 필요하다.

④ 지역사회의 접근성을 높인다.

대부분의 자원봉사자가 근처 지역사회에 살고 있어 서비스에 만족한 자원봉사자들이 스스로 센터의 홍보자가 되어 좋은 공공관계를 유지하게 한다.

3. 자원봉사의 필요성

① 자아발견과 성숙

자원봉사활동이 인간적 성숙의 장으로, 혹은 사회복지교육, 훈련활동으로써 중요시되고 있다. 이는 학습의 효과이며, 활동을 통하여 자아발견과 성숙이 이루어진다.

② 자아실현의 기회

여가를 통한 자아실현의 기회를 제공한다.

즉, 남는 시간을 효율적으로 사용하면서 자기발전을 기할 수 있다는 것이다.

③ 인간성 회복과 사회공동체 회복

자원봉사를 통해 인간애를 가질 수 있으며, 사회적 약자를 도움으로써 공동체를 형성할 수 있다.

④ 가족문제의 예방과 해결

다양한 가족의 문제를 예방하고 해결할 수 있다. 이는 특히 청소년 자원봉사를 함으로써 자기 발견과 정체감 형성에 도움을 주기 때문이다.

⑤ 인간적인 보호와 사회적 통합

장애인, 노인 등 소위 사회적 약자를 시설에서 보호하지 않고 지역사회에서 자원봉사자를 활용하여 보호함으로써 이들에 대한 인간적인 보호가 가능해지며, 사회적 통합을 보다 쉽게 이룰 수 있다.

⑥ 사회복지기관의 서비스의 전문화

의사, 간호사, 변호사 등 전문직을 가진 집단을 자원봉사자로 활용할 수 있음으로 해서 사회복지기관의 서비스를 전문화 할 수 있다.

제 2 절 자원봉사의 관리

★ 핵심포인트

- 자원봉사자에 대한 이해를 잘 알아두자.
- 자원봉사 프로그램의 요소에 대해서 잘 알아두자.
- 자원봉사의 문제점과 대안에 대해서 알아둔다.
- 자원봉사의 활성화 방안에 대해서 알아둔다.

1. 자원봉사자에 대한 이해

1) 자원봉사자의 행동 동기 및 욕구의 이해

① 자신의 경험을 추구하고자 하는 욕구(need to experience)를 가진 자원봉사자가 있다. 이는 실제적인 이득과 자아성장을 위해 하는 자원봉사이다. 인터 과정의 의대생의 진료활동, 대학생들의 학습지도 등이 여기에 속한다.

② 자원봉사자가 사회적 책임감을 표현하고자 하는 욕구를 가지고 하는 활동이 있다.

이는 이타적 동기를 가지고, 자신의 재산을 환원한다거나 퇴직한 교사가 아이들을 가르치는 것이다.

③ 타인기대에 부응하고자 하는 욕구를 가지고 하는 자원봉사이다.

이는 의미 있는 주위 사람들의 압력, 영향 때문이며 주로 사회적으로 명망가들이 어쩔 수 없이 하는 자원봉사이다.

④ 사회적인 인정을 받으려는 욕구에서 비롯된 자원봉사이다.

이것도 위에서 제시한 바와 비슷하게 사회의 정치인이나 사회활동가들이 자신의 행위를 내세우기 위해 하는 것이다.

⑤ 사회적 접촉욕구이다.

이는 주로 주부나 노인들이 여가를 이용하여 봉사도 하고 친교도 나누는 장으로 활용하는 것이다.

⑥ 사회적 교환욕구 때문에 이루어지는 봉사활동이다.

이는 주로 학점을 위한 자원봉사활동으로 현재 우리나라에서 실시하는 중, 고등학교 의무봉사활동이나 일부 대학의 학점제 자원봉사활동이다.

⑦ 성취욕구를 위한 활동이다.

이는 주로 스포츠, 예술 분야의 활동가들이 자신의 활동을 함으로써 개인적 성취를 이루고자 함이다.

2) 자원봉사자의 관리 및 운영과정

자원봉사 프로그램을 효과적으로 조직하고 관리하는 데 필요한 여섯 가지 핵심적인 요소들을 관리의 과정에 따라 나눌 수 있다.

① 자원봉사 프로그램의 계획 및 업무 설계

계획시 고려사항, 자원봉사자들을 통해 무엇을 이룰 것인가, 왜 자원봉사자를 활용하려는가, 업무분장은 어떻게 이루어져야 하는가

② 모집

모집 시 고려사항, 업무에 맞는 사람 모집, 자원봉사자의 욕구 파악, 의미있는 업무의 계약

③ 배치 및 업무

오리엔테이션 실시, 자원봉사자의 능력에 맞는 업무 배치(능력에 맞지 않는 배치는 시간 낭비와 중도 탈락의 원인)

④ 교육 및 훈련

교육은 업무수행성과 증진을 위해 필요함. 클라이언트에 대한 이해, 기관의 목적, 현직에 필요한 지식과 기술을 교육, 이는 봉사자와 직원에게도 필요한 교육

⑤ 지도 감독 및 평가

효과적인 슈퍼비전을 위해서는 업무에 완벽한 지시, 기관에 대한 명확한 전달, 봉사자에게 감사표시, 부적절한 행동 수정, 자원봉사자의 욕구충족.

⑥ 인정과 보상

자원봉사자가 지속적으로 이루어지기 위해 필요함. 그 방법은 자원봉사자 잔치, 연말 엽서 보내기 등이 있으며, 자원봉사자가 활동에 의미를 부여하도록 함.

이러한 과정을 통해서 자원봉사자가 만들어지면 사회복지활동의 동반자가 되는 것이다. 이제 사회복지사는 자원봉사자를 누가 많이 확보하고 있느냐, 얼마나 양질의 자원봉사자를 확보하고 있느냐, 어떻게 자원봉사자를 효과적으로 관리하여 지속적으로 활동할 수 있도록 할 수 있느냐가 사회복지사의 능력을 가늠하는 척도가 될지도 모른다. 그만큼 지역사회복지 현장에서 자원봉사자의 중요성은 크다고 할 것이다.

[그림 10-2] 자원봉사 프로그램의 요소

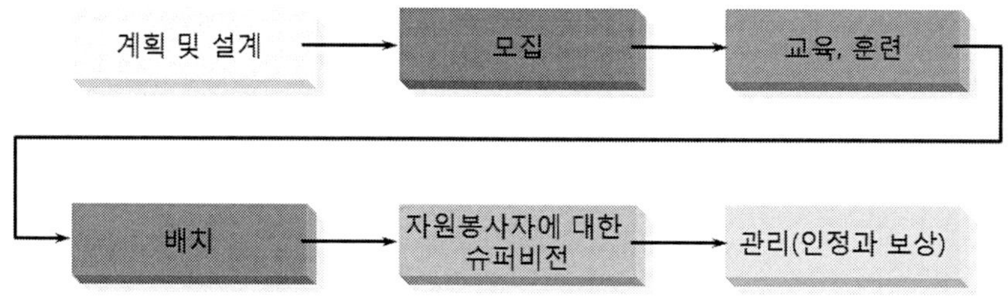

2. 자원봉사활동 영역

일반적인 자원봉사활동의 유형으로는 행정위촉활동형, 직무, 관리활동형, 전문기능제공형, 계속, 계약활동형, 액션형, 지역보호활동형, 일상활동형이 있으며, 구체적인 활동으로는 수집활동, 제작활동, 교류활동, 상담활동, 협력활동, 재가서비스활동, 도움활동, 전문기술활동, 점검, 전문기술활동, 기타 활동 등이 있다.[6)]

[표 10-1] 자원봉사활동의 유형

활동의 종류		활동의 내용	성 격
1. 행정위촉 활동형	행정위촉 자원봉사	• 민생아동위원 활동 • 보호사의 활동 • 기타 마을어른, 소년보도원 등의 활동 등	• 법 및 조례에 의거 • 행정의 장으로 위촉 • 명예적 성격을 띰 • 활동의 제약성 • 위촉 기간의 설정
2. 직무, 관리 활동형	단체관리 자원봉사	• 단체의 관리, 감사, 평의원 등	• 단체의 정관이나 규약에 따라 선출 • 단체 운영상의 책임 부여 • 일본의 경우 임원으로서의 통상활동은 하지 않고 회의만 출석함 • 임기는 1년에서 수년
3. 전문 기능 제공형	전문기능 자원봉사	• 변호사 • 의사 • 강사(각 영역) • 통역(수화)	• 기능 및 지식의 전문성 • 희소성 • 임시성 • 부분성(활동의 일부분을 담당)
4. 계속, 계약 활동형	계약에 의해 계속 활동하는 자원봉사	• 어린이회, BBS, Scouts 등의 활동 • 단체소속 카운슬러의 활동 • 노인 및 장애인 등에게 개인서비스 • 복지시설 등에의 방문활동 등	• 시설, 단체와의 계약성 • 활동의 계속성 • 대상의 한정성(목적, 장소) • 전문직과의 협동성 • 생활확충적

6) 류상열(2004) pp. 431-433.

활동의 종류		활동의 내용	성 격
5. 액션형	액션	• 실험적, 개척적 활동 • 조사활동 • 환경의 정비(교통, 주택, 문화, 자연) 운동 • 불량문화의 정화와 조례제정 운동 • 시설설치운동, 계몽운동	• 문제의 해결(운동요구, 개척 등의 방법에 따라) • 대상의 한정성(대행정, 대기업, 대주민 등) • 기간의 단기성(1년에서 수년) • 당사자와의 협동성
6. 지역 보호 활동형	지역보호 활동	• 녹화운동 • 공동모금운동 • 청소년 불량아 방지운동 • 사면운동 • 벌레, 파리 제거운동 • 청소활동 • 교통안전운동 • 사랑의 소리운동 • 연말 구제운동 등	• 지역보호 동원성 • 공통문제 해결성 • 일시성(연 1회 - 2회) • 리더 의거성 • 반의무성
7. 일상 활동형	일상적인 자원봉사	• 이웃사람 구제운동 • 작은 친절(안내, 좌석양보, 차보조, 인사, 주의 등)	• 일상성 • 친절적 성격 • 비프로그램성 • 돌발적 또는 사귐적 • 단시간적

자료 : 류상열(2004) pp. 431-433.

3. 자원봉사의 문제점과 대안

1) 직원과의 갈등

① 일을 시키는 사람과 일을 받아서 하는 사람 사이에는 현장에 대한 입장의 차이 때문에 갈등이 발생할 수 있다.

② 직원은 전체적으로 업무를 조망해야 하고 자원봉사자는 자신이 맡은 일(부분)을 더 염두에 둔다.

③ 상대방의 입장을 이해하려는 자세가 필요하고 궁금하거나 다른 견해가 있을 때는 질문과 자문을 구하여 오해를 없애도록 한다.

2) 위치에 대한 불안감

① 자원봉사자가 직원보다 우수하다고 인식되었을 때 직원이 불안감을 느낄수 있다.

② 자원봉사자는 유급직원을 신뢰하고 활동에 대하여 상의하고 활동보고를 성실히 하는 것이 갈등 최소화에 도움이 된다.

③ 업무를 중심으로 자주 점검하고 평가하면서 각자의 위치에 대한 올바른 인식을 가지는 것이 도움이 된다.

3) 서비스 질에 대한 우려

자원봉사자는 자신의 신분과 역할에 대하여 겸손하게 인정함과 동시에 보수교육에 충실하게 임하는 것과 노력하는 자세를 지닐 것이 요구된다.

4) 역할에 대한 인식부족

① 많은 기관에서 자원봉사자를 일시적 편의와 단순 노동력의 지원 또는 예산절감차원에서만 활용하려는 경향이 있다.

② 자원봉사자 측에서도 자신의 활동을 과대평가하여 마치 커다란 선심이라도 베푸는 듯이 행동하는 경우도 있다.

③ 자원봉사자는 먼저 시설의 규칙이나 생활자 보호원칙을 익히고 직원들의 방침을 이해하고, 의논하는 자세를 갖는 것이다.

5) 과거의 나쁜 경험의 영향

① 자원봉사자나 직원 모두 과거의 나쁜 경험으로 인하여 상대방에게 선입관과 불신감을 가질 수 있다.

② 사람과 사물을 늘 새롭게, 새로운 눈으로 보는 훈련을 쌓아야 하겠다.

6) 동료 자원봉사자와의 갈등

① 동료 자원봉사자와의 원만한 관계는 자원봉사활동의 만족도에 영향을 주는 중요한 변인이라고 한다.

② 자원봉사의 근본정신과 가치, 처음 자세를 상기하며 구체적으로 문제가 된 상황에 대한 점검과 평가를 해 보는 것이 문제 해결에 도움이 된다.

7) 대상자와의 갈등

대상자와 자원봉사자의 관계는 근본적으로 도와주는 것이 전제된 관계이므로 '갈등'이 없어야 하는 것으로 잘못 인식하고 있는 수가 많다. 그러나 실제에 있어서는 갈등이 자주 일어난다. 자원봉사 중단의 이유 중에 이러한 갈등의 원이 되는 경우가 많다.

제 3 절 자원봉사센터

1. 자원봉사센터의 운영

1) 자원봉사센터의 설치

자원봉사센터의 설치는 '자원봉사활동기본법'에 법적 기반을 둔다.

국가 및 지방자치단체는 자원봉사단체의 활동에 필요한 행정적 지원을 할 수 있으며 '비영리민간단체지원법'에 따라 사업비를 지원할 수 있다. 다음은 자원봉사센터 설치 및 운영에 대한 사항이다.

① 국가기관 및 지방자치단체는 자원봉사센터를 설치할 수 있다.

이 경우 자원봉사센터를 법인으로 하여 운영하거나 비영리법인에 위탁하여 운영하여야 한다.

② 자원봉사활동을 효율적으로 하기 위하여 국가기관 및 지방자치단체가 운영할 수 있다.

③ 국가는 자원봉사센터의 설치·운영이 활성화 될 수 있도록 적극 조력하여야 하며, 지방자치단체는 자원봉사센터의 운영에 필요한 경비를 지원할 수 있다.

④ 자원봉사센터 장의 자격요건과 자원봉사센터의 조직 및 운영 등에 필요한 사항은 대통령령으로 정한다.

⑤ 지방자치단체는 자원봉사센터의 조직 및 운영 등에 관한 사항을 조례로 정한다.

2) 자원봉사센터 장의 자격요건

① 대학교의 자원봉사 관련 학과에서 조교수 이상의 직에 3년 이상 재직한 자

② 자원봉사단체·자원봉사센터 또는 사회복지기관·시설·학교기업에서 자원봉사 관리업무에 5년 이상 종사한 자

③ 5급 이상 퇴직공무원으로서 자원봉사업무 또는 사회복지업무에 3년 이상 종사한 자

④ 국가 및 지방자치단체에 등록된 자원봉사 관련 시민사회단체에서 임원으로 10년 이상 활동한 자

3) 자원봉사센터의 조직

① 자원봉사센터의 사무를 처리하게 하기 위하여 자원봉사센터에 사무국을 둔다.

② 자원봉사센터의 원활한 운영을 위한 정책결정기구로서 운영위원회를 둔다. 단, 자원봉사센터를 법인으로 하여 운영하는 경우에는 이사회를 둔다.

③ 운영위원회는 20인 이하로 하되 자원봉사단체 대표를 과반수 이

상으로 구성하고 대표는 민간인으로 한다.

4) 자원봉사센터의 사업 내용

특별시·광역시·도 자원봉사센터의 사업	시·군·자치구 자원봉사센터의 사업
• 특별시·광역시·도 지역 기관·단체들과 상시협력체계 구축 • 자원봉사 관리자 및 지도자의 교육훈련 • 자원봉사 프로그램의 개발 및 보급 • 자원봉사 조사 및 연구 • 자원봉사 정보자료실 운영 • 시·군·자치구 자원봉사센터 간의 정보 및 사업의 협력·조정·지원 • 그 밖에 특별시· 광역시· 도 자원봉사 진흥에 기여할 수 있는 사업	• 시·군·자치구 지역의 기관·단체들과의 상시협력체계 구축 • 자원봉사자의 모집 및 교육·홍보 • 자원봉사 수요기관 및 단체에 자원봉사자 배치 • 자원봉사 프로그램의 개발·보급 및 시범운영 • 자원봉사 관련 정보의 수집 및 제공 • 그 밖에 시·군·자치구 지역의 자원봉사 진흥에 기여할 수 있는 사업

2. 한국자원봉사협의회의 운영

1) 한국자원봉사협의회의 설치

① 한국자원봉사협의회는 법인으로 한다.

② 한국자원봉사협의회는 정관을 작성하여 행정안전부 장관의 인가를 받아 등기함으로써 설립된다.

③ 한국자원봉사협의회의 조직과 운영 등에 필요한 사항은 대통령령으로 정한다.

2) 한국자원봉사협의회의 임원

① 자원봉사를 주된 사업으로 하는 비영리법인 또는 단체의 대표자와 그 밖에 자원봉사활동을 진흥을 위하여 필요하다고 인정되어 협의회 이사회의 의결을 거친 자를 회원으로 한다.

② 협의회의 임원으로는 대표이사 1인을 포함한 20인 이상 50인 이하의 이사와 감사 2인을 둔다.

③ 임원은 정관이 정하는 바에 따라 총회에서 선출하며, 임원의 임기는 2년으로 하되 연임할 수 있다.

3) 한국자원봉사협의회의 사업 내용

① 회원간의 협력 및 사업지원

② 자원봉사활동의 진흥을 위한 대국민 홍보 및 국제교류

③ 자원봉사활동과 관련된 정책의 개발 및 조사·연구

④ 자원봉사활동과 관련된 정책의 건의

⑤ 자원봉사활동과 관련된 정보의 연계 및 지원

⑥ 그 밖에 자원봉사활동의 진흥과 관련하여 국가 및 지방자치단체로부터 위탁받은 사업

3. 자원봉사센터 활성화 방안

정부는 2006년 3월 자원봉사활동기본법(법률 제7669호), 기본법시행령(대통령령 제19318호), 자원봉사센터 설치에 관한 규정(훈령 제173호) 등을 근거로 자원봉사를 통한 참여복지, 삶의 질 향상을 목표로 전국에 자원봉사센터 활성화 지침을 시달했다(행정안전부, 2006. 3)

1) 자원봉사센터의 조직 체계와 운영형태, 사업 내용 전반에 대한 점검

① 지방자치 시대를 맞아서 주민들의 민주적 참여 정신과 협동자세는 필요한 일이다.

② 지역사회에 산발적으로 행해지고 있는 자원봉사 활동을 체계화해야 한다.

③ 주민공동의 목표를 구현하며 사회 통합에 기여하기 위해 기존 자원봉사센터의 조직 체계와 운영형태, 사업 내용 전반에 대해 점검하고 개선책을 마련해야 한다.

2) 자원봉사 관리자들의 교육과 훈련

민간 영역의 자원봉사를 활성화시키고 봉사조직들의 육성과 관리에 올바른 지침이 될 수 있도록 자원봉사 관리자들의 자격과 소양을 점검하고 교육과 훈련을 통해 정비해야 한다.

3) 자원봉사 프로그램 개발과 활동 지도의 구체적 방안 모색

① 자원봉사센터는 '활성화' 차원에서 아직도 자원봉사에 대한 이해와 정보가 없어 참여하지 못하는 사람들이 쉽게 참여할 수 있도록 해야 한다.

② 내실화 차원에서 각계각층의 봉사 그룹들과 중, 고교 봉사 활동이 그저 형식적인 활동이 되지 않도록 적절하고 전문성 있는 자원봉사 프로그램 개발과 활동 지도 등의 구체적인 방안을 연구, 모색해야 한다.

4) 자원봉사운동이 전문적 서비스로 사회변화 유도

① 자원봉사운동이 '사회개혁' 운동으로 발전하기 위해서는 전문기술과 경력 활용을 통해 좀 더 양질의 전문적인 서비스로 사회 변화를 유도해 나가야 한다.

② 경륜이 많은 퇴직자나 전문가 그룹, 기업의 봉사조직들이 쉽게 접근할 수 있는 다양한 프로그램의 개발은 물론 자원봉사 관리자들이 프로그램 기획과 진행의 컨설팅 능력을 갖출 수 있도록 정규교육, 훈련 과정을 통해 실무 능력을 향상시켜야 한다.

5) 자원봉사 활동의 전국민 참여촉진

① 자원봉사 활동에 대해 전 국민이 쉽게 접근하게 함으로써 자원봉사 참여율을 높여나갈 수 있도록 정부와 기업, 자원봉사 관련 기관, 단체(정부-기업봉사단-시민봉사단체)가 연대해서 전 국민 참여촉진사업을 지속적으로 전개할 필요가 있다.

② 매년 실시되고 있는 전국자원봉사 축제 기간에 기업, 정부, 시민사회가 협력해 일반 시민들의 참여를 유도하는 프로그램을 공동으로 추진하는 일을 고려해 볼 수 있다.

[그림 10-3] 자원봉사센터의 활성화 방안

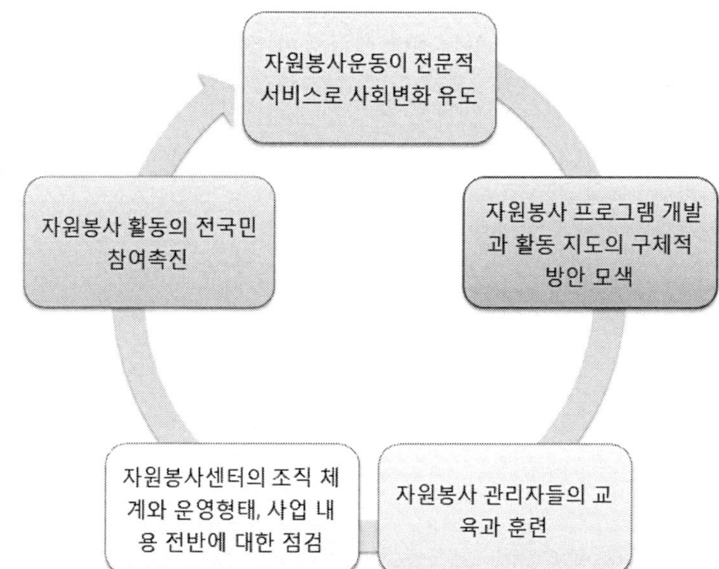

제11장

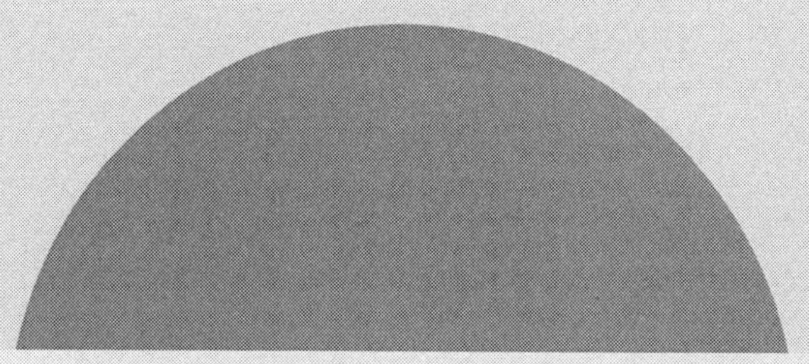

지역사회복지와 계획

제 1 절 지역사회복지계획

★ **핵심포인트**

• 지역복지계획의 개념과 필요성을 잘 알아둔다.

1. 지역사회복지계획의 개념

지역사회복지계획은 .지역사회계획과 사실상 동일한 개념으로, 서구에서는 모든 사회복지서비스를 제공하기 위한 계획을 말하며, 특히 사회적으로 불리한 개인들이나 집단들을 원조하기 위한 모든 사회정책을 구체적 프로그램들로 전환시키는 데 관심을 둔다.[1)]

미국에서는 지역사회계획을 지역사회조직 개념으로 인식하고 있으며, 일본에서는 기초 자치단체(시·정·촌)가 민간기관인 시·정·촌 사회복지협의회와 협동하여 책정한 복지의 종합적 행정계획을 강조한다.

지역사회복지계획은 기초자치단체나 민간단체가 독자적 또는 협동적으로 수립하고 실천할 수 있으나 현실적 여건을 고려한다면 적어도 양자의 협동적 동반자적 관계에 의하여 그것이 수립, 실천될 때 성공할 수 있다.

2. 지역사회복지계획의 필요성

지역사회복지계획의 필요성에 대해서 여러 학자들이 얘기하였다.

칸은 지역사회복지계획의 필요성을 사회목적을 효과적인 프로그램으

1) 한국복지정책연구소(2003) pp. 83-89.

로 전환시키며, 사회문제에 대처할 수 있다고 하였다. 사회적 측면(비시장)을 고려하여 서비스 프로그램에 있어서의 격차, 분열 및 다른 실패를 막는다고 하였다.

지역사회복지계획은 의도적인 목표집단(taget population)에 대처하기 위한 서비스를 재설계할 수 있고 특수한 분야의 활동력을 재검토한다고 하였다.

지역사회복지계획은 서비스 전략에 있어서의 불일치와 혼란에 대처하며 희소자원을 할당할수 있다고 하였다. 그리고 사회복지분야의 개념을 다른 분야에 이식할 수 있고, 새로운 기술을 채용하려는 것에서 사회계획이 시작된다고 하였다.

우리나라의 학자들은 지역사회복지계획은 지역사회중심의 사회복지 제도화를 위해 필요하다고 하였다. 각 지역의 특성이나 주민의 복지욕구, 정책현황등에 대해 조사를 실시해야 한다고 하면서, 지역사회복지계획은 주민참여에 바탕으로 두고 민, 관 네트워크를 통하여 구체적인 실시를 약속하는 것이라고 하였다.

지역사회복지계획은 지역사회복지서비스의 수급조정과 안정적 공급을 위해 필요하다.

지역사회복지계획을 통해 지역의 복지문제나 과제를 해결 하는 데에 필요한 인적, 물적자원을 조달하여 적절히 분배하고 서비스의 수요와 공급의 균형을 조절함으로써 사회복지 대상자에게 안정적, 지속적으로 서비스를 공급할 수 있다.

지역사회복지계획은 지역사회복지서비스 공급주체의 다원화를 위해 필요하다.

기존의 사회복지 기관, 시설이나 사회복지단체뿐만 아니라 자원봉사단체, 시민단체, 전문가단체 등도 복지서비스의 공급주체로 설정된다.

지역사회복지계획은 사회자원의 조달과 적정배분을 위해 필요하다.

지역복지계획을 수립하는 과정에서 보건, 의료, 복지, 주택, 고용, 문화 등에 관련된 공공 및 민간기관과, 공동모금이나 기부금 등의 물적 자원과, 사회복지시설 종사자와 일반주민 등의 인적자원을 개발, 조달하는 방안이 제시되고 이것을 효율적으로 배분하기 위한 노력이 이루어진다.

3. 지역사회복지계획의 추진 이유

지역사회복지계획을 추진하는 이유는, 지방자치단체의 복지행정계획을 수립하고 사회복지협의회가 책정하는 행동계획, 즉 시책과 사업 및 활동을 계속적으로 안정화 시킬 수 있다.

그리고 종적인 행정의 폐해를 극복하는 데 있다. 보건의료, 교육, 교통 등의 부문과 연계해서 사회복지행정의 종합 조정 및 통합화 시키는 것이 주요한 목표이다. 서비스의 종합화는 주민을 주인공으로 할 수 있다. 계획정책은 행정관료 중심으로 수행되겠지만 서비스의 제공은 전문가의 주도하에 책정된다.

4. 지역사회복지계획의 과제

지방자치단체와 민간단체의 재정자립도의 취약성을 극복하는 것이 주요한 과제이다.

① 지방세 등을 확충하고 중앙정부의 재정 지원을 강화해야 한다.

② 지역주민의 사회복지 참여을 위하여 사회복지협의회 등 공동모금이나 지역사회복지를 위한 기부금, 자원봉사 등 모금운동을 활성화해야 한다.

[그림 10-2] 지역복지계획이 추구해야 할 목표

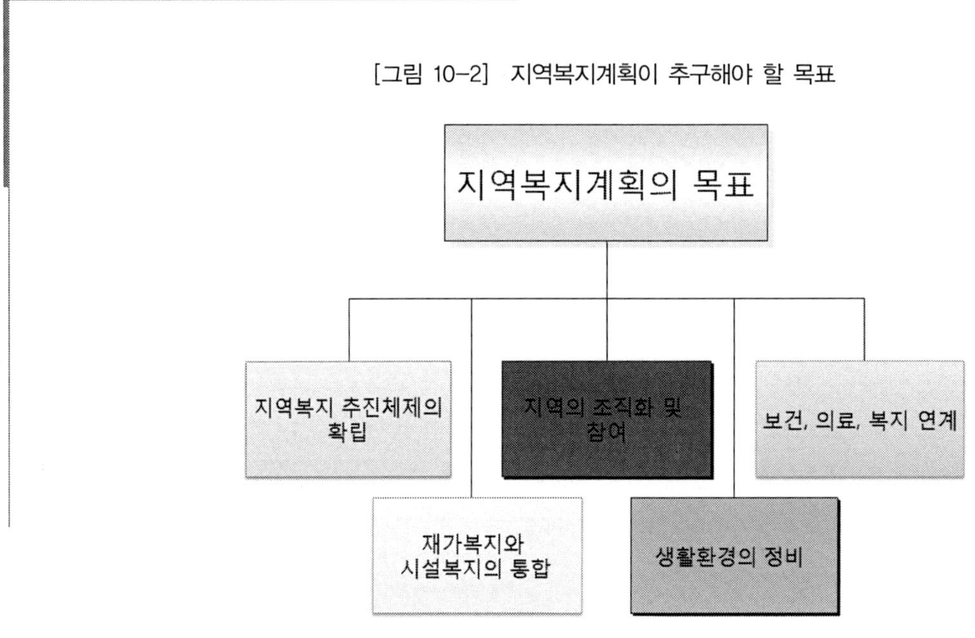

제 2 절 지역사회보장계획

★ 핵심포인트

- 지역사회복지계획이 지역사회보장계획으로 바뀌었다.
- 지역사회보장계획의 수립절차에 대해서 잘 알아둔다.

1. 지역사회보장계획의 내용

1) 지역사회보장계획의 필요성

① 지역사회 중심의 사회복지서비스를 제공해야 한다.

사회복지의 업무영역인 사회보험, 공공부조, 사회복지서비스 가운데 사회보험과 공공부조는 모든 국민을 대상으로 중앙정부에서 중심적인 역할을 담당하고 표준화된 기준을 적용한다. 그러나 사회복지서비스는 개인별 특수성에 따른 개별적 처우를 제공해야 하는 특성과 서비스 내용이 주민생활과 밀접한 관련이 있기 때문에 지방정부가 중심적인 역할을 담당하는 것이 효과적이다.

② 사회복지서비스의 지역별 특성화다.

사회복지서비스는 개인별 특수성에 따른 개별적 처우를 제공해야 하는 특성이 있다. 지방자치단체마다 지역 주민의 생활실태 및 복지욕구는 물론 지역 내 복지자원 및 환경 여건이 다르기 때문에 각 지역별 특성에 따라 차별화된 복지 서비스 계획이 필요하다.

③ 지방자치단체의 계획과 조정기능의 강화다.

사회복지서비스의 질적 개선에 대한 욕구가 생겨나게 되었다. 지방자치단체 스스로 주민복지 증진을 위한 고유사업을 개발하고 시행하기를 원한다. 지방자치의 실시와 함께 중앙정부의 감독과 지시를 받는 형태에서 벗어나 지역특성에 맞는 복지모델을 설계하고 이를 실행하기 위한 계획수립 및 추진체계가 필요하게 되었다.

2) 지역사회보장계획의 추진 과정

① 지역사회보장계획은 지역 주민의 복지욕구와 복지자원데 대한 분석을 토대로 지역차원의 복지사업을 종합적으로 고려하여 수립하는 지역사회 차원의 사회복지에 관한 기본계획이다.

② 2001년~2002년에 '지역사회복지협의체 시범사업'을 통해 15개 시·군·구에서 계획을 수립하도록 한 것이 지역사회보장계획의 시초이다.

사회복지사업법의 개정(2003.7.30)으로 지역사회보장계획 수립과 시행의 법적 근거가 마련된 이후, 두 차례(2006년, 2010년)에 걸쳐 지역사회보장계획을 수립하였다.

③ 2006년에 수립된 지역사회보장계획(2007년~2010년)은 계획수립 그 자체를 목적으로 하였다고 할 수 있다.

2기 지역사회보장계획(2011년~2014년)에서는 이전 지방자치단체의 계획에 비해 민간영역의 역할이 중요한 비중을 차지하였다. 이는 공공과 민간이 함께 참여하는 지역사회복지협의체가 지역사회보장계획의 작성에 중심적인 역할을 수행했기 때문이다.

3기 지역사회보장계획(2015년~2018년)은 그동안의 대상별 계획 수립의 방식을 벗어나 핵심 과제별 세부사업을 제시하는 방식으로 변경되었다. 이는 지역의 문제를 이해하고 해결하는 방법으로 계획을 구성하고, 지역의 고유한 특성을 사업계획 수립에 반영함으로써 통합적이고 포괄적인 계획 수립이 이루어지도록 한 것이다.

3) 지역사회보장계획의 특성

① 실천계획과 집행계획

지역사회보장계획의 목적은 해당 지방자치단체가 실시할 사회복지사업의 우선순위와 목표를 설정하는 것이다. 계획은 보다 구체적이어야 하며, 분야별 사업 우선순위 및 목표량 설정, 실천전략, 그리고 이를 지원하기 위한 인력계획 및 재정계획까지를 포함하는 실천계획 성격을 지향한다.

② 중 · 단기 계획

지역사회의 여건변화 및 전망, 지방자치단체가 지향하는 사회복지정책 방향 등 거시적인 분석이 필요한 부분에 대해서는 10년 단위의 장기전망이 필요하지만, 지자체 지역사회보장계획의 실행력을 담보하기 위해서는 민선 단체장의 재임기간인 4년을 단위로 하는 것이 현실적이다.

③ 종합계획

지역사회보장계획은 지역 주민 전체를 위한 계획 및 개별 복지 대상 집단별 계획을 모두 포함하는 계획이다. 사회복지의 전 영역은 물론 주민복지와 관련된 보건·의료분야와 체육, 문화, 교육, 노동등 지역사회복지 및 지영ㄱ 주민의 삶과 밀접하게 관계가 있는 유관분야를 계획의 범위에 포함시키는 종합계획의 성격을 갖도록 한다.

④ 고유사업의 개발과 추진계획

사회복지 욕구에서의 지역별 차이와 특성을 고려한 사회복지서비스 공급과 이러한 지역특성을 반영한 서비스를 공급하는 것이 중요하다. 단순히 국고보조사업에 대한 집행계획 수준이 아니라, 보다 적극적으로 자치단체를 위한 고유사업을 개발하고 이를 실천하기 위한 계획이 되어야 한다.

⑤ 이용자 중심의 계획

지역사회의 모든 주체가 계획과정에 참여하고 의견을 수렴하는 이용자 중심의 계획이 되어야 한다. 이를 위해 계획의 수립, 집행, 사후평가 과정에 주민을 비롯한 여러 지역사회복지 활동 주체들이 참여하고 중심적 역할을 하는 것이 필수적이다.

⑥ 사회적 자원의 배분수단으로서 계획

지역사회복장계획은 각 지역의 특성, 주민의 복지욕구, 사회자원의 양, 정책 현황 등을 파악해야 한다. 그리고 사회조사 및 분석을 통해 그 지역의 복지문제를 명확히 하고, 주민참여를 기초로 민·관협력을 통하여 장래의 목표를 설정하고, 필요한 사회자원을 조달하고 적정하게 배분하여 구체적인 실시를 지역 주민을 대상으로 약속하는 것이다.

⑦ 지방자치의 지표로서의 계획

지역사회보장계획은 지역사회의 조직화 과정임과 동시에 재가복지서비스의 정비·확충, 자원봉사활동의 전개, 재원 및 인력의 조달 등을 통한 지방자치의 사회지표이다.

4) 지방사회보장계획의 기본 방향

① 구체성

지역사회보장계획이 실효성을 갖기 위해 계획 수립에 대한 기획과정, 현안 및 과제, 비전 및 방향 설정, 부문별 사업계획이 구체적으로 제시되어야 하며, 각 부문별 실행계획이 전체적인 조정과 연계를 통하여 수행될 수 있도록 기반조성이 이루어져야 한다.

② 지역성

지역사회보장계획은 각 개별 지역의 특정이 무엇보다도 중요하게 고려되어야 한다.

지역사회복지계획은 독자성을 갖되, 관련법 등 제도에 근거하여 전국적인 기분적 형태는 공통적으로 갖추어야 한다. 즉, 국가의 정책적 영향을 근거로 하면서 지역의 특수성에 따라 효과적으로 구성되어야 한다.

③ 참여성

지역사회보장계획은 다양한 집단의 의사가 반영되어야 하고, 이를 통해 실질적이고 효과적인 계획으로 이루어져야 한다. 이를 위하여 지역 주민, 지역사회복지시설 및 단체, 시민단체, 전문가 집단, 관계 공무원 등 지역사회의 여러 주체들의 다각적인 참여가 보장되도록 해야 하며 계획주체들의 적절한 역할분담이 이루어졌는지, 지역 주민 혹은 이용대상자의 의견이 어떤 방식으로 투입되었는지 등의 사항도 고려되어야 한다.

④ 연계성

서비스별, 지역별로 상부정책과 하부정책의 연계에 대한 고려가 적절하게 이루어지고 있는지 고려되어야 한다.

⑤ 합리성

합리적인 지역사회보장계획이 되기 위해서는 과학적(경험적)자료에 근거하여 계획을 수립하고 자료성격에 적합한 조사방법을 사용하였는지, 조사방법의 체계적, 비체계적인 오류를 줄이려는 노력을 하였는지 등의 조건이 고려되어야 한다.

2. 지역사회보장계획의 수립

1) 시·도 지역사회보장계획의 수립

① 시·도 자체 계획 수립

시·도 지역사회보장계획은 시·군·구 계획의 상위계획을 단순히 취합하는 것이 아니라 시·도가 자체적으로 역점을 두고 추진할 전략사업에 대한 계획을 의미한다.

사회복지시설의 신설·확대, 인력확충과 같은 복지인프라 구축은 시·도차원에서 추진하는 것이 중복격차 방지와 규모의 경제를 실현하기 유리하다.

② 시·군·구 지원 계획 수립

지역사회보장계획의 핵심은 지역사회의 복지욕구에 적합한 사업을 기획하여 추진하는 것이다. 시·군·구의 사업을 복지사업의 핵심대상(빈곤층, 노인, 장애인, 영유아, 아동, 청소년, 여성, 가족 등) 또는 사업 영역(공공부조, 주거, 교육, 문화, 고용, 요양, 보육 등)에 따라 취합한다. 지원계획은 시·군·구별로 작성할 수 있으며, 경우에 따라 몇 개의 시·군·구를 묶어서 권역별로 지원 계획을 수립하는 것도 가능할 것이다.

3. 지역사회보장계획의 수립 절차

1) 시 · 도 지역사회보장계획의 수립 절차

시 · 도의 지역사회복장계획의 수립 절차는 다음과 같다.

절 차		내 용	법적 근거
1	지역사회보장조사 실시	• 지역사회보장 욕구조사(수요조사) -지역 내 사회보장 관련 실태, 지역 주민의 사회보장에 관한 인식 등에 관하여 필요한 조사를 실시하여 당면 사회보장 문제, 삶의 질 등을 살펴 사회보장사업에 대한 필요(욕구)를 수렴 • 사회보장 자원조사(공급조사) -지역 내 인력, 조직, 재정 등 사회보장 자원조사 -복지관 등 공공복지자원, 자원봉사 등 민간복지자원을 망라함	사회보장급여법 제36조 제5항
2	지역사회보장 계획(안) 마련	• 시·군·구의 사회보장이 균형적이고 효과적으로 추진될 수 있도록 지원하기 위한 목표 및 전략 • 지역사회보장 지표의 설정 • 시·군·구에서 사회보장급여가 효과적으로 이용 및 제공될 수 있는 기반 구축 방안 • 시·군·구 사회보장급여 담당 인력의 양성 및 전문성 제고 방안 • 지역사회보장에 관한 통계자료의 수집 및 관리 방안 • 그 밖에 지역 사회보장 추진에 필요한 사항	사회보장급여법 제36조 2항
3	위원회 심의	• 시·도 사회보장위원회 심의	사회보장급여법 제35조 3항
4	보건복지부에 계획 제출	• (시·도 복지계획)시행연도의 전년도 11월 30일까지 보건복지부 장관에게 제출 • (연차별시행계획) 시행연도 1월 31일까지 보건복지부 장관에게 제출	사회보장급여법시행령 제20조 제3항
5	시행 및 평가	• 시·도지사는 지역사회보장계획을 시행하고, 시행결과를 시행연도 다음해 3월 말까지 보건복지부 장관에게 제출 • 보건복지부 장관이나 시·도지사는 시·도 또는 시·군·구의 지역사회보장계획 시행결과를 평가할 수 있음	사회보장급여법시행규칙 제3조 제3항

2) 시 · 군 · 구 지역사회보장계획의 수립절차

시 · 군 · 구의 지역사회복장계획의 수립 절차는 다음과 같다.

	절 차	내 용	법적근거
1	지역사회보장 조사 실시	• 지역사회보장 욕구조사(수요조사) -지역 내 사회보장 관련 실태, 지역 주민의 사회보장에 관한 인식 등에 관하여 필요한 조사르 ㄹ실시하여 당면 사회보장 문제, 삶의 질 등을 살펴 사회보장사업에 대한 필요(욕구)를 수렴 • 사회보장 자원조사(공급조사) -지역 내 인력, 조직, 재정 등 사회보장 자원조사 -복지관 등 공공복지자원, 자원봉사 등 민간복지자원을 망라함	사회보장급여법 제36조 제5항
2	지역사회보장 계획(안) 마련	• 주요내용 -지역사회보장 수요의 측정, 목표 및 추진전략 -지역사회보장 지표의 설정 -지역사회보장의 분야별 추진전략, 중점 추진사업 및 연계협력 방안 -지역사회보장 전달체계의 조직과 운영 -사회보장급여의 사각지대 발굴 및 지원 방안 -지역사회보장에 필요한 재원의 규모와 조달 방안 -지역사회보장에 관련한 통계 수집 및 관리 방안 등	사회보장급여법 제36조 제1
3	지역주민 의견수렴	• 주요 내용을 20일 이상 공고하여 지역 주민의 의견을 수렴하여야 함 • 지역사회보장계획 수립 단계에서 주민참여 강화, 공청회 개회 등 의견수렴 병행	사회보장급여법 시행령 제20조 제2항
4	협의체 심의	• 지역사회보장협의체 심의	사회보장급여법 제35조 제2항
5	시·도에 계획서 제출	• (시·군·구 복지계획)시행연도의 전년도 9월 30일까지 보건시·도지사에게 제출 • (연차별시행계획) 시행연도의 전년도 11월 30일까지 보건시·도지사에게 제출	사회보장급여법 시행령 제20조 제3항
6	시행 및 평가	• 시장·군수·구청장은 지역사회보장계획을 시행하고, 시행결과를 시행연도 다음해 2월 말까지 시·도지사에게 제출 • 보건복지부 장관이나 시·도지사는 시·도 또는 시·군·구의 지역복지 계획 시행결과를 평가할 수 있음 -내용의 충실성, 시행과정의 적정성, 시행결과의 목표달성도, 지역 주민의 참여도와 만족도 등	사회보장급여법 시행령 제3조 제3항

4. 지역사회보장계획의 발전 방향

① 중앙정부와 지방정부의 상호협력과 조정을 통해 추진되어야 한다.

② 지방자치단체와 민간사회복지단체의 재정자립도를 강화시켜야 한다.

③ 지역주민들의 자조능력을 개발하고 강화하는 행정이 필요하다.

제12장

지역사회복지와 교육

제 1 절 사회복지교육

★ 핵심포인트

• 복지교육의 배경에 대해서 알아두자.

1. 복지교육의 개념

① 복지교육이란 기본적 인권을 전제로 해서 성립한 평화와 민주주의 사회를 만들기 위해 역사적으로 사회적으로 소외되어온 사회복지문제를 소재로 해서 학습하는 것이다.[1)]

② 여러 사회복지문제에 대한 끊임없는 노력을 통해서 사회복지제도 및 활동에 대한 관심과 이해를 심화시키고 자신의 인격완성을 계속적으로 도모하며 나아가는 것이다.

③ 복지교육은 주민 모두가 사회복지서비스를 필요로 하는 사람들을 이해하고, 사회복지사업종사자의 전문적 역량의 향상을 도모하는 것이다.

2. 복지교육의 목표

① 생명의 중요함을 알게 하느 동시에 상호인격을 존중하는 마음을 갖게 한다.

② 사회연대의식을 높이고 복지의 마음을 기르고 함께 살아가는 사회를 건설해 하는 태도를 갖게 한다.

1) 류상열(2004) pp. 457-458.

③ 일상생활 중에 상호부조의 정신을 실천하는 능력을 배양한다.

④ 사회복지에 대한 이해와 관심을 높이고 실천하는 능력을 배양한다.

3. 복지교육의 이념

1) 인간의 존엄과 인권의 확인

① '인권'을 여러 가지 구체적인 장면에서 파악하는 데 중점을 두고 있다.

② '인권'은 교육과 병행하는 것인데 오히려 현대적 과제로서 더 큰 의의가 있다.

③ 한 사람 한 사람이 다르다는 것을 존중하지 않으면 안된다는 것이 지금의 인권교육의 주를 이루고 있다.[2)]

2) 자립교육

① 인간답게 살아가는 방식은 자신의 힘으로 문제를 해결하는 노력을 해야 한다는 것이다.

② 자립심과 자립능력을 높아야 한다.

③ 복지활동에 참가하기 전에 자신이 안전하고 건강한 사회를 구축하는 내성을 배양해야 한다.

3) 자기 생활점검

① 자신을 객관적으로 보고, 문제화하는 자질을 가져야 한다.

② 인간은 자신을 객관적으로 평가하는 능력이 결여되어 있기 때문에 자신의 문제를 먼저 잘 알려는 노력을 해야 한다.

---

2) 류상열(2004) pp. 462-466.

4) 타인에 대한 관심

① 자신의 주위사람을 위해 생각하는 마음을 가져야 한다.

② 다른 사람에 대한 관심으로부터 더 넓은 범위인 사회인에까지 관심을 가져야 한다.

③ 생각하는 힘을 배양하는 것이 복지교육의 중요한 부분이다.

④ 자신을 둘러싼 장면 즉, 학급이나 가족 등에서 복지문제를 보는 눈과 힘을 소중하게 기르는 것도 중요한 복지교육의 과제라고 할 수 있다.

5) 문제발견

① 구제적인 문제를 발견하는 능력을 길러야 한다.

② 자신의 생활을 점검하고, 또는 상대의 상태를 살피고, '거기에 어느정도 인권이 저해받고 있는가? 그 결과 어느 정도 인생에 장애를 주는가? 그것에 대한 어느 정도의 조치를 취했는가?' 까지를 확실히 추출할 수 있는 능력을 요구하게 된다.

6) 문제의 공유

① 모든 문제를 사회화하고, 사회문제의 하나라고 생각하고, 사회적인 조치를 강구하는 노력을 가져야 한다.

② 문제를 사회화하고 보편화하는 것(우리나라에서 결여되고 있는)도 자질이다.

③ 타인의 문제를 나와 모두의 문제로 생각하는 것도 중요한 교육과제이다.

④ 자신에게 문제가 있다면 다른 사람의 도움을 받는 것이 당연하다는 것과 타인에게 문제가 생기면 내가 힘을 보태는 것이 당연하다는 마음을 갖도록 해야 한다.

7) 문제 해결을 위한 지식과 기술의 습득

① 사회복지의 여러 제도를 이해하고, 점자나 수화, 개호기술 등의 실습교육이 필요해진다.

② 사회복지의 영위는 최종적으로 기술대계를 세우는 것으로서 구체적인 기술교육에 따라 이해되어야 한다.

8) 문제 해결을 위한 협동활동

① 문제가 생기면 스스로 해결해야 하고, 이해하고 곧바로 행동으로 옮기는 자세도 배양해야 한다.

② 복지교육은 실제의 행동에 따라 배우는 부분이 많다. 또한 아동 및 학생 자신이 기획하고, 행동하는 부분도 당연히 많아진다.

[그림 11-1] 복지교육의 배경

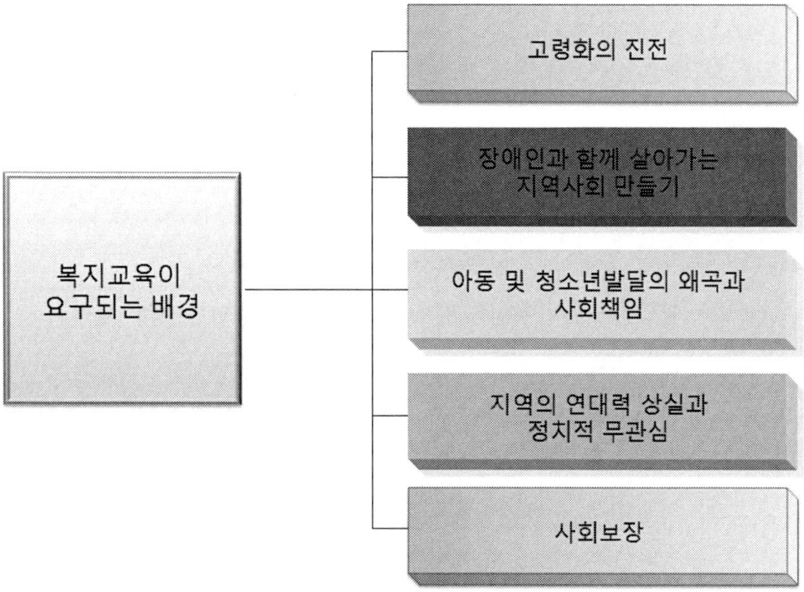

복지교육이 요구되는 배경

- 고령화의 진전
- 장애인과 함께 살아가는 지역사회 만들기
- 아동 및 청소년발달의 왜곡과 사회책임
- 지역의 연대력 상실과 정치적 무관심
- 사회보장

9) 복지서비스의 요구

복지서비스의 기본적인 책임자가 정부이거나 자치단체이건 간에 여기에 문제제기를 하고 복지서비스를 요구하는 자질과 복지의 '권리성'을 이해하는 것이 필요하다.

10) 문제 해결을 위한 자기노력

문제 해결을 위한 본인의 노력이 중요하고 이를 위해서는 인내력을 배양해서 자기 스스로의 문제를 풀어나가도록 지도하고 이끌어 주는 것이 복지교육의 중요한 과제이다.

4. 지역에 있어서의 복지교육

① 복지교육은 지역복지의 측면에서도 가정교육과 성인 및 고령자를 대상으로 하는 사회교육이 더욱 적극적으로 전개되어져야 한다.

② 사회교육법은 법이념으로서 '실제생활에 적합한'활동에 대한 필요성을 강조하고 있다.

③ 사회교육이 고령사회화 문제, 아동양육의 문제등과 같은 생활과제를 학습소재로 해서 전개될 경우 복지교육의 시각에서 이를 재편성해 볼 필요가 있다.

④ 장애인과 고령자의 학습활동과 문화, 스포츠 활동을 촉진시키는 것이 장애인, 고령자의 주체성을 뚜렷이 정립시킴과 동시에 그것을 바라보는 주민의 장애인관, 고령자관에 변화를 주게 되며 지역복지의 실천주체를 형성시키는 데 도움이 됨으로 이 사업도 복지교육과 관련시켜서 전개되어야 한다.

제 2 절 지역사회교육

★ 핵심포인트

• 지역사회교육의 과제에 대해서 알아두자.

1. 지역사회교육의 개념

① 지역사회개발 중심의 사회교육

지역사회교육(community education)은 지역사회를 단위로 하는 사회교육 형태로 주민들 스스로가 해결해야 할 문제를 발견하고 사업을 계획하며 일의 역할을 분담, 실천, 평가하는 등의 모든 과정을 포함한 주민교육으로서 지역사회개발 중심의 사회교육이라고 할 수 있다.[3)]

② 전 지역 사회 주민들의 자기실현의 현장

지역사회학교가 학생들의 교육뿐만 아니라 지역사회 내에 있는 학교들이 중심이 되어 지역사회 주민들의 복지를 증진시키고, 전 지역사회 주민들의 자기실현의 현장으로 그 교육기능을 확대하는 교육의 새로운 개념 또는 제2의 교육개념으로 20세기에 들어오면서 사용되고 있다.

③ 공간적 성격과 공동체의식 포함

지역사회교육은 지역사회와 교육의 복합어로 지역사회는 지리적인 특성을 고려한 공간적 성격과 지역의 구성원인 주민들이 상호교환성을 중시한 공동체의식의 두 개념을 모두 포함한다. 지역사회교육의 대상

3) 류상열(2004) pp. 487-488.

이 되는 지역사회는 지역적인 공간과 공동체의식이라는 두 개념을 최대한 만족시킬 수 있는 개념으로 쓰여져야 할 것이다.

④ 평생교육의 개념

성인교육, 평생교육 등의 개념이 등장하면서 교육의 관점이 미래지향적에서 현재의 필요와 욕구의 충족이라는 능력본위적, 현실중심적 성격이 강조되고 있다.

⑤ 지역사회문제의 해결

지역사회교육은 지역공동사회를 기초로 하는 주민생활의 보다 전체적이고 역동적인 향상을 위한 사회교육활동으로 정의되면서 사회교육의 한 형태로 구분되기도 한다. 참여를 통한 의사결정의 과정까지 포함하는 사회교육의 과정을 벗어나 사회행동까지 포함하는 개념으로 확대되어야 한다.

⑥ 지역사회 자원 활용

지역사회의 제반 필요한 자원을 사정하여 그 필요를 충족시키기 위한 가용자원을 결정하고 그들의 필요에 대해 우선순위를 결정하는 과정이다.

2. 지역사회교육의 필요성

① 급격한 사회변화로 주민생활에 어려움이 많다.

오늘날에는 산업사회에서 정보사회로, 집권화에서 분권화로, 기계체제에서 인간공학에로, 하향식 경영에서 상향식 경영으로, 자원중심에서 교육중심으로, 거대화에서 적정화로, 대의정치에서 참여민주주의로 급격하게 사회변화가 진행되고 있다.

② 끊임없이 새로운 삶의 과제들을 제기한다.

권위체계의 변화, 보다 나은 기회를 위한 주민들의 빈번한 지역이동, 새로운 정보와 기술의 획득, 잠재력의 개발, 전문성의 향상 등이 필요하게 된다.

③ 당면문제를 해결하고 삶의 질을 높인다.

각기 지역수준에서 지역이 지닌 잠재적인 자원들을 개발하여 거시적인 체제에서 함께 연계해 필요한 교육적 봉사를 제공함으로써 주민들의 당면한 문제를 해결하고 삶의 질을 높이려는 것이다.

3. 지역사회교육의 과제

① 사회교육의 전문화

주민들의 태도와 의식을 개혁하는 주제와 관련된 것을 지속적으로 제공하고 각종 단체들은 교육의 내용, 교재, 강사 등의 질적인 면에서의 향상에 노력을 해야 한다.[4)]

② 정부의 지원과 육성

사회교육을 전담하는 기관과 단체에 대한 정부의 지원과 육성이 필요하다.

사회교육의 효과는 단기간이 아닌 장기간에 걸쳐 나타나기 때문이다.

③ 사회단체간의 협력관계 수립

지역사회 내의 각종 사회단체간의 협력관계 수립이 필요하다.

사회교육을 위한 제한된 자원을 효율적으로 동원하고 인적, 물적 자원을 상호교환 한다거나 공동의 프로그램을 계획하는 것 등은 자원절감뿐 아니라 교육의 질적인 향상과 주민의 참여를 증대시킬 수 있는 방안이 될 것이다.

④ 전문적인 지원과 지도자

전문적인 지원과 지도자가 매우 중요하다.

주민들 스스로 자치적인 조직과 활동을 추진하고 자기 지역의 특성

4) 류상열(2004) p. 491.

에 맞는 개발프로그램과 사회교육활동을 실시하도록 전문사회교육기관이 시범적인 노력이 전개될 때 지속적인 효과를 거둘 수 있다.

제13장

지역사회복지와 지역복지운동

제 1 절　지역사회복지운동

제 2 절　NGO와 지역사회복지

제 1 절 지역사회복지운동

★ 핵심포인트

- 지역사회복지운동의 의의에 대해서 잘 알아둔다
- 지역사회복지운동의 특성에 대해서 잘 알아둔다.
- 지역사회복지운동의 구성요소에 대해서 잘 알아둔다.

1. 지역사회복지운동의 의의

지역사회복지운동은 최근 들어 크게 성장하고 있다.

민주화의 진전과 지방자치제의 정착으로 지역사회의 중요성이 대두되고, 지역사회의 생활영역의 문제가 중심이슈로 부각되었다.[1]

1) 지역주민운동의 활성화

① 1997년 말 외환위기를 계기로 본격적인 실업극복운동을 전개하였다.

② 자활운동의 시초는 주민조직화와 탈빈곤사업으로 1995년경 생산공동체운동으로 발전하였다.(일꾼두레, 실과 바늘, 나레건설 등)

③ 1997년 생활보호법의 개정으로 자활지원센터로 제도화되기 시작하였다..

④ 2000년에 국민기초생활보장법이 시행되면서 본격적으로 자활후견기관이 확대 설치, 운영되어 자활운동은 공적 전달체계에 대부분 편입되었다.

⑤ 실업극복운동은 외환위기 이후 전국 각 지역의 풀뿌리 주민운동

1) 김성기(2002) p. 214.

단체, 노동단체, 여성단체, 종교계등이 참여하였으며, 저소득 실직자들을 대상으로 긴급구호, 일자리 창출, 생계지원사업들을 전개하였다.

⑥ 사업은 외환위기 초기에는 지역사회 차원에서 후원과 모금을 통하여 진행되었고, 주로 실업극복국민운동위원회의 제안사업 참여를 통해 이루어졌다.

⑦ 지역사회주민운동은 외환위기 후 자활운동과 실업극복운동에 적극적으로 참여하여 전자는 공식적인 서비스 전달체계로 편입되었으며, 후자는 저소득, 실업계층에 대한 직접서비스 지원사업을 민간 차원에서 진행하고 있다.

2) 지역사회복지운동단체의 설립과 활동

① 1990년대 중반 이후 우리복지시민연합, 관악사회복지, 경기복지시민연대 등과 같이 '복지'를 공식적으로 표방하는 지역사회복지운동단체가 활동하고 있다.

② 푸드뱅크, 의료지원사업, 사각지대계층 생계비 지원, 지역복지정책개발사업, 국민기초생활보장법제정운동, 지역사회단위를 중심으로 전개된 각종 복지정책관련 조례제정운동 등의 사업을 수행하고 있다.

③ 지역사회복지 그 자체가 이미 운동으로서의 속성을 지니고 있다.

3) 지역사회복지운동의 개념

① 지역사회문제들을 해결하기 위해 지역사회의 변화 또는 지역사회의 역량 강화를 통해 지역사회주민의 욕구충족과 사회연대의식의 고취, 지역공동체 형성이라는 목표로 전개되는 조직적인 운동이라 할 수 있다.

② 사회구성원의 삶의 질을 높이기 위한 목적의식적이고 조직적인 집합적 활동이며, 사회복지 수요자뿐만 아니라 사회복지실무자나 전문가, 넓게는 지역사회주민들이 주체적인 참여와 행동을 통하여 사회복

지의 목표 달성을 위해 의도적으로 추진해 가는 지역사회복지실천이라 할 수 있다.

[그림 13-1] 지역사회복지운동의 의의

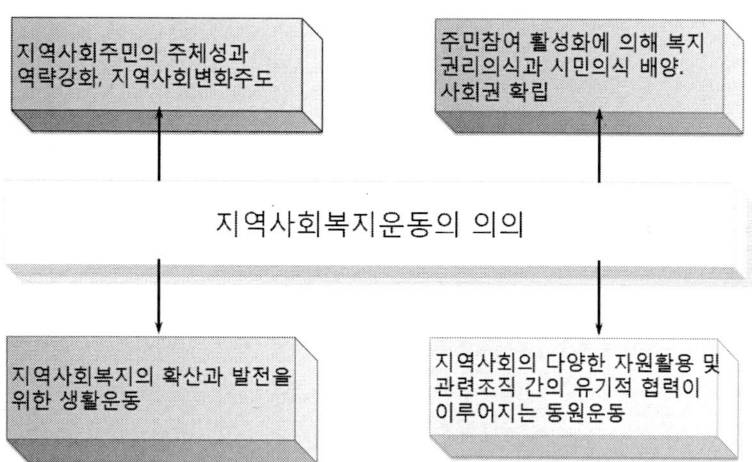

2. 지역사회복지운동의 특성

① 시민사회의 성장 및 사회변화와 함께 관심의 초점으로 부각되고 있다.[2)]

② 사회구성원의 삶의 질을 높이기 위한 목적의식적이고 조직적인 활동이다.

③ 모든 지역사회 주민들이 주체적인 참여와 행동을 통해 목표달성을 위해 의도적으로 추진해가는 사회운동이다.

④ 지역사회복지 운동의 분석시각은 실용주의적이고 이념지향이 혼재된 상태이다.

⑤ 운동의 초점 및 가치지향은 정치권력 장악이라기 보다는 사회복지증진이라는 시민사회의 동원에 두고 있고, 지역사회의 변화라는 시민운동과 맥을 같이 하고 있다.

2) 오정수 · 류진석(2006) pp. 303-304.

⑥ 지역사회복지운동의 계층적 기반은 지역사회주민 전체에 두고 있어 포괄적이다.

⑦ 사회적 약자의 복지욕구에 초점을 맞추고 있기 때문에 사회적 약자에 우선순위를 부여하고 있다.

[표 13-1] 지역사회복지운동의 분석시각과 특성

구 분		지역사회복지운동
분석시각	방법론	실용주의적, 이념지향적 혼재
	분석의 초점	자원동원과 가치지향
	분석의 단위	지역사회주민, 조직
특성	주체	지역사회주민, 클라이언트, 전문가
	계층적 기반의 범위	포괄적
	이슈의 특성	이슈의 다양성(사회복지문제)
	가치지향성	시민사회의 영역 확장
	행위의 특성	표출적 행위, 가치지향적 행위
	정부와의 관계	작위요구적, 작위저지적
	내적 구조	조직, 네트워크 중시

자료 : 오정수·류진석(2006) p. 303.

3. 지역사회복지운동의 구성요소

① 지역사회주민들이 복지활동에 주체적으로 참여하는 것이다.3)

주민들의 참여는 단순한 지역의 정보를 접하는 수준에서부터 기획과 집행에서 책임과 권한을 가지는 단계까지 다양하다.

지역사회주민들의 참여는 제반 활동의 기획과 의사결정과정에까지 확대되어야 할 것이다.

② 지역사회에서 조직화된 지역사회주민들이 정치적 영향력과 권리를 확보하는 것이다.

지역에서 이루어지는 제반 정책 결정의 단위 등에 영향력을 발휘할

3) 오정수·류진석(2006) pp. 307-310.

수 있어햐 하고 지역사회복지실천이 지역사회의 삶의 질, 복지욕구를 충족시키며, 실질적인 문제 해결을 도모할 수 있어야 한다.

[표 13-2] 지역사회복지실천에 참여수준 및 지역사회복지운동 조직과의 관계

참여의 정도	참여자의 위상	지역사회복지운동 조직과의 관계
높음	기획과 집행에서의 책임과 권한부여	지역문제의 분석, 활동계획의 수립과정뿐만이 아니라 그 계획의 실행에 있어서도 명확한 책임과 권한을 위임받아 수행
	의사결정권을 지님	문제의 분석과 활동계획 등을 수립하는 과정에서부터 참여하여 그 구체적인 계획을 함께 마련
	계획단계의 참가	활동계획을 수립할 때부터 참여하여 그 내용을 검토하는 등의 역할을 부여
	자문담당자	운동조직에서 분석한 문제나 활동계획 등에 대해 단순히 그 의사를 문의하고 참고하는 정도의 관계
	조직대상자	운동조직에서 계획환 활동에 이해관계나 욕구를 갖고 있는 사람들로, 일차적인 동원의 대상
낮음	단순정보수혜자	운동조직에서 계획한 지역활동계획이나 지역의 문제점 등에 대해 단순히 홍보 등을 통해 소식을 접하는 정도의 관계

자료 : Brager & Specht(1973), 이호(2001), 오정수·류진석(2006) p. 308.

③ 지역사회주민들이 자신의 개별 이해를 공공의 이해와 일치시키도록 공동체의식을 강화하고, 자신의 역량을 높이는 것이다.

다양한 프로그램과 실천활동을 통해 주민들 자신의 배타적인 개별 이해를 극복하고, 이를 공공의 이해로 전환시키려는 과정이 필요하다.

④ 지역사회주민들이 참여가 자신들의 욕구뿐만이 아니라 지역사회 전체에 영향력을 미칠 수 있도록 제도 등의 제반 환경을 만들어 나가야 한다.

이상과 같은 내용은 각각 독립된 것이 아니라 하나의 일관된 흐름을 세분한 것이다.

[그림 13-3] 지역사회복지운동의 구성요소

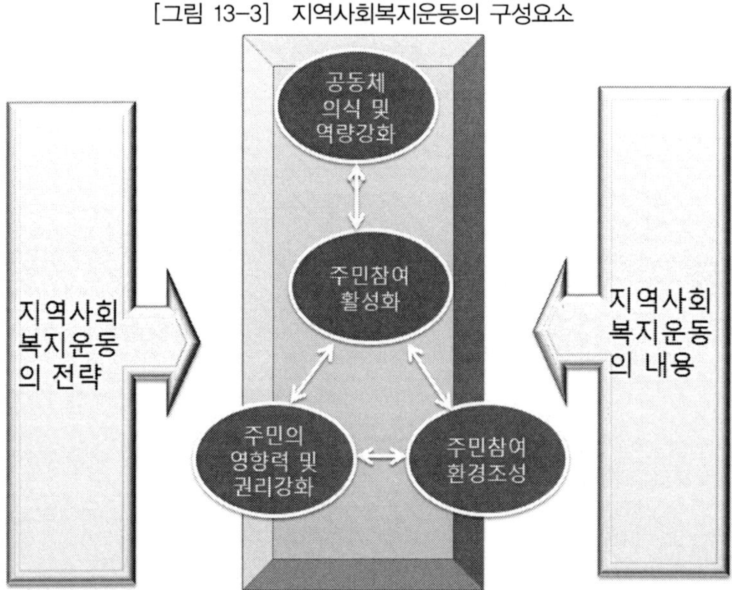

자료 : 이호(2001) 재정리. 오정수·류진석(2006) p. 309.

4. 지역사회복지운동의 유형

1) 주민참여와 지역사회복지운동

① 주민생활근거지로서 지역사회를 기반으로 하고 있다.[4)]

② 운동주체로서 주민을 설정하고 있다.

③ 지역사회문제의 해결을 위해 목적지향적이다.

④ 주민운동은 사회운동의 일환이다.

⑤ 외부지극을 통한 조직화를 한다.

⑥ 프로그램중심의 일상활동을 한다.

⑦ 일상적으로 주민모임을 가진다.

⑧ 제도변화를 위해 노력한다.

4) 오정수· 류진석(2006) pp. 310-313.

[표 13-3] 지역사회주민조직화에 따른 지역사회복지실천의 형태 및 장단점

분 류	형 태	장 점	단 점
외부자극을 통한 조직화	사안을 관철하기 위한 집단동원	• 대중적 • 대중적 정치력의 형성	• 일시적 • 사안이 끝난 이후에 주민조직의 지속성 유지가 어려움
프로그램중심의 일상활동	주민대중과 함께 할수 있는 다양한 프로그램의 개발 및 운용	• 일상활동 유지 용이 • 다양한 주민교육 가능	• 지역현안에 대한 구성원의 대처 미흡 • 주민주체의 세력화 미흡
공동체 형성과 마을만들기	뜻이 맞는 이들끼리 모임 운영	• 주민공동체의 대안제시 • 주민참여의 활성화 전제	• 고립성의 위험 • 대중적인 참여의 어려움 • 지역세력화 미흡
제도변화를 위한 노력	제도 개선을 통해 지역사회 변화 추구	• 효율적인 성과 달성 • 성과의 지속성	• 주민들의 소외와 전문가 중심의 활동 • 주민들의 참여와는 무관

자료 : 이호(2001), 오정수 · 류진석(2006) p. 311.

2) 이슈중심의 지역사회복지운동

① 사회복지와 관련된 이슈를 중심으로 시민운동 차원에서 접근하는 사회복지운동이다.

② 1990년대 이후 다양한 방향에서 발전하기 시작하였다.

③ 사회복지운동의 특징을 보면, 무엇보다도 운동의 주체와 활동범위가 확대되었다.

④ 참여연대, 경실련 등과 같은 시민운동단체들이 사회복지운동에 참여하기 시작하였다.

⑤ 운동의 내용이 정책지향의 근본적 개혁을 요구함과 동시에 복지입법들의 실현을 구체적으로 요구하고 있다.

⑥ 시민운동과 사회복지계의 협력형태를 띠면서 복지이슈 제기와 대안마련을 위한 다양한 연대활동으로 구체화되고 있고, 조례제정운동 등 지역사회복지운동단체들의 활동영역이 확장되고 있다.

제 2 절 NGO와 지역사회복지

★ 핵심포인트

- 민간시민단체의 개념에 대해서 알아두자
- NGO의 기능과 역할에 대해서 알아두자.
- 한국시민운동의 발전배경에 대해서 알아두자.

1. 민간시민단체의 개념

1) NG0(Non Governmental Organization)

① 다의적이면 포괄적인 개념이다.[1]

비정부, 비국가 조직체를 의미하며, 자발성(voluntarism)을 바탕으로 비영리(non-profit)적인 집단이나 조직 또는 결사체, 기구나 단체, 그리고 운동세력을 포함한다.[2]

② 이 용어는 현재 세계 각국에서 가장 일반적으로 사용하고 있는 용어중의 하나이다.

UN(국제연합)이 1949년 선진국을 중심으로 이루어진 개원개발 부분의 활동을 일컫는 것이 계기가 되었지만, 1950년과 1968년 국제연합 경제사회이사회에 의해 국제연합헌장 제17호를 개정하여 비정부조직은 협의적 지위로 부상하게 되었다.[3]

1) 이택룡 · 노무지(2001) p. 187.
2) UN(1980)
3) 류상열(2004) p. 331.

2) NPO(Non-Profit Organrzation)

① 영리를 목적으로 하는 기구 이외의 모든 기구를 뜻한다.

② 사회복지측면에서는 사회복지기관, 병원, 학교, 시민단체를 들수 있다.

③ 비영리기구는 비정부기구보다 그 범위가 넓고, 정부와 적대적관계가 아니라는 뜻이 내포되어 있다.

3) CSO(Civil Society Oranization)

① 시민사회단체라는 뜻이다.

② 시민들의 자발적인 참여에 의해 조직된 단체로서 시민의 복지향상에 공헌하고 있다.

4) CBO(Community Based Organization)

① 지역사회를 기반으로 하는 조직이라는 것을 강조하는 의미를 갖고 있다.

② 지역사회 내에 있는 조직들이 여기에 속한다.

5) CB-NGO(Community Based NGO)

지역사회를 기반으로 하고 있는 조지긍로서 지역사회와 비정부기구의 혼합용어이다.

6) PO(People Organization)

① 사람들의 조직 즉 민간조직이라는 뜻이다.

② 최근 우리나라에서는 국민대중을 상대로 하는 정치 구현을 위해 이 조직을 많이 활용하고 있다.

7) CMO(Civil Movement Organization)

① 시민운동을 강조하고 있다.

② 우리나라에서는 권위주의 시대에 정부와 대응하는 뜻으로 많이 사용되었다.

③ 일반적으로 사회행동을 위한 조직이라고 할 수 있다.

8) PVO(Private Voluntary Organization)

① 개인이 자발적으로 모인 조직이라는 뜻이다.

② 정부와 기업에 의해 만들어진 조직이 아니라는 것이다.

③ 민간인 신분으로 자발적으로 참여하여 조직한 단체로서 지역사회복지 향상과 문제 해결에 노력하는 조직이다.

9) CO(Community Oranization)

① 지역공동체라는 뜻을 가지고 있다.

② 중앙의 지시나 통제를 받지 않는 풀뿌리 단체라고 할 수 있다.

[그림 13-4] 민간시민단체의 개념

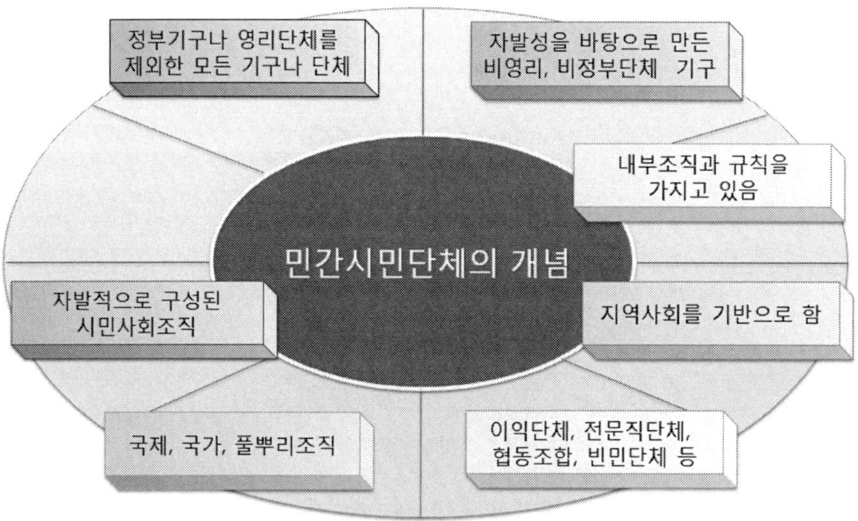

10) 자원영역(Voluntary Sector)

① 자원봉사 섹터 또는 자발적인 참여 섹터라는 뜻이다.

② 권력이나 이윤을 추구하지 않은 자발적인 영역을 뜻한다.

11) 제3섹터(The third Sector)

① 정부영역을 제1섹터, 기업영역을 제2섹터, 비영리기구를 제3섹터라고 한다.

② 제3섹터의 역할이 매우 증대하고 있어 그 중요성이 강조되고 있다.

2. NGO의 기능

1) NGO 의 보완적 기능

① NGO는 정부와 상호관계를 통해 상호간의 단점을 보완할 수 있다.[4)]

② 정부는 NGO를 활용하여 복지 및 환경 관련 공공서비스나 정보 확산이 가능하다.

③ 시민사회의 대변자로서 NGO는 지역주민들로부터의 요구를 파악하여 이를 정부조직에 달리고 또한 정부의 정책 결정과정에 참여함으로써 풀뿌리 민주주의를 실현하도록 한다.

④ NGO 의 활동은 정부에 대해 때때로 적대적인 행위가 될 수도 있지만 정부의 정당성 회복과 유지에 절대적인 도움을 제공할 수 있는 동반자적 관계라고 할 수 있다.

⑤ 현대사회에서 NGO는 시민들의 다양한 욕구를 수용할 수 있고, 또한 시민들의 참여도 이끌어 낼 수 있다.

⑥ NGO는 정부의 의사결정 과정과 수행과정에서 없어서는 안될

4) 이택룡·노무지(2001) pp. 188-189.

기능을 가진다.

2) NGO의 감시 통제적 기능

① NGO는 정부나 시장기능에 대한 감시와 통제기능을 수행한다.[5)]

② 시장경제에서의 영리단체의 독점적인 시장 지배력은 자본주의 시장경제의 모순을 노정시킴으로서 소비자의 욕구를 반감시키게 된다.

③ NGO는 국가권력에 대한 합법적인 비판과 감시기능을 통해서 시민에 대한 행정서비스를 효율적으로 수행하도록 견제한다.

④ NGO는 압력단체의 역할을 하며 정부 영역을 벗어난 영역에 대한 활동을 주요 대상으로 할때는 국가와의 경쟁적 또는 협조적 행위자가 되는 것이다.

⑤ NGO는 시민적 권리를 관철시켜 나감으로써 민주주의를 실행, 확대시키는 기능과 함께 시민사회의 국가 및 시장에 대한 비판적 기능을 활성화시킨다.

3. NGO의 역할

1) 의제설정(agenda setting)

① 의제설정이란 우리사회의 주요 관심사가 되는 문제에 대한 사회여론의 조성 혹은 공론화의 과정이라고 할 수 있다.[6)]

② NGO는 정부나 의회기구 등의 정책결정자들이 시민사회가 요구하는 이슈에 관심을 갖도록 하고 이를 의제고 설정토록 하는 역할을 한다.

2) 정당성 부여

NGO는 공론화와 대중적 지지동원을 통해 정부나 의회기구의 결정

5) Nicholls(1975) 재인용.

6) 류상열(2004) pp. 339-341.

및 활동에 정당성을 부여함으로써 그 실효성을 증대시킨다.

3) 문제 해결

NGO는 정부와 의회와 협조를 통해 혹은 독자적으로 어떠한 문제를 해결하기 위한 실질적인 활동을 전개한다.

4) 갈등조정

NGO가 현 지역사회의 사정을 잘 알고 있으며 지역주민과 함께 밀착해서 활동하고 있고, 갈등조정 과정에서 발생될 수 있는 개인적인 위험부담을 잘 알고 이에 대처하고 있다는 점에서 가능하다.

민간시민단체의 역할을 종합화한 것이 Wolch의 8대 유형이라고 할 수 있다. 다음은 민간시민단체의 다양한 역할을 제시한 것이다.

[표 13-5] 민간시민단체의 8대 역할

유 형				사 례
	1차원(재정)	2차원(주체)	3차원(목표)	
1	상품화된	전문가에 의한	직접서비스	장기요양치료
2			후원활동	기업 또는 전문집단을 위한 전문로비활동
3		일반대중에 의한	직접서비스	자원봉사자로 운영하는 박물관 기념 판매
4			후원활동	자원봉사자가 만들어 기관에 정보지 판매
5	비상품화된	전문가에 의한	직접서비스	사회사업 전문가에 의한 푸드뱅크 활용
6			후원활동	생물학자들이 협회 기금으로 환경로비활동
7		일반대중에 의한	직접서비스	폭행당한 여성들의 자력활동 지원 서비스
8			후원활동	정신병 경험자들이 정신건강캠패인 활동

자료 : 류상열(2004) p. 340.

5) 정부와의 비교

① 정부는 국가안보를 최우선으로 해서 복합적인 기능들을 수행해야 하는 입장에 있지만, NGO는 단일현안 혹은 문제를 집중해서 보다 효과적인 성과를 올리고 있다.

② 원칙에 기초하는 현안에 대해서는 정부가 정책 우선순위에서 다른 외교 정책사안에 종속시키거나 무시하는 경향이 있는데, NGO는 행동으로 옮겨 실천하는 근본적인 차이가 있다.

③ 다양하며 경쟁적인 정책 현안들을 다루는 정부의 입장과는 달리 단일 혹은 소수현안에 전문적 활동을 펴는 민간시민단체들이 보다 치밀한 행동으로 실적을 올리고 있다.

[그림 13-5] 민간시민단체의 기능

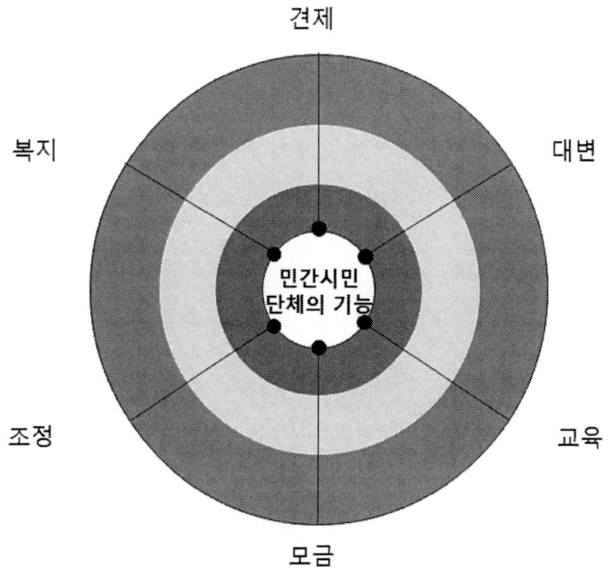

④ NGO의 3대 역할로 주성수는 이렇게 말하고 있다.

국가권력과 시장횡포에 대한 견제와 비판, 사회정의와 시민권리를 강화시키는 후원기능, 사회문제를 해결하고 휴먼서비스를 제공하는 기능을 제시하고 있다.

4. 한국 시민운동의 발전 배경

1) 세계사적인 변화

① 세계사적인 변화가 작용하였다고 할 수 있다.7)

② 냉전체제의 해체로 이분법적인 대결구도가 무너지고 인류가 처한 문제에 대한 새로운 인식들이 광범위하게 생겨났다.

③ 환경문제, 인종갈등, 종교간 분쟁 등 세계 문제는 새로운 문제로 부각되고 있으며 빈곤문제도 중요하게 부각되고 있다.

④ 우리나라는 1980년대 이후 민주화되는 과정을 거쳐 경제성장에 기초한 새로운 사회적 문제에 분출을 해결하는 데 모든 국민들이 열망이 확산되었다.

2) 정치적 상황

① 우리 사회의 정치적 상황에 기인한다.

② 여전히 정치를 독점하고 있는 지역중심, 보스 중심의 정당들이 새롭게 제기되는 사회문제들에 대해 적절히 대처하기 못하고 있다.

③ 시민운동 세력들은 환경, 교통, 소비자 문제 등 새로운 사회문제들에 대해 적극적으로 행동함으로써 시민들로부터 지지를 받아왔다.

3) 독재정권에 대항

① 1970-1980년대 독재정권에 대항해서 형성된 사회운동세력이 시민운동으로의 전환이 커다란 역할을 하였다.

---

7) 이택룡・노무지(2001) pp. 191.

② 한국 사회가 점차 민주화되는 과정에서 과거의 '운동권'은 시대적 변화에 기초한 새로운 사회운동을 펼치는 장으로써 시민운동을 택하였다.

③ 이들 인적자원은 한국의 시민운동을 급속히 성장시킬 수 있었다.

4) 시민단체들의 활동

① 금융실명제, 한약분쟁, 정치개혁 관계법, 동강댐 반대운동, 소액주주운동, 낙천낙선운동 등

② 우리 사회가 개혁해야 할 바람직한 가치나 질서에 관한 일에 어김없이 시민단체가 자리하고 있다.

③ 참여연대나 경실련 등의 시민단체에 대한 인지도가 매우 높으며 시민단체들의 위상 변화를 알리는 결과가 나오기도 했다.

5. 한국 NGO의 조직 형태 유형

NGO의 조직형태는 이념형적으로 단독조직, 연합체, 협의기구로 나눌 수 있다.[8)]

[표 13-6] NGO의 조직 형태

조직형태	단 체
단독조직	참여연대, 인간교육실현학부모연대, 한 살림모임, 중앙부인회, 나라사랑청년회, 인천시민의 광장, 녹색평화시민운동연합, 크리스찬아카데미, 낙동강보존회, 환경을지키는시민의 모임, 푸른한반도되찾기시민모임, 정농협동조합등
연합체	경제정의실천연합, YMCA, YWCA, 흥사단, 천주교정의구현전국연합, 대한불교청년회, 참교육을위한전국학부모회, 소비자문제를연구하는시민의모임, 우리말살리기운동본부, 주거권실현을위한국민연합, 가톨릭여성단체연합, 한국민주청년단체협의회, 공동체의식개혁국민운동협의회, 전국자원활동단체협의회, 등
협의기구	정의로운사회를위한시민운동협의회, 한국천주교회의정의평화위원회, 한국여성단체협의회, 한국여성민우회, 환경사회단체협의회, 환경보전대전시민연합, 낙동강살리기운동협의회, 광주전남환경운동연합, 지역탁아소협회 등

자료 : 이택룡・노무지(2001) p. 192.

8) 이택룡, 노무지(2001) PP. 192-193

① 단독조직의 경우는 조직 내부에 별도의 지부나 하위 조직을 갖지 않는 조직을 말한다.

② 연합체는 동일한 조직 내에 지역별 또는 활동 영역별로 특화된 하위조직을 갖고 있는 단체를 말한다.

③ 지역별 또는 활동 영역별 하위조직은 예산 및 활동범위에 있어서 기본적으로 중앙조직이라고 할 수 있는 연합체에 종속되나 어느 정도의 자율성을 갖는다.

④ 협의기구란 유사한 활동을 하는 개별조직들이 그들이 추구하는 목적을 효율적으로 달성하기 위해 단독조직을 회원으로 하여 새롭게 구성된 단체를 말한다.

⑤ 협의기구에 회원으로 가입한 조직들은 협의기구의 하위단체가 아니며, 각자 독립성을 보장받는다.[9)]

9) 공보처(1997) p. 128.

제14장

지역사회복지실천과 과제

제 1 절 재가복지
제 2 절 지역사회복지시설의 프로그램
제 3 절 지역사회복지실천의 과제

제 1 절 재가복지

★ 핵심포인트

- 재가복지의 개념에 대해서 잘 알아둔다.
- 재가복지센터 서비스의 내용에 대해서 잘 알아둔다.
- 재가복지센터 운영의 기본원칙에 대해서 알아둔다.

1. 재가복지의 개념

재가복지란 노인, 장애인, 아동 등 사회적 보호를 필요로 하는 클라이언트들을 시설에 수용하지 않고 가정 또는 그와 유사한 지역사회 내의 환경에 머물도록 하면서 사회복지 시설로 통원하게 하거나 가정봉사원을 파견해서 서비스를 제공함으로써 이들의 기능을 유지, 강화하고 나아가 자립을 돕는 사회적 보호(social care)의 한 형태다.[1)]

재가복지에 대해 카두신[2)]은 "사회복지기관에서 교육이나 훈련을 받은 자들이 클라이언트의 기능을 유지, 강화, 보호하기 위해 도움을 주고 도움을 필요로 하는 사람들이 가정에서 도움을 받을 수 있도록 한 것으로, 가족 기능의 약화된 부분을 보완하는 보충적인 서비스"라고 정의하고 있다.

2. 재가복지서비스의 구성

재가복지서비스는 일반적으로 다음과 같이 구성된다고 할 수

1) 최항순(2007) p. 160.
2) kadushin(1980) p. 237.

있다.[3)]

① 전문적 보호서비스다.

가족구성원의 원조로서는 대처할 수 없는 욕구에 대한 서비스다. 일정수준 이상의 의료, 간호, 재활, 상담 등의 사회복지서비스가 필요하며, 재가의 경우에는 방문의료, 방문간호, 방문상담 등의 각종 방문서비스가 있다.

② 가사, 신변의 원조와 정서적인 안정을 위한 재가보호서비스이다.

③ 예방적 서비스이다.

재가복지서비스에는 요보호대상이 되지 않도록 사전적 예방활동을 하는 것이다. 따라서 요보소대상 및 일반주민도 서비스의 대상이다. 서비스의 내용으로는 건강교육, 조기검진 등의 보건활동이나 식생활 및 주거생활의 개선과 장애인의 발생을 예방하는 활동을 포함한다.

④ 복지증진서비스이다.

요보호대상자 및 일반주민을 포함하여 복지증진을 목적으로 한다.

3. 우리나라 재가복지의 역사

① 1987년 민간차원에서 가정봉사원[4)] 파견사업[5)]

1980년대부터 시작된 일부 장애인복지관의 지역사회중심 재활사업을 재가복지의 효시로도 볼 수 있다.

② 1989년 정부차원의 지원

1989년 노인복지법 1차 개정 때부터 가정봉사서비스 사업에 대한 정부의 지원이 시작되었다.

③ 1991년 주간보호와 단기보호서비스제고 도입

④ 1992년 144개 재가복지봉사센터 설치

3) 이양훈 외(2009) pp. 183-184.
4) 요양보호사라고 할 수 있다.
5) 이양훈 외(2009) pp. 184-185.

1992년에 전국의 사회복지관, 노인복지센터, 장애인복지관, 지역사회복지협의회의 부설로 설치되었다. 이 때부터 노인과 장애인, 소년, 소녀 가장 등의 취약계층 가정을 직접 방문하여 필요한 서비스를 제공하는 사업이 시작되었다.

⑤ 1993년 제2차 노인복지법 개정

이 때에는 가정봉사서비스 외에 주간보호와 단기보호서비스를 재가노인복지사업의 일환으로 제공할 수 있는 근거기준이 마련되었다. 이것은 재가복지서비스를 활성화하는 계기로 작용하였다.

⑥ 1996년 서울시에서 유급가정봉사원인 가정도우미[6]를 파견

⑦ 2003년부터 서민과 중산층을 위한 실비 주간보호사업을 시행[7]

4. 재가복지센터의 기능

1) 조사 · 진단

재가복지서비스 대상자 및 가정의 욕구문제와 문제의 진단 등을 통해 필요한 서비스의 종류를 선정한다.

2) 서비스 제공

재가복지서비스 대상별 측정된 욕구와 문제의 진단내용에 따라 직 · 간접적 서비스를 제공한다.

3) 지역사회 자원동원 및 활용

재가복지서비스의 내실화와 대상자 및 가정의 욕구와 문제해결을 위해 지역사회 인적, 물적 자원을 동원, 활용한다.

6) 현재의 요양보호사를 말한다.
7) 김종일(2006) p. 212.

4) 사업평가

재가복지서비스사업을 평가하기 위하여 서비스기능, 분야별 효과, 자원동원 및 활용효과 등에 관하여 자체 평가하고 그 결과가 사업에 활용되도록 한다.

5) 교육기관

자원봉사자 및 지역사회 주민들에게 재가복지서비스사업, 사회복지 사업 및 취미, 교양 등에 관한 교육을 한다.

6) 지역사회 연대의식 고취의 역할

지역사회 내 인적, 물적 자원 연계를 통한 계층간의 연대감을 고취시킨다.

5. 재가복지센터 서비스의 내용

1) 가사서비스

집안청소, 식사준비 및 취사, 세탁, 청소 등을 서비스 한다.

2) 간병서비스

병간호 수발, 안마, 병원안내 및 동행, 통원 차량지원, 병원수속대행, 보건소 안내, 약품구입, 체온측정, 신체운동, 집안소독 등을 한다.

3) 정서적 서비스

말벗, 상담, 학업지도, 책 읽어주기, 여가지도, 취미활동 제공, 행정업무 등을 한다.

4) 결연서비스

서비스 대상자에 대한 생활용품 및 용돈 등의 재정적 지원 알선, 의부모, 의형제 맺어주기 등의 서비스를 한다.

5) 의료 서비스

지역의료기관, 보건기관과의 연계 및 결연을 통한 정기 또는 수시 방문 진료(링거투약, 혈압체크, 질병상담 및 치료 등)를 한다.

6) 자립지원서비스

탁아, 직업보도,[8] 기능훈련, 취업알선 등 자립능력을 배양할 수 있는 내용의 서비스등을 한다.

[그림 14-1] 재가복지센터 서비스의 내용

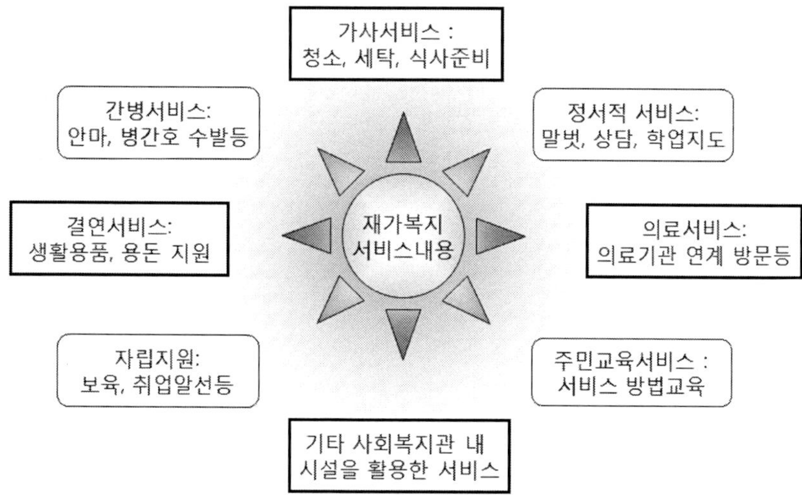

8) 직업보도란 취직이나 전직을 하려는 사람에게 그 직업에 필요한 지식이나 기능을 가르치거나, 취직한 사람이 그 직업에 적응해 성공할 수 있도록 직업상으로나 생활상으로 필요한 보호, 지도를 하는 일을 말한다.

7) 주민교육서비스

보호대상자의 가족, 이웃, 친지 등을 포함한 지역 주민을 위한 재가보호서비스요령 및 방법교육을 한다.

8) 기타 사회복지관내 시설을 활용한 서비스

사회복지관내 시설을 활용한 서비스를 한다.

6. 재가복지센터 운영의 기본원칙

1) 적극성

서비스 대상자의 요청을 가리지 않고 적극적으로 서비스 요구를 발굴하여 필요한 서비스를 제공하여야 한다.

2) 능률성

최소의 비용으로 최대의 효과를 거두기 위하여 인적, 물적 자원을 효율적으로 운영하여야 한다.

3) 연계성

행정기관, 사회봉사단체 등 관련기관과 수시 연계체제를 갖추고 알선, 의뢰, 자원봉사 등을 수행하여야 한다.

4) 자립성

요보호 대상자에 대한 서비스는 본인의 신체적, 정신적, 사회적 자립 및 자활을 조성하는데 주안점을 두어야 한다.

7. 재가복지서비스의 프로그램

1) 주간보호사업

① 낮 동안에 가정에서 통원해 서비스를 제공받을 수 있는 시설이다.

② 일시보호시설, 탁아소, 어린이집 등이 있다.

③ 일본의 경우에는 노인을 대상으로 한 데이케어센터, 데이서비스센터가 있다.

④ 우리나라에는 1992년 한국노인복지회의 은천노인복지센터, 천사양로원 등을 시작으로 노인보호시설이 확대 실시되고 있다. 우리나라에도 데이케어센터가 많이 설립되어 있다.

2) 단기보호사업

① 가정에서 보호받는 요보호 대상자를 부양 의무자가 질병이나 개인적인 일로 보호할 수 없을 경우 단기간 수용하고 보호하는 프로그램이다.

② 안정과 휴양의 장소를 제공한다.

③ 각종 문제의 상담서비스를 하며 보호 감독 서비스도 한다.

④ 가벼운 질병이나 장애에 대한 의료 재활 서비스도 한다.

3) 가정봉사원 사업

① 노인, 장애인, 아동이 있는 가정에 직접 요양보호사 및 활동지원사 등을 파견하여 서비스를 제공하는 것이다.

② 미국에서는 사회복지 서비스 수준이 가정봉사원의 수와 이에 투입되는 예산 등과 정비례한다고 주장하고 있다.

③ 우리나라에서는 종합사회복지관 부설 재가복지봉사센터, 재가노인복지기관, 서울시 산하 25개 구청에서 가정봉사원 파견사업이 실시

되고 있다.

[그림 14-2] 재가복지서비스 프로그램

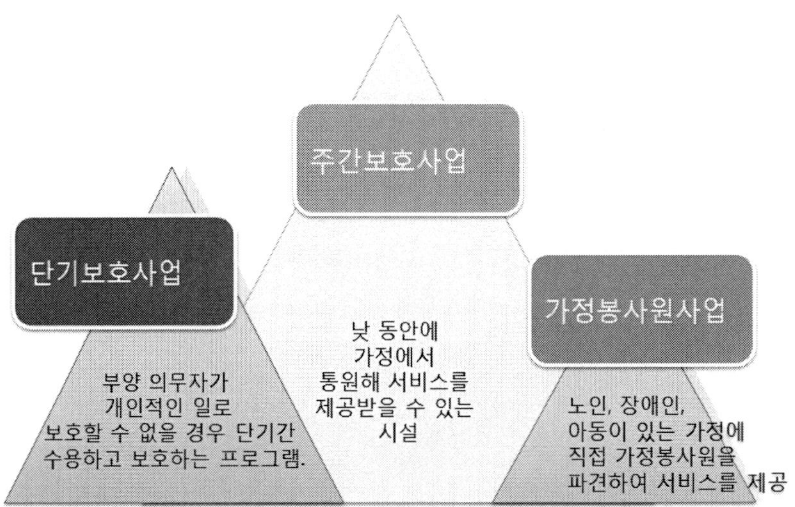

제 2 절 지역사회복지시설의 프로그램

★ **핵심포인트**

- 지역사회복지시설의 프로그램 현황에 대해서 알아둔다.
- 프로그램 사례를 보고 잘 이해하여야 한다.

1. 프로그램 현황

우리나라의 사회복지시설의 프로그램 현황은 아래의 표와 같다.[9]

우리나라 사회복지시설의 프로그램은 사회복지관 운영지침에 따라

9) 류상열(2004) pp. 192-196.

가정복지사업, 아동복지사업, 청소년복지사업, 노인복지사업, 장애인복지사업, 지역복지사업으로 구성되어 있다.10)

[표 14-1] 가정복지사업의 내용

단위사업명	사업내용
가정문제 종합상담	• 저소득층 가정의 자녀문제, 건강문제, 취업문제 등에 관한 의견을 교환하고, 이들의 가정문제를 예방, 치료하거나 자립능력을 배양하기 위하여 필요한 제반서비스를 제공하거나 다른 서비스를 체계와 연계 알선하여 준다.
직업, 부업기능 훈련	• 저소득층의 자립능력 배양 및 가계소득 향상에 기여할 수 있는 기능훈련을 실시하되 훈련종목은 훈련대상자의 성향, 자격증 취득과 취업가능 정도 소득수준 향상에 대한 기여도 등을 고려하여 선정하도록 한다.
취업, 부업안내(무료직업안내소운영)	• 희망직종, 보수수준, 작업환경 등을 고려하여 가장 적합한 직장 또는 부업을 알선한다.
보건, 의료서비스	• 사회복지관 내 일정한 시설을 갖추고 지역사회의 자원봉사 의료인력(의사, 간호사, 약사, 물리치료사) 등을 동원, 활용하여 저소득층 주민들에 대한 보건 교육 및 상담, 치료서비스 등을 제공하거나 다른 의료기관으로 이송하여 진료를 받도록 한다.
선의봉사실 운영	• 어려운 이웃을 돕고사 하는 지역사회의 주민들로부터 생활필수품, 학용품, 후원금 등을 제공 받아 저소득층 주민에게 직접 전달하거나 이, 미용 등 각종 기능을 보유한 자원봉사 인력을 활용하여 저소득층 주민에게 이, 미용, 목욕, 세탁서비스 등을 제공한다.
생활안정자금 지원	• 일선 행정기관(읍, 면, 동사무소 사회담당, 사회복지전문요원 등)과 연계하여 저소득층 가정에 의료비, 학자금, 소득활동에 필요한 기자재 구입비 등을 융자토록 알선하여 줌으로써 저소득층 주민의 생활 안정 및 자립기반 조성에 기여한다.
주민교양교육 및 취미교실	• 가정관리, 자녀양육, 관혼상제, 사회생활 등에 필요한 교양교육을 실시하고 자아개발, 여가선용, 사회활동 참여 등에 도움이 될 수 있는 취미활동을 안내, 지도한다.
국민기초생활보장 수급권자 상담 및 사후관리	• 국민기초생활보장 구급권자의 선정, 지원 등에 관한 업무를 담당하고 있는 일선 행정기관(읍, 면, 동사무소 사회담당, 사회복지전문요원 등)과 협조체계를 유지하면서 국민기초생활보장 수급권자의 가정문제를 예방, 치료하고 자립기반을 조성할 수 있도록 도와 준다.

자료 : 보건복지부, 사회복지관 및 재가복지봉사센터 운영지침(2003).

10) 보건복지부(2003). 현재는 보건복지가족부로 명칭이 변경되었다. 자세한 내용은 보건복지가족부 홈페이지에서 알아보기 바란다.

1) 가정복지사업

① 가정문제 종합상담

저소득층 가정의 자녀문제, 건강문제, 취업문제 등에 관한 의견을 교환하고, 이들의 가정문제를 예방, 치료하거나 자립능력을 배양하기 위하여 필요한 제반서비스를 제공하거나 다른 서비스를 체계와 연계 알선하여 준다.

② 직업, 부업기능 훈련

저소득층의 자립능력 배양 및 가계소득 향상에 기여할 수 있는 기능훈련을 실시하되 훈련종목은 훈련대상자의 성향, 자격증 취득과 취업가능 정도 소득수준 향상에 대한 기여도 등을 고려하여 선정하도록 한다.

③ 취업, 부업안내(무료직업 안내소운영)

희망직종, 보수수준, 작업환경 등을 고려하여 가장 적합한 직장 또는 부업을 알선한다.

④ 보건, 의료서비스

사회복지관 내 일정한 시설을 갖추고 지역사회의 자원봉사 의료인력(의사, 간호사, 약사, 물리치료사) 등을 동원, 활용하여 저소득층 주민들에 대한 보건 교육 및 상담, 치료서비스 등을 제공하거나 다른 의료기관으로 이송하여 진료를 받도록 한다.

⑤ 선의봉사실 운영

어려운 이웃을 돕고사 하는 지역사회의 주민들로부터 생활필수품, 학용품, 후원금 등을 제공받아 저소득층 주민에게 직접 전달하거나 이·미용 등 각종 기능을 보유한 자원봉사 인력을 활용하여 저소득층 주민에게 이·미용, 목욕, 세탁서비스 등을 제공한다.

⑥ 생활안정자금 지원

일선 행정기관(읍·면·동사무소 사회담당, 사회복지전문요원 등)과 연계하여 저소득층 가정에 의료비, 학자금, 소득활동에 필요한 기자재 구입비 등을 융자토록 알선하여 줌으로써 저소득층 주민의 생활 안정 및 자립기반 조성에 기여한다.

⑦ 주민교양교육 및 취미교실

가정관리, 자녀양육, 관혼상제, 사회생활 등에 필요한 교양교육을 실시하고 자아개발, 여가선용, 사회활동 참여 등에 도움이 될 수 있는 취미활동을 안내, 지도한다.

⑧ 국민기초생활보장 수급권자 상담 및 사후관리

국민기초생활보장 구급권자의 선정, 지원 등에 관한 업무를 담당하고 있는 일선 행정기관(읍·면·동사무소 사회담당, 사회복지전문요원 등)과 협조체계를 유지하면서 국민기초생활보장 수급권자의 가정문제를 예방, 치료하고 자립기반을 조성할 수 있도록 도와 준다.

2) 아동복지사업

① 아동상담 및 사회교육

아동문제를 예방, 치료하고 건전한 사회성원으로 육성하기 위하여 상담 및 사회성 계발교육등(바람직한 가족 및 친구관계 형성, 예절 교육, 여가선용, 부적응 행동 선도 등)을 실시한다.

② 어린이 공부방

주거환경이 열악하여 가정에서 학습하기 곤란한 아동들에게 일정 면적의 학습공간을 마련하여 주고, 학습참고서 및 교양도서 등을 구비하여 열람할 수 있도록 하며, 필요한 경우 학습내용 등에 대하여 지도한다.

③ 어린이 기능교실

경제적 이유 등으로 학원 등 타 기관이용이 어려운 아동들에게 각종 기능(컴퓨터, 예, 체능 등)을 배우고 익힐 수 있는 기회를 제공함으로써 저소득층 자녀들의 문화지체현상 및 빈곤의 세습화를 예방하고 가계의 사교육비 지출을 절감토록 한다.

④ 부모상담 및 교육

아동의 건전한 성장과 발전을 도모하기 위한 부모의 역할과 자세 등에 대한 교육을 실시하고 아동복지사업에 대한 지역주민들의 적극적 참여를 유도한다.

⑤ 유아보육

경제적, 사회적 활동 등의 사정으로 가정에서 아동을 보호하기 어려운 경우, 저소득층 가정의 유아를 보호하고 교육하기 위한 보육시설(어린이집 등)을 운영하되, 구체적인 운영방법(대상, 시간 등)은 2003년 보육사업안내에 따른다.

[표 14-2] 아동복지사업의 내용

단위사업명	사업내용
아동상담 및 사회교육	• 아동문제를 예방, 치료하고 건전한 사회성원으로 육성하기 위하여 상담 및 사회성 계발교육 등(바람직한 가족 및 친구관계 형성, 예절 교육, 여가선용, 부적응 행동 선도 등)을 실시한다.
어린이 공부방	• 주거환경이 열악하여 가정에서 학습하기 곤란한 아동들에게 일정 면적의 학습공간을 마련하여 주고, 학습참고서 및 교양도서 등을 구비하여 열람할 수 있도록 하며, 필요한 경우 학습내용 등에 대하여 지도한다.
어린이 기능교실	• 경제적 이유 등으로 학원 등 타 기관이용이 어려운 아동들에게 각종 기능(컴퓨터, 예, 체능 등)을 배우고 익힐 수 있는 기회를 제공함으로써 저소득층 자녀들의 문화지체현상 및 빈곤의 세습화를 예방하고 가계의 사교육비 지출을 절감토록 한다.
부모상담 및 교육	• 아동의 건전한 성장과 발전을 도모하기 위한 부모의 역할과 자세 등에 대한 교육을 실시하고 아동복지사업에 대한 지역주민들의 적극적 참여를 유도한다.
유아보육	• 경제적, 사회적 활동 등의 사정으로 가정에서 아동을 보호하기 어려운 경우, 저소득층 가정의 유아를 보호하고 교육하기 위한 보육시설(어린이집 등)을 운영하되, 구체적인 운영방법(대상, 시간 등)은 2003년 보육사업안내에 따른다.

자료 : 보건복지부, 사회복지관 및 재가복지봉사센터 운영지침(2003).

3) 청소년복지사업

① 청소년 상담 및 사회교육

청소년 문제의 예방 및 치료, 건전한 사회성계발과 진로지도 등을 위하여 상담 및 교육을 실시한다.

② 청소년 독서실

주거환경이 열악하여 가정에서 학습하기가 곤란한 청소년들에게 일정 면적의 학습공간을 마련하여 주고 학습참고서, 교양도서 등을 구비하여 열람할 수 있도록 하며 필요한 경우 학습 내용에 대하여 지도하여 준다.

③ 근로청소년 사회교육

근로청소년의 건전한 사회성 개발을 위한 교육을 실시하고 비행 등을 예방, 치료하며, 근검 절약 정신과 자립자조 의식, 사회적응능력 등의 함양을 위한 각종 교육을 실시한다

[표 14-3] 청소년복지사업의 내용

단위사업명	사업내용
청소년 상담 및 사회교육	• 청소년 문제의 예방 및 치료, 건전한 사회성계발과 진로지도 등을 위하여 상담 및 교육을 실시한다.
청소년 독서실	• 주거환경이 열악하여 가정에서 학습하기가 곤란한 청소년들에게 일정 면적의 학습공간을 마련하여 주고 학습참고서, 교양도서 등을 구비하여 열람할 수 있도록 하며 필요한 경우 학습 내용에 대하여 지도하여 준다.
근로청소년 사회교육	• 근로청소년의 건전한 사회성 개발을 위한 교육을 실시하고 비행 등을 예방, 치료하며, 근검 절약 정신과 자립자조 의식, 사회적응능력 등의 함양을 위한 각종 교육을 실시한다.
청소년 기능 교실	• 경제적 이유 등으로 학원 등 타 기관 이용이 어려운 청소년들에게 자기개발 및 취업 등에 도움이 될 수 있는 훈련(컴퓨터, 속기, 예체능 등)을 실시한다.

자료 : 보건복지부, 사회복지관 및 재가복지봉사센터 운영지침(2003).

④ 청소년 기능 교실

경제적 이유 등으로 학원 등 타 기관 이용이 어려운 청소년들에게

자기개발 및 취업 등에 도움이 될 수 있는 훈련(컴퓨터, 속기, 예체능 등)을 실시한다.

4) 노인복지사업

① 노인사회교육 및 여가지도

노인들의 원만한 가족관계유지, 여가선용 및 사회변화 이해 등에 필요한 사회교육을 실시하고 건전한 취미생활(노래교실, 생활체조 및 운동, 노인학교 등)을 지도한다.

② 어려운 노인 결연

부양가족이 없는 단독세대 노인 등과 지역 주민을 연결하여 줌으로써 경제적, 정서적으로 도움을 받을 수 있도록 하고, 경로 효친 및 이웃을 사랑하는 분위기가 확산되도록 한다.

③ 노인부업실 운영

노인들의 건전한 여가선용과 용돈 확보 등에 도움이 될 수 있는 부업실을 운영하되, 부업의 종류는 노인들의 신체적 특성(작업시간, 작업능력)과 수입정도 등을 고려하여 정한다.

④ 노인가정봉사원 파견

일정기간 교육, 훈련을 받은 자원봉사자가 생활유지 능력이 없는 불우한 노인가정을 정기적으로 방문하여 일상생활에 필요한 가사서비스 등을 제공할 수 있도록 연계하여 준다.

⑤ 노인식사 및 목욕서비스

부양가족이 없거나 신체적, 경제적 사유 등으로 결식하는 노인이나 목욕탕을 이용하기 곤란한 노인에게 식사, 이,미용 및 목욕서비스 등을 제공한다.

[표 14-4] 노인복지사업의 내용

단위사업명	사업내용
노인사회교육 및 여가지도	• 노인들의 원만한 가족관계유지, 여가선용 및 사회변화 이해 등에 필요한 사회교육을 실시하고 건전한 취미생활(노래교실, 생활체조 및 운동, 노인학교 등)을 지도한다.
어려운 노인 결연	• 부양가족이 없는 단독세대 노인 등과 지역 주민을 연결하여 줌으로써 경제적, 정서적으로 도움을 받을 수 있도록 하고, 경로 효친 및 이웃을 사랑하는 분위기가 확산되도록 한다.
노인부업실 운영	• 노인들의 건전한 여가선용과 용돈 확보 등에 도움이 될 수 있는 부업실을 운영하되, 부업의 종류는 노인들의 신체적 특성(작업시간, 작업능력)과 수입정도 등을 고려하여 정한다.
노인가정봉사원 파견	• 일정기간 교육, 훈련을 받은 자원봉사자가 생활유지 능력이 없는 불우한 노인가정을 정기적으로 방문하여 일상생활에 필요한 가사서비스 등을 제공할 수 있도록 연계하여 준다.
노인식사 및 목욕서비스	• 부양가족이 없거나 신체적, 경제적 사유 등으로 결식하는 노인이나 목욕탕을 이용하기 곤란한 노인에게 식사, 이·미용 및 목욕서비스 등을 제공한다.

자료 : 보건복지부, 사회복지관 및 재가복지봉사센터 운영지침(2003).

5) 장애인복지사업

① 장애인서비스 알선 및 이송

장애인과의 상담결과에 따라 복지관의 서비스를 받게 하거나 그렇지 못할 경우 전문서비스 기관으로 이송하여 적절한 서비스를 받을 수 있도록 연계하여 준다.

② 자립작업장 설치, 운영

장애인의 신체적 특성, 작업능력, 가능수입액 등을 고려한 생산, 조립, 가공품목을 선정하여 작업장을 운영함으로써 자립기반을 조성할 수 있도록 도와준다.

③ 재가장애인서비스

일정기간 교육, 훈련을 받은 자원봉사자가 거동이 불편한 장애인 가정을 정기적으로 방문하여 필요한 서비스를 제공할 수 있도록 연계하여 준다.

[표 14-5] 장애인복지사업 내용

단위사업	사업내용
장애인서비스 알선 및 이송	• 장애인과의 상담결과에 따라 복지관의 서비스를 받게 하거나 그렇지 못할 경우 전문서비스 기관으로 이송하여 적절한 서비스를 받을 수 있도록 연계하여 준다.
자립작업장 설치, 운영	• 장애인의 신체적 특성, 작업능력, 가능수입액 등을 고려한 생산, 조립, 가공품목을 선정하여 작업장을 운영함으로써 자립기반을 조성할 수 있도록 도와준다.
재가장애인서비스	• 일정기간 교육, 훈련을 받은 자원봉사자가 거동이 불편한 장애인 가정을 정기적으로 방문하여 필요한 서비스를 제공할 수 있도록 연계하여 준다.

자료 : 보건복지부, 사회복지관 및 재가복지봉사센터 운영지침(2003).

6) 지역복지사업

① 주민사회교육

지역사회 주민들에게 상호 협동의식과 사회복지사업에 대한 참여의식 및 건전한 시민정신을 함양할 수 있는 각종 사회교육프로그램을 실시한다.

② 자원봉사자 양성

지역사회주민들 중 불우한 이웃을 돕고자 하는자를 자원봉사자로 모집, 양성하여 그들이 희망하는 복지사업 분야에서 활동할 수 있도록 연계하여 준다.

③ 후원자개발

지역사회에서 복지사업에 관심이 있는 주민들을 후원자로 개발하여 이들이 매월 정기적으로 제공하는 후원금품을 부양가족이 없는 노인, 장애인, 불우청소년 등 취약계층에게 직접 전달하거나 관련 복지사업비로 충당한다.

④ 지역사회조직

지역사회 내 사회복지기관, 종교기관, 교육기관 등 사회복지 유관기관들을 연계하여 지역주민을 위한 사회복지협의체를 구성하여 지역사회문제를 자체 해결토록 지원한다.

⑤ 지역사회조사

지역사회의 특성과 주민의 복지욕구에 적합한 프로그램을 개발, 운영하기 위한 주민의 생활실태와 욕구 등에 관한 조사를 실시한다.

⑥ 주민 편의시설 제공

지역주민의 가계비 지출을 절감하고 상호 협동의식을 고취하기 위하여 관혼상제, 회의, 교육, 여가선용 등을 위한 각종 시설을 무료 또는 실비로 대여해 준다.

⑦ 생활 편의 제공

지역주민의 가계비 지출을 절감하고 상호 협동의식을 고취하기 위하여 관혼상제, 회의, 교육, 여가선용 등을 위한 각종 시설을 무료 또는 실비로 대여해 준다.

[표 14-6] 지역복지사업 내용

단위사업	사업내용
주민사회교육	• 지역사회 주민들에게 상호 협동의식과 사회복지사업에 대한 참여의식 및 건전한 시민정신을 함양할 수 있는 각종 사회교육프로그램을 실시한다.
자원봉사자 양성	• 지역사회주민들 중 불우한 이웃을 돕고자 하는자를 자원봉사자로 모집, 양성하여 그들이 희망하는 복지사업 분야에서 활동할 수 있도록 연계하여 준다.
후원자개발	• 지역사회에서 복지사업에 관심이 있는 주민들을 후원자로 개발하여 이들이 매월 정기적으로 제공하는 후원금품을 부양가족이 없는 노인, 장애인, 불우청소년 등 취약계층에게 직접 전달하거나 관련 복지사업비로 충당한다.
지역사회조직	• 지역사회 내 사회복지기관, 종교기관, 교육기관 등 사회복지 유관기관들을 연계하여 지역주민을 위한 사회복지협의체를 구성하여 지역사회문제를 자체 해결토록 지원한다.
지역사회조사	• 지역사회의 특성과 주민의 복지욕구에 적합한 프로그램을 개발, 운영하기 위한 주민의 생활실태와 욕구 등에 관한 조사를 실시한다.
주민 편의시설 제공	• 지역주민의 가계비 지출을 절감하고 상호 협동의식을 고취하기 위하여 관혼상제, 회의, 교육, 여가선용 등을 위한 각종 시설을 무료 또는 실비로 대여해 준다.
생활 편의 제공	• 노숙자 등 주거가 불안정한 자에게 침식을 제공하거나 목욕, 휴식, 세탁 등 생활 편의서비스를 복지관의 능력에 따라 제공한다.

2. 프로그램 사례

1) 아동복지 프로그램

① 프로그램명 : 초동이모임

② 목적

청소년기를 앞둔 저소득층 아동들을 대상으로 다양한 문화생활의 기회를 마련하여 건전한 정서함양과 비행을 예방하고 또래집단과의 활동을 통해 교유관계 확립에 도움을 주고자 한다.

③ 목표

-아동들에게 다양한 취미생활과 여가를 활용할 수 있는 기회를 준다.

-또래친구들과 어울릴 수 있는 시간을 통해 친구들 사이에서 소외되어 왔던 아동들의 활발한 교유관계 확립에 도움을 준다.

④ 운영개요

-일시 : 2009년 9월 16일-12월 16일 매주 토요일 14시

-장소 : 본 복지관 지층 프로그램실 및 야외

-대상 : 초등학교 3-6학년

-인원 : 초등학생 25명, 자원봉사자 15명

-진행자 : 사회복지사1명, 자원봉사자

-회비 : 무료

-예산 : 총 1,770,000원

(운영비 930,000원, 야외활동비 700.000원, 평가회비 140,000원)

⑤ 운영방법

-진행자는 사회복지사 1인과 대학 동아리 회원을 활용하여 본 프로그램을 진행하도록 한다.

-10단지 저소득층 아동과 현재 사회교육 프로그램 수강생들에게 홍보를 실시하되 특별히 대상자에 대한 제한은 두지 않는다.

-회비는 무료이고 개인 준비물이나 교통비는 개인이 부담하도록 한다.

-모집은 접수기간을 두고 신청서를 제출하고 서약서에 이름을 기입하도록 해 잦은 결석을 막도록 한다.

-프로그램 내용은 주제를 정해 그에 맞게 진행하게 한다.

-활동을 시작하기 전에 그린두메팀을 대상으로 자원봉사교육을 실시하여 전문성을 높인다.

-진행자들은 활동이 끝나고 자원봉자사 활동일지 및 진행일지를 작성케 하여 진행사항을 점검하도록 한다.

-참여한 아동들은 활동이 끝나고 활동소감문을 작성하게 하여 프로그램 내용을 평가하도록 한다.

⑥ 기대효과

저소득층 아동에게 문화생활을 할 수 있는 기회를 제공함으로써 폭넓은 시야를 가질 수 있도록 한다.

친구들과의 다양한 활동을 통해 사회성을 향상시키고 올바른 교우관계 형성법을 습득한다. 또한 이 지역 아동들이 다른 지역 아동과의 교류를 통해 폭넓은 교우관계를 형성할 수 있도록 한다.

⑦ 예산

세 출		산출내역
항 목	예 산	
운영비	930,000원	30,000원 × 31회 = 930,000원
야외활동비	250,000원	100,000원 × 7회 = 700,000원
평가비	70,000원	70,000원 × 2회 = 140,000원
총 액		1,770,000원

⑧ 평가방법

-매주 초동이모임이 끝나고 아동들을 활동소감문을, 자원봉사자들에게는 활동일지를 쓰게 해 만족도를 조사한다.

-프로그램이 종결될 때 아동과 자원봉사자들을 대상으로 설문조사를 실시한다.

-그린두메 회원들과 2회의 평가회를 갖고 건의사항을 기록하게 함으로써 진행상의 문제점이나 효과성을 알아본다.

2) 아동 및 청소년 계절학교 프로그램

① 목적

방학을 맞이하여 아동들에게 여가를 보람있게 보내고 다양한 취미생활을 경험하게 함으로써 정서적 발달에 도움을 준다.

② 목표

-학교에서 해보지 못한 활동을 통해 지적 호기심을 충족시킨다.

-학업이 아닌 취미활동을 통해 정서적 만족감을 높인다.

-여가를 활용할 수 있는 공간을 제공한다.

③ 개요

-일시 : 2009년 1월경, 7월경

-장소 : 본 복지관

-대상 : 초등학생

-인원 : 각 반별 정원 20명 내외(일부제외)

-교육비 : 무료(일부 프로그램은 재료비 별도)

④ 운영방법

-각 과목의 강사는 자원봉사자를 활용하도록 하고 약간의 교통비를 지급한다.

-홍보는 복지관 이용자 및 인근 아동을 대상으로 실시하고 구청 소식지를 통하여 홍보를 실시하며, 아파트 단지 내 공용게시판에 홍

보물 부착 및 안내방송을 통해 실시한다.

-접수방법은 선착순으로 받되 마감된 경우는 대기자를 정해 정원이 미달될 경우를 대비한다.

-프로그램 내용은 아동들이 학교에서 해보지 못한 특별활동을 중심으로 실시하도록 하고 아동들에게 창의력과 논리력을 높일 수 있는 프로그램을 계획하도록 한다.

-각 반 정원은 20명 내외로 하여 적은 수의 인원이 모여 질 높은 교육을 받을 수 있는 기회를 제공한다.

-강의시간은 1시간-1시간30분 정도로 하고 강의 방법은 먼저 강의 계획서를 나눠 주고 계획서대로 진행한다.

-각 반 준비물비나 재료비는 개인이 각자 부담하도록 한다.

⑤ 예산

세 출		산출내역
항 목	예 산	
운영비	600,000원	50,000원 × 6개반 × 2회=600,000원
홍보비	100,000원	50,000원 × 2회=10,0000원
자원봉사자 교통비	560,000원	70,000원 × 2회 × 4명 = 560,000원
총 액		1,260,000원

⑥ 평가방법

-프로그램 참여도로 평가한다.

-프로그램이 끝난 후 설문조사를 실시한다.

-프로그램 종료 후 소감문을 작성하도록 한다.

3) 지역복지 프로그램

① 프로그램명 : 샘틀방

② 목적 : 지역주민의 정보화 능력을 향상 시킨다.

③ 개요

-운영시간 : 월-금, 09:00-19:00

-장소 : 본 복지관 3층 샘틀방

-이용대상 : 지역주민 누구나

-오전 : 주부 및 성인

-오후 : 청소년 및 장애인, 성인

-이용료 : 무료(출력 시 용지는 본인 부담, 장당 50원)

④ 프로그램의 필요성

지식정보화시대에 필수적이라 할 수 있는 컴퓨터의 기구 내 미비로 인해 경제적 자활, 자립이 어렵던 본 복지관 주변의 영구입대아파트의 기초생활보호법의 대상자를 중심으로 컴퓨터 활용을 통한 자활, 자립을 돕고 여가이용으로 문화생활을 길을 높이도록 한다.

⑤ 운영방법

-무료 개방을 원칙으로 함

-프린터, 스캐너 사용료 등 소모품에 대한 비용은 이용자 부담 가능

-1일 이용일지 및 회원 가입명부 등 각종 기록일지 작성 및 비치

-컴퓨터 교육 프로그램은 운영하지 않음

-점심시간(12시-13시), 저녁시간(17시-18시)에는 샘틀방을 운영하지 않는다.

⑥ 기대효과

-지역주민들의 정보화 접근을 용이하게 한다.

-지역주민들의 문화생활 공간을 확보한다.

⑦ 예산

관	항	목	2008 예산 (A)	2009예산(B)	증감(B-A)		2009년 예산산출내역
					액수	비율 (%)	
지역복지사업	지역개발	샘틀방	신규	300	-	-	정보통신비 150,000원 × 2회=300,000원

⑧ 평가방법

-지역주민의 이용 횟수로 필요성을 평가한다.

-입실과 퇴실 시 이용자들과의 간단한 개별상담을 통하여 평가한다.

제 3 절 지역사회복지실천의 과제

★ 핵심포인트

- 지역사회복지정책의 확립에 대해서 잘 알아두자.
- 지역사회복지전달체계의 개선방안에 대해서 잘 알아두자.

1. 지역사회복지정책의 확립

① 21세기 사회에서 지방화는 사회변화의 큰 흐름이 되고 있으며, 지방화의 추세에 따라 지역분권정책이 추진되고 있다.

② 2005년부터 지역분권정책의 일환으로 분권교부세 제도가 도입되어 과거 국고보조금으로 추진되던 사업들이 분권교부세에 기초한 지방

정부의 일반재정에 의하여 추진되고 있다.

③ 정부는 국고보조금 정비의 기본방향으로 보충성의 원칙, 포괄적 지원 원칙, 성과지향적 자기책임의 원칙을 제시하고 2005년부터 대대적인 국고보조금 정비와 지방이양정책을 추진하게 되었다.

④ 지역분권 재정정책으로 가장 영향을 받은 분야가 사회복지서비스 영역이다.

⑤ 지방정부의 정책추진과 민간사회복지시설, 기관의 운영 측면에서 부작용이 나타나고 있다.
- 지방정부 사회복지예산의 축소현상
- 지역 간 사회복지재정의 불균형 심화
- 민간사회복지시설, 기관의 운영이 악화

⑥ 바람직한 지역분권은 지방정부의 지역사회복지정책과 민간사회복지기관, 시설의 운영이 체계적으로 발전할 수 있도록 촉진하여야 하며, 중앙정부가 중앙과 지방, 지방과 지방, 공공과 민간 간에 합리적인 조정자의 역할을 수행할 수 있는 구조와 혁신이 요청되고 있다.

2. 지역사회복지전달 체계의 개선

1) 공공지역복지 서비스 전달 체계

① 우리 나라 공공 사회복지 서비스 전달 체계는 복지정책 수립 업무를 담당하는 보건복지부와 수립된 정책의 집행 업무를 담당하는 지방행정(자치) 조직으로 이루어진다.

② 지방복지 행정조직은 시·도- 시·군·구- 읍·면·동 사무소로

연결되어 있으며, 최일선 조직인 읍·면·동사무소에는 서비스 공급과 수요가 만나는 최접점에 위치해서 공공 서비스를 제공할 때 핵심적인 역할을 수행하는 사회복지 전담 공무원을 두고 있다.

③ 사회복지사무소(안)이 2006년 7월 주민생활 지원서비스 체계설치안으로 되어 2006년 7월부터 1단계로 전국의 약 30개 시·군·구를 대상으로 시범사업을 실시했으며, 2단계는 2007년 1월부터 시·자치구를 대상으로, 그리고 3단계는 2007년 7월부터 군 지역으로 확대해 실시할 계획이다.

④ 주민생활 지원서비스 전달 체계의 개편 내용을 보면 시·군·구는 복지기획, 복지 대상 통합조사, 서비스 연계, 급여 지급, 긴급 지원 등의 업무를 중심으로 효율성, 전문성을 제고하고, 읍·면·동사무소는 현장 방문, 신청 접수 및 상담, 급여 대상자 사후관리 등의 업무를 중심으로 접근성, 현장성을 제고하도록 조직을 재구성하고 인력을 재배치하는 것이다.

⑤ 새롭게 제기된 주민생활 지원서비스 전달 체계는 효율적이고 원만한 운영을 통해 지역사회 복지서비스의 질적인 제고를 기여하여야 할 것이다.

2) 지역사회복지협의체

① 지역사회복지협의체는 민·관을 포괄하는 협치구조, 즉 거버넌스로서의 의의가 있으며, 2003년-2005년간 시범사업을 거쳐 전국의 거의 전 지역에서 구성, 운영되고 있다.

② 지역사회복지협의체는 형식상 민,관 협력 체계로 운영되지만 양자간 동반자 관계 또는 수평적 관계를 확립하기 위해서는 민간이 주도하고 공공이 지원하는 방향으로 운영될 필요가 있다.

③ 지역사회 복지의 실천 현장에 기초한 협의와 조정이 이루어지도록 실무자의 참여와 활동을 강화해야 할 것이다.

④ 수요자 중심의 서비스 연계 체계를 목적으로 운영되기 위해 서비스 수요자 및 지역사회 주민의 참여가 가능한 민주적인 의사소통 구조와 제도적 통로를 마련해야 한다.

⑤ 지역사회복지협의체의 실질적인 운영의 활성화를 위해 충분한 예산을 지원하고 참여조직과 인원의 적극적인 활동을 유도하기 위한 인센티브도 제공해야 한다.

⑥ 지방자치단체와 지역사회의 기관, 단체 간의 협력 관계와 실천 의지, 특히 지방자치단체장의 의지가 무엇보다도 중요한 요소라고 할 수 있다.

3. 지역 사회복지 실천기관의 역량 제고

1) 직접 서비스기관

(1) 지역사회복지관

① 지역사회 복지사업의 중심적인 역할을 수행하는 대표적인 민간 복지기관이다.

② 최근 지역사회에 주민자치센터, 청소년복지회관, 노인복지회관 등 새롭게 생겨나는 복지 관련 기관들과의 서비스 중복 문제 등으로 인해 지역사회복지관은 정체성 차원에서 도전받고 있다.

③ 지역사회복지관은 프로그램 개선, 전문 인력 확보, 재원 확충 등 여러 측면에서 개선 방안이 요청된다.

④ 복지수요의 증가, 공공 서비스 전달 체계 개편 등 새로운 환경 변화와 더불어 더욱 전문적이고 지역 주민의 욕구에 맞는 서비스를 수행하는 민간 복지 전문기관으로서의 위상 정립이 필요하다.

⑤ 지역복지관의 개선 과제는, 프로그램이 지역사회와 지역 주민의 욕구에 맞도록 개발되고 가급적 지역사회 복지기관 간 중복되지 않도록 해야 하며, 사회복지 사업의 체계성과 효율성을 높이기 위해 적절한 수준의 전문인력이 필요하다.

⑥ 지역사회복지관은 수요에 부응한 정부보조금을 확보할 뿐 아니라 적극적인 홍보와 마케팅으로 스스로 재정을 확보할 수 있는 방안을 마련해야 한다.

(2) 재가복지봉사센터

① 고령화 사회의 전개에 따라 재가복지 서비스가 더욱 강조되고 있는 현실과 관련해 운영과 활동을 더욱 확대해야 한다.

② 재가복지 서비스의 대상자를 국민기초생활 수급자 중심에서 노인, 장애인, 아동 등 요보호 대상자들로 넓히고, 재가복지 서비스의 내용을 현재의 가사 보조 및 정서 지원 위주의 서비스에서 다양한 대상자들에 맞추어 좀 더 광범한 보편적 서비스로 확대할 필요가 있다.

③ 간병 서비스 및 의료 서비스, 결연 서비스 등을 더욱 활성화해야 할 것이다.

④ 재가복지봉사센터의 전담 요원을 증원 배치하고, 지역사회 내의 의료기관 등 전문기관과의 서비스 연계 체제 구축에 적극적인 노력을 기울여야 한다.

⑤ 재원을 확보하기 위해 정부의 보조금 증액 노력과 아울러 지역사회의 자원개발에도 노력을 기울여야 할 것이다.

2) 간접 서비스기관

(1) 사회복지협의회

① 사회복지협의회는 전통적 기능인 지역사회계획, 사회행동 등의 기능과 협의, 조정사업의 실적이 미흡하다.

② 회원 구성시에 사회복지시설, 기관의 장이 압도적 다수를 차지하는 등 사회복지기관협의회의 성격을 강하게 띠고 있어 현시점에서 개

선해야 할 점이 적지 않다.

③ 재정부문에서 국고보조금, 지급보조금 등 정부 지원에 상당히 의존하고 있다.

④ 대부분의 시,군,구 협의회가 이름만 걸어놓고 있을 뿐 사실상 활동을 하지 않고 있으며, 아예 설립조차 되지 않은 곳도 있다.

⑤ 사회복지협의회는 전통적 기능인 계획, 조정, 서비스 역할에 충실해야 하고 일반주민들의 광범한 참여를 활성화시켜야 할 것이다.

⑥ 유능한 인력을 충원하고, 재정도 자체적으로 해결하는 방안을 마련해야 한다.

⑦ 일차적으로 기초자치단체 중심으로 운영되고, 이차적으로 광역자치단체 중심으로 이루어지는 상향식 운영 방안이 필요하다.

(2) 사회복지공동모금회

① 스스로 개방적이고 창의적이며 자율적으로 운영되어야하며, 최소한의 노력으로 최대한의 모금과 배분의 성과를 이룩해야 한다.

② 조직 구성의 측면에서 이사회 및 분과위원회의 참여 확대가 필요하며, 재정 운영시에 투명성과 책임성이 확보되어야 할 것이다.

(3) 자원봉사센터

① 자원봉사센터는 전국적으로 체계화를 이루지 못하고 산발적으로 업무를 수행해 왔다.

② 자원봉사센터 활성화 차원에서 사람들의 참여를 유도하고, 내실화 차원에서 각계각층의 봉사 그룹들과 중·고교 봉사 활동이 좀더 효율적인 활동이 되도록 적절하고 전문성 있는 자원봉사 프로그램 개발과 활동지도 등의 구체적인 과업을 연구·모색해야 한다.

③ 전국민 참여촉진사업을 실시해야 한다.

④ 주민자치센터도 주민자치위원회의 활성화, 지역 주민의 광범위한 참여 등을 통해 운영의 활성화를 기해야 한다.

⑤ 지역 주민의 욕구와 지역 특성을 반영하는 다양한 지역복지 프로

그램의 개발 및 운영으로 전환해야 하며, 지역 내 복지 관련 기관 등과 기능이 중복되지 않도록 차별화된 프로그램 개발 전략이 요청된다.

4. 지역사회복지 서비스의 질적 제고

1) 아동복지

아동복지는 구빈적 차원에서의 요보호 아동 보호뿐 아니라 모든 아동을 대상으로 필요한 제도와 프로그램을 마련해야 하며, 아동복지에 대한 관점을 요보호 아동을 대상으로 하는 개별 아동 중심의 복지에서 가족 전체를 대상으로 하는 가족 중심의 아동복지로 전환할 필요가 있다.

① 가정보호와 시설보호를 연계시키고 가정위탁보호를 활성화시켜 가정 기능에 도움이 되는 아동복지로 발전해야 한다.

요보호 아동의 가정을 지지하거나 보충하고, 불가피한 경우에 한에서 시설보호를 실시하도록 한다.

② 아동복지는 지역 주민들의 욕구조사를 바탕으로 지역사회의 특성과 지역 주민들의 욕구를 반영한 아동복지 프로그램을 개발해야 한다.

③ 아동복지는 아동문제를 조기에 예방하거나 문제 행동 아동을 가진 부모를 돕기 위해 상담사업과 정보 제공사업을 체계적으로 실시해야 한다.

④ 신체적, 정신적으로 학대받고 방임된 아동을 보호, 치료하며, 문제 있는 아동을 치료하거나 예방하는 체계를 갖추어야 한다.

⑤ 아동의 욕구와 문제가 다양화되면서 아동의 발달과 심리를 깊이 이해하고 아동복지 서비스를 전문적으로 수행할 수 있는 전문 인력이 갖추어져야 한다.

2) 청소년복지

청년 실업과 고용 불안은 사회 불안을 가져오고, 이것이 출산률 저하에 따른 청소년 인구의 지속적 감소와 고령화 현상과 맞물릴 경우 한국 경제의 활력이 크게 떨어지고 사회적 부담이 무거워질 것으로 우려된다. 청소년 복지는 이와 같은 환경 변화에 민간하게 반응하면서 이에 적절한 정책대안을 추진해야 한다.

① 국민기초생활 수급자의 지원 수준을 늘리고, 특히 현행 제도상 전혀 지원을 받지 못하는 복지의 사각지대인 준극빈층(차상위계층) 자녀에 대한 학비 지원 등을 적극적으로 고려해야 한다.

② 결식아동 대상자 선정은 공정하게 이루어져야 하며, 무료급식과 함께 학습지도, 심리상담, 문화프로그램, 생활 지도 등 다양한 방법이 통합 실시되어야 할 것이다.

③ 아동 연령에 따른 체계적인 학습지도와 정서적 안정 및 성장을 위한 지지집단 프로그램, 인성교육 프로그램 등을 실시해야 한다.

④ 비행청소년 보호를 위해서 거시적 관점에서는 관련 법제를 개선하고, 미시적 관점에서는 부모교육, 가족상담 및 치료, 가족 지원 서비스 등 가정의 기능을 강화해야 한다.

⑤ 학교 사회사업은 지역사회 구성원의 참여를 유도하고 '학생-가정-학교-지역사회'의 연계적인 노력이 필요하다.

⑥ 일반 청소년 대상 복지를 위해서는 무엇보다도 청소년 상담 활동, 청소년 수련 활동 등의 활발한 수행이 요청된다.

3) 노인복지

노인복지는 시설보호 위주에서 고용 촉진과 소득 보장, 재가보호 서비스를 확대하는 방향으로 전환하고, 노인 건강을 위한 노인전문 요양 및 치료시설 확대, 그리고 노인문화여가 활동 등을 활성화해야 한다.

① 노인의 경제적 자립과 안정적 생활을 위해서는 국민연금 등의 공적연금, 경로연금과 기초생활보장, 세제 혜택 등의 공적 부조와 함께 노인취업을 지원, 확대하기 위한 근로 유인 확대, 노인 직업 개발 및 직업훈련 등이 필요하다.

② 고령화 사회의 진전으로 인한 노인건강, 의료보장 문제를 개인과 가족의 부양 기능에만 의존하지 말고 국가 또는 사회가 책임감을 가지고 적극 지원해야 한다.

③ 노인들이 직장 은퇴 등으로 역할 상실감과 소외감, 고독 등을 느끼게 될 때 자원봉사 활동, 취미활동과 같은 노후 여가 시간의 활용을 위해 경로당을 비롯해 노인복지회관, 노인교실 등의 운영을 효율화할 필요가 있다.

④ 실버산업의 발전을 위해서는 노인들에게 필요한 다양한 상품이 각각의 경제적 소득 수준에 따라 생산 및 유통, 소비될 수 있도록 중앙정부, 지방자치단체, 기업 등의 노력이 요청된다.

4) 장애인복지

우리나라 장애인 복지 수준은 아직 OECD 국가들을 기준으로 볼 때 생계유지를 위한 소득보장 수준은 물론, 1990년 이래 실시되고 있는 장애인 의무고용제가 제대로 이행되지 못하고 장애인의료시설이 저급한 수준에 머무는 등 미흡한 수준이다.

장애인복지의 개선을 위해서는 법 제도적 정비와 함께 장애인에 대한 인식 개선 등이 요청된다.

① 재가 장애인의 소득 수준향상을 위해 간접적 소득 지원 효과가 큰 세제 지원이나 이용료의 감면 확대 등의 서비스가 필요하다. 장애인 고용촉진을 위해 장애인 고용업체에 대해 장려금과 지원금을 확대해 기업의 장애인 고용을 지속적으로 유도할 필요가 있다.

② 장애인 특수학교는 소수의 중증, 중복 장애 학생들만을 대상으로

한 고도의 전문기관으로 탈바꿈하여 장애인 각자의 능력에 따른 개별화된 교육 프로그램을 운영하도록 해야 할 것이다.

③ 지역 장애인복지에서는 장애인이 서비스 수혜자로 간주되는 사례관리 대상이 아닌 서비스의 주체로서 능동적으로 참여할 수 있도록 장애인의 참여 강화가 요청된다.

특히 장애를 가진 노인 인구가 늘어남에 따라 그 부양 문제가 가족의 부담이 되고 있으므로 지역사회를 기반으로 한 재활과 사회 통합을 위해서는 부양수당 제도나 유급휴가, 주간, 단기보호 서비스 등 장애인을 부양하는 가족의 부담을 덜어 주기 위한 지원 확대가 요구된다.

④ 주민들에게 장애인도 동등한 사회구성원이라는 인식을 심어 주고, 지역사회 주민들이 장애인에 대한 편견 또는 부정적 태도를 개선하도록 유도해야 할 것이다.

⑤ 여성 장애인에 대한 복지에 특히 관심을 가질 필요가 있으며, 정보화 사회에서 장애인들의 정보화 접근권 확보를 위해 장애인에 유용한 기기와 소프트웨어 개발을 촉진하기 위한 각종 세제 감면 등 꾸준한 지원책이 뒷받침되어야 할 것이다.

5) 여성복지

여성복지 정책은 그 대상을 요보호 여성을 위한 보완적이고 사후치료적 시책에 국한하지 말고 전체 여성을 대상으로 하는 보편적 시책을 적극 추진해야 할 것이다.

① 빈곤 여성의 최저 생활 유지를 위해 국민기초생활보장 제도의 생계급에서 최저생계비 수준의 향상과 수급 대상의 확대가 바람직하다.

② 여성이 가정과 직장에 양립할 수 있도록 공동직장보육시설을 확대하고 인건비 등 보육예산을 지속적으로 확충해야 한다. 여성복지 상

담소를 전국적으로 확대 설치하고 전문 능력있는 상담원을 배치해 요보호 여성에 대한 전문적 서비스가 제공되도록 해야 할 것이다.

③ 모자가정 보호에 지속적으로 관심을 가져야 하며 현재 보호 수준이 부족한 부자가정에 대한 보호도 적극 추진해야 할 것이다.

④ 일반 여성의 복지 증진을 위한 전제 조건으로 노동시장에의 여성 참여 증대와 남녀 간의 동등한 대우가 요청된다. 남녀고용평등법이 실질적으로 적용될 수 있도록 채용, 승진, 배치 등 고용 분야에서 남녀 평등에 관한 법적 규제를 강화하고, 근로기준법에 의한 여성 근로자보호에 관한 규정이 엄격하게 적용될 수 있도록 근로 감독과 행정지도를 강화해야 할 것이다.

6) 가족복지

① 우리나라의 가족복지는 그 수준이 미약했을 뿐 아니라 저소득층 가족 위주의 서비스였다고 할 수 있다.

② 가족복지는 가족 구성원 개인 대상의 서비스로부터 가족이라는 통합적 관점의 서비스로 전환하고, 또 서비스 체계를 저소득층뿐 아니라 일반 가족에 대한 보편적인 가족복지 서비스를 포함하도록 확대할 필요가 있다.

③ 가족복지 정책에서는 가족 문제에 대한 사회적 책임을 강조하고 양성 평등을 지향하는 가족정책을 추구해 나가야 한다.

④ 앞으로의 가족복지는 노인 단독가족, 동거가족, 모, 부자가정 등 급격한 가족 변화에 따른 다양한 유형의 가족을 포괄하는 가족정책으로의 확대가 필요하다.

5. 지역사회중심의 통합적 서비스 체계 구축

1) 복지수요의 증가

① 오늘날의 사회복지는 아동, 청소년, 노인 등 모든 분야에서 요보호 대상자로부터 일반인으로 그 대상 범위가 넓혀지고 있다.

② 지역사회에 존재하는 공공기관과 민간단체, 시민사회가 함께 협력하고 복지와 보건 서비스가 협력과 조정을 통해 연계되어야 한다.

2) 지역사회 복지서비스의 통합적 체계발전

① 민·관 간의 협치 체제인 거버넌스하에서 지역사회 복지 연계망이 구축되어야 한다.

② 주민생활 서비스 조직이나 지역사회복지협의체는 연계망 구축의 일환이라고 할 수 있다.

3) 지역복지 서비스의 제공 기술과 프로그램 개발

① 인터넷을 통한 정보의 공유와 다양한 욕구의 표출은 복지까페를 등장시키면서 지역사회 네트워크의 중요한 핵심으로 부각되고 있다.

② 지역복지 활동가나 조직가들은 정보기술을 공유하거나 정보 기술 전문가와 협조 체제를 유지해야 할 것이다.

〈참고문헌〉

1. 국내문헌

강혜규, 2003, 서울시 지역복지전달체계 개선방안, 서울시정개발연구원
강혜규외, 2005, 사회복지사무소 시범사업 1차연도 평가연, 한국보건사회연구원
김상균, 이혜경, 오정수, 2000, 사회복지학, 서울대학교 출판부
김종일, 2018, 지역사회복지론, 청목출판사
김필두, 2002, 주민자치센터의 활성화 방안에 관한 연구, 한국행정학회 하계학술발표
김미곤, 1999, 국민기초생활보장법 제정에 따른 향후 과제, 보건복지포럼
김미혜, 1993, 한국여성노인의 빈곤현황 및 대책에 관한 소고, 정진영교수 정년퇴임 기념논총 한국사회사업의 쟁점과 과제. 서울여자대학교 사회사업학과.
김영모, 1982, 현대사회문제론, 한국복지정책연구소출판부.
김옥희, 1999. 사회복지법의 제·개정과 향후 과제, 시정연구 11호, 부산광역시 정책개발실.
김유배, 1996, 미국 대학의 자원봉사 사례, 한국대학교육협의회, 대학과 자원봉사, 학술세미나(자료)
남원석, 2001, 지방 정부와 주민운동 조직의 협력에 대한 평가, 도시연구 7호
박능후, 1999, 국민기초생활보장법과 근로연계복지정책, 보건복지포럼
박충선 외, 2009, 자원봉사환경변화와 대응전략 모색을 위한 2009년 한국자원봉사 정책세미나, (사)한국자원봉사센터협회
박태영, 2012, 지역사회복지의 정체성에 관한 연구, 한국지역사회복지학회
박차상, 2000, 고령화 사회와 공적 연금의 역할, 기념 workshop 자료집
이형진, 2008, 자역사회복지론, 서울대학교출판부
심익섭, 2002, 주민자치센터의 운영 활성화 방안, 한국지방자치학회보
심재호, 2003, 지역단위 공공복지전달체계의 개편방안, 한국지역사회복지학 제13집
서울시정개발연구원, 1995, 서울시 자원봉사자 활용증진방안에 관한 연구, 서울시정개발연구
심미승, 2016, 지역사회복지관점에서 로컬거버넌스 특성 분석, 한국콘텐츠학회논문지 한국콘텐츠학회
양만재, 2012, 지역사회복지 정체성에 관한 비판적 분석, 비판과 대안을 위한 사회복지학회 비판사회정책
이상용, 2000, 국민건강보험 출범의 의미와 정책과제, 보건복지포럼
이현주, 2003, 지역사회복지협의체에 관한 연구, 비판사회복지학회 춘계학술대회 자료집
장인협, 1993, 사회사업실천방법론(상), 서울대학교출판부
장원봉, 2010, 사회 서비스 영역에서 사회적 기업의 역할과 과제, 보건복지포럼 162호
정무권, 2006, 21세시 환경변화에 대응하는 새로운 국가 역할과 거버넌스 구조: 민주주의 선진 한국, 국가는 무엇을 할 것인가?, 참여정부 3주년 기념 심포지엄 발표 논문집
조성숙, 2012, 지역사회복지 문헌에 나타난 이론의 경향과 향후과제 ,한국지역사회복지학회
최항순, 윤춘모, 2011, 지역사회복지협의체의 통합서비스제공에 영향을 미치는 요인에 관한 연구, 경인행정학회 한국정책연구

2. 외국 문헌

Anastas, J. W. & MacDonald, M. L., 1993, Research Design for Social Work and Human Services, New York : Lexington Books.

Anne K. Stenzel & Helen M. Feeney, 1976, Volunteer Training and Development : A Manual(Revised ed.), New York : The Seabury Press.

Archambeault, William G., & Archambeault, Betty J., 1982. Correctional Supervisory Management: Principles of Organization, Policy, and Law, Jersey: Prentice-Hall, Inc..

Baker, Robert L., 1995, The Social Work Dictionary(3rd ed.), Washington, DC : The NASW Press.

Ballew, J. Case, 1996, Management in the Human Services, Springfield, IL: Charles C. Thomas Publisher.

Bergler, M., 1977, Working with People Called Patients, New York: Bruner/Mazel.

Berliner, A., 1977, "Fundamentals of Intake Interviewing", Child Welfare, XVI, 665-673.

Bisman, C., 1994, Social Work Practice: Case and Principles, Pacific Grove, California: Brooks/Cole Publishing Company.

Blackburn, C., 1965, "Family Social Work", Encyclopedia of Social Work, 15, N. Y.: NASW,

Bradshaw, Jonathan, 1996, "The Concept of Social Need", New Society, 19(March).

Brown, J., 1992, Handbook of Social Work Practice, Springfield, IL: Charles Thomas Publisher.

Byrne, J. M. 1990, "The Future of Intensive Probation Supervision and New Intermediate Sanctions", Crime & Delinquency, 36(1), Sage Pub.

Coleman, J. C. & Warren-Adamson, 1992, Youh Policy in the 1990s, London : Routledge.

Compton, B., & Galaway, B., 1989, Social Work Processes (4th ed.), Belmont, California: Wadsworth Publishing Company.

Dean, Hartley, 1996, Welfare, Law and Citizenship, London : Prentice-Hall.

Dewey, J., 1938, Logic : The Theory of Inquiry. New York : Holt, Rinehart and Winston.

Dorothy Wedderburn, 1976, "A Cross-National Study of Standard of Living of the Aged in the three Countries", in The Concept of Poverty, London.

Eriksen, K., 1979, Communication Skills for the Human Services, Reston, VA: Reston Publishing.

Felix A. Nigro, 1965, Modern Public Administration, New York : Harper and Row.

Fink. A. E., Wilson. E. E., & Conover. M, B., 1949, The Field fo Social Work, New York : Holt. Rinehart & Winston, Inc.

Frederickson, H. George, 1980, New Public Administration, Alabama : The University of Alabama.

Friedlander W. & Apte R., 1968, Introduction to social welfare, New Jersey: Euglewood Cliffs, Prentice-Hall.

Friedlander, W. A., & Conover, M. B., 1949, Introduction to Social Welfare,

New Jersey. : Englewood Cliffs.
Friedlander, Walter A. & Robert Z. Apte, 1980, Introduction to Social Welfare, Englewood Cliffs, New Jersey : Prentice-Hall, Inc.
Gibb, J. R., 1978, Trust : A New View of Personal and Organizational Development, L.A. : The Guild of Tutors Press.
Goldstein, H., 1976, Social Work Practice: A Unitary Approach, Columbia, SC: University of South Carolina Press.
Greene, R., 1992 "Case Management: An Arena for Social Practice", In Social Work Case Management, in Greene(eds.), Hawthorne, NY: Aldine de Gruyter.
Harold L. Wilensky & Charles N., 1965, Lebeaux, Industrial Society and Social Welfare, New York : The Free Press.
Hasenfeld, Y. & English, J., eds., 1974, Human Service Organization, Ann Arbor, Michigan : University of Michigan Press.
Hasenfeld, Y., 1983, Human Service Organization, Englewood Cliffs, N.J. : Prentice-Hall.
Hepworth, D. & Larsen, J., 1982 Direct Social Work Practice, Homewood, IL: Dorsey Press.
Holland, T. & Kilpatrick, A., 1991, "Ethical Issues in Social Work: Toward a Grounded Theory of Professional Ethics", Social Work. 36(2). March.
Kadushin, A., 1959, "The Knowledge Base of Social Work". In Issues in American Social Work. edited by Alfred J. Kahn. New York: Columbia University Press. pp. 39~79.
Kadushin, A., 1980, Child welfare services, NY : Macmillan.
Kamerman, S. B. & Kahn, A. J. ed., 1978, Family Policy: Government and Families in Fourteen Countries, N.Y. : Columbia University Press.
Kamerman, S. B. & Kahn, A. J., 1979, "Comparative Analysis in Family Policy : A Case Study," Social Work, 24(6).
Loewenberg, M. & Dolgoff, R., 1992, Ethical Decisions for Social Work Practice (4th ed.), Itasca, IL: F.E. Peacock.
Marshall, T. H., 1983, "Citizenship and Social Class", in States and Societies, edited by David Held et al., New York : New York University Press.
Mattaini, M., 1996, "Knowledge for Practice", in Carol H. Meyer & Mark A. Mattaini(ed.), The Foundations of Social Work Practice(pp. 59-85), Washington, DC: NASW Press. 59-85.
McGowan, B., 1996, "Values and Ethics", in Carol H. Meyer & Mark A. Mattaini(ed.), The Foundations of Social Work Practice(pp. 28-41), Washington, DC: NASW Press. .
Michael, H. & Bramley, G., 1993, Analysing Social Policy, Oxford : Blackwell.
Middleman, R. & Wood, G., 1990, Skills for Direct Practice in Social Work, New York: Columbia University Press.
Minahan, A., 1981, "Purpose and Objectives of Social Work Revisited". Social Work. 26(1). January, 5-6.
Mishra, Ramesh, 1997, Society and Social Policy : Theoretical Perspectives on Welfare, Hongkong : The Macmillan Press, Ltd.
Mitterauer, M. & Sieder, R., 1982, The European Family, Oxford, England : Basil

Blackwell.

Moxley, D., 1989, The Practice of Case Manegement, Newbury Park, California: Sage Publications, Inc.

Munson, C. E., 1980, Social Work with Families : Theory and Practice, N.Y. : The Free Press.

NASW, 1994, Encyclopedia of Social Work.

Netting, F. Ellen et al., 1993, Social Work Macro Practice, New York: Longman.

Northrop, Emily, 1990, "The Feminization of Poverty: the Demographic Factor and the Composition of Economic Growth", Journal of of Economics Issues, Vol.XXIV. No.1.March.

Paul J. Ilsley & John A. Neimi, 1981, Recruiting and Training Volunteers, New York. : McGraw-Hill Book Company.

Paul J. Ilsley, 1990, Enhancing the Volunteer Experience, CA : Jossey-Bass Publishers.

Pearce, Diana, 1978, "The Feminization of Poverty: Women, Work and Welfare", Urban and Social Change Review, 11(Feb.).

Pecora, P. J., Whittaker, J. K., 1992, Maluccio, A. N., Barth, R. P., & Plotnick, R. D., The Child Welfare Challenge : Policy, Practice and Research, N.Y. : Aldine De Grayter, 1992.

Perlman. H. H., 1975, "Social Work in Psychistric Settings", in S. Arieti(ed.), American Handbook of Psychiatry(2nd ed.), New York : Basic Books, Inc.

Pincus, A., & Minahan, A., 1973, Social Work Practice: Model and Method, Itasca, IL: F.E. Peacock Publishers, Inc.

Rapp, C., & Poertner, J., 1980, "Basic Child Welfare in the 1980s: The Role of Case Management", in K. Dea. Silver Spring(ed.), Perspectives for the Future: Social Work Practice in the 1980s(pp. 70-81), MD: NASW.

Reamer, F. G., 1982, Ethical Dilemmas in Social Service, New York: Columbia University Press.

Richard A. Johnson, et al., 1973, The Theory and Management of System, London : McGraw-Hill.

Richard M. Hodgtts, 1982, Management, Chicago : Cryden.

Richard M. Titmuss, 1963, "Social administration in a changing society", in Essays on the Welfare State, Boston : Beacon Press.

Rimlinger, Gaston V., 1971, Welfare Policy and Industrialization in Europe, America and Russia, New York : John Wiley & Sons, Inc.

Rino J. Patti, 1983, Social Welfare Administration, Englewood Cliffs, NJ : Prentice-Hall.

Robert H. Binstock & Ethel Shanas ed., 1985, Handbook of Aging and the Social Sciences, New York : VNR.

Robert K. Merton, 1957, Social Theory and Social Structure, Glencoe : Free Press..

Robert-DeGennaro, M., 1987, "Developing Case Management as a Practice Mode", Social Casework, 8(10), 466-470.

Romanyshyn, John M., 1971, Social Welfare, New York : Random House.

Rubin, A. & Babbie, E., 1993, Research Methods for Social Work(2nd ed.), Pacific Grove, C.A. : Brooks/Cole.

Sheafor, B., Horejsi, C., & Horejsi, G., 1997, Techniques and Guidelines for Social Work Practice(4th ed.), Needham Heights, MA: Allyn & Bacon.
Siporin, M., 1975, Introduction to Social Work Practice, New York: Macmillian Publishing Co., Inc.
Skidmore, R. A., 1990, Social Work Administration : Dynamic Management and Human Relationships(2nd ed.), Englewood Cliffs, N.J. : Prentice-Hall.
Skidmore, R. A.. 1983, Social Work Administration, Englewood Cliffs, N.J. : Prentice-Hall.
Skidmore, Rex, A. Milton G. Thackeray and O. William Farley, 1991, Introduction to Social Work, Englewood Cliffs, New Jersey : Prentice-Hall, Inc.
Smith, John, 1986, "The Paradox of Womens Poverty: Wage-earning Women and Economic Transformation", Women and Poverty, ed., Clare C. Novak and Myra H. Strober, Chicago, the University of Chicago Press.
Spencer, S., 1959, The Administration Method in Social Work Education, New York : Council on Social Work Education,
Stanley Levin, 1973, Volunteer in Rehabilitation Service : How to Interview and Place Volunteer, Goodwill Industries.
Sullivan, T. & Thompson, K., 1988, Introduction to Social Problems, N.Y. : Macmillan.
The American Psychiatric Association, 1994, Diagnostic and Statistical Manual for Mental Disorders(4th ed.), Washington D.C.: American Psychiatric Association.
Toseland, R., & Rivas, R., 1995, An Introduction to Group Work Practice, Needham Height, MA: Allyn and Bacon.
Vasu, Michael L., Debra W. Stewart and G. David Garson, Organizational Behavior and Public Management, 3rd edition(New York : Marcell Dekker Inc., 1998).
Walter A. Friedlander and Robert Z. Apte, 1974, Introduction to Social Welfare, Englewood Cliffs N.J. : Prentice-Hall.
Walter A. Friedlander, 1962, Introduction to Social Welfare, Englewood Cliffs, N. J. : Prentice-Hall.
Weil, M., 1985, "Key Component in Providing Efficient and Effective Services", in M. Weil & J. Karls(ed.), Case Management in Human Service Practice: A Systematic Approach to Mobiling Resources for Clients(pp. 29-71), San Franciso, California: Jossey-Bass Publishers.
Wilensky, H., & C. Lebeaux, 1965, Industrial Society and Social Welfare, New York : The Free Press.
Wilensky, Harold L. & Charles N. Lebeaux, 1989, Industrial Society and Social
Wilson, W., 1987, The Truly Disadvantaged, Chicago: University of Chicago Press.
Wittman, M., 1975, "Social Work", In S. Arieti(ed.), American Handbook for Psychiatry(2nd ed.), New York: Basic Books Inc.
Young-Hee Shim, 1992, "Victimizaion of Domestic Violence in Korea", paper presented at the 44st Annual Meetings of American Society of Criminology, November, New Orleans..
Zastrow, C., 1993, Introduction to Social Work and Social Welfare (5th ed.), Pacific Grove, California: Brooks/Cole Publishing Company.
Zastrow, C., 1995, The Practice of Social Work (5th ed.), Pacific Grove, California:

Brooks/Cole Publishing Company.

Zastrow. C., 1982, Introduction to social Welfare Onstitutions: Social Problems, Services, and Current Issues", Homrwood, Illinois: The Dorsey Press.

Zimmerman, S. L., 1983, "The Reconstructed Welfare State and the Fate of Family Policy," Social Casework(Oct)

〈지은이 소개〉

지은이 이상미는 경희대학교와 한국외국어대학교에서 행정·정책학을 공부하였다.
2012년부터 경복대학교 복지행정과 교수로 재직해 왔으며 주요 저서로는 '사회복지와 행정' '사회복지행정론' '지역사회복지론' 등이 있다. 한국외국어대학교 정치언론대학원에서 정책학을, 중앙대학교 행정대학원에서 사회복지학 강의를 하였으며, 현재 경기도 재정 투자 심의위원 등 다수의 정부기관 위원과 서울시 공무원 채용 심사위원, 교육청 사무관승진 심사위원 등으로도 활약 중이다.

지역사회복지론

2019년 9월 10일 초판인쇄
2019년 9월 15일 초판발행

저 자 유 성 열
발행인 이 상 미
발행처 청목출판사
서울특별시 영등포구 신길로 40길 20
전화 (02) 849-6157(代) · 2820 / 833-6091
FAX (02) 849-0817
등록 제318-1994-000090호

파본은 바꾸어 드립니다. 값 18,000원

http://www.chongmok.co.kr

ISBN 978-89-5565-779-1